PROJET DE RÈGLEMENT

SUR LES

MANOEUVRES ET LES CONSTRUCTIONS

CONCERNANT

LE SERVICE SPÉCIAL DES PONTONNIERS.

PROJET DE RÈGLEMENT

SUR LES
MANOEUVRES ET LES CONSTRUCTIONS

CONCERNANT

LE SERVICE SPÉCIAL DES PONTONNIERS,

RÉDIGÉ

PAR ORDRE DE SON EXCELLENCE LE MINISTRE DE LA GUERRE.

STRASBOURG,

DE L'IMPRIMERIE DE M.me V.e SILBERMANN, PLACE S.t-THOMAS N.º 3.
1824.

PROJET DE RÈGLEMENT

SUR LES MANŒUVRES ET LES CONSTRUCTIONS CONCERNANT LE SERVICE SPÉCIAL DES PONTONNIERS.

La Commission chargée en 1821, par Son Excellence le Ministre de la Guerre, de proposer un projet de Règlement sur les manœuvres, et les constructions concernant le service spécial des pontonniers, a divisé son travail en trois parties.

Dans la 1re partie, sous le titre de *Manœuvres élémentaires*, on a rassemblé les manœuvres qui forment la base des exercices pratiques des pontonniers.

La 2e partie, ayant pour titre *Manœuvres de force*, renferme des manœuvres non-élémentaires, dont la plupart s'exécutent avec des machines.

Dans la 3e partie, sous le titre de *Constructions*, on trouvera les moyens de confectionner tous les objets employés dans le service des ponts.

La commission joindra à ce projet de règlement le projet d'une *Instruction*, qui offrira la matière d'un cours sur le service des ponts, et dans laquelle entreront toutes les manœuvres que la commission n'a pas dû considérer comme manœuvres élémentaires, ni comme manœuvres de force.

Le Règlement et l'Instruction qui en est le complément, formeront un traité complet de l'art du pontonnier.

PREMIÈRE PARTIE.

MANŒUVRES ÉLÉMENTAIRES.

Les manœuvres élémentaires, telles qu'elles sont présentées dans le projet de règlement, ne doivent pas être regardées comme un premier essai: elles sont le fruit du travail de trois commissions. En 1818 une commission ([1]) fut chargée de rédiger des manœuvres de ponts à l'usage du bataillon de pontonniers. Une seconde commission ([2]), créée en 1819, donna plus d'extension au travail de la première. Enfin, la troisième commission ([3]), formée en 1821, par ordre de

---

([1]) Composée de MM.
    Dorinon, capitaine, Président.
    Drieu, idem, Rapporteur.
    Lieffroy, idem.

([2]) Composée de MM.
    Leclerc, chef de bataillon, Président.
    Drieu, capitaine, Rapporteur.
    Adam, idem.
    Lieffroy, idem.
    Radet, idem.

([3]) Composée, lors de sa formation, de MM.
    Baron Boulart, maréchal-de-camp, Président.
    Drieu, capitaine, Rapporteur.
    Leclerc, chef de bataillon.
    Payan, capitaine.
    Lieffroy, idem.
    Pradelles, lieutenant.
    Hoffet, idem.

Messieurs Braun, chef de bataillon, Radet, Jobard et Debacq, capitaines, ont été appelés à faire partie de la commission et ont coopéré à son travail.

Son Excellence le Ministre de la guerre, a rectifié et complété les manœuvres de la seconde commission.

Les manœuvres élémentaires du projet de règlement ont été pratiquées dans les instructions du bataillon de pontonniers, pendant les années 1822, 1823 et 1824. La commission a recueilli les observations faites par ses membres et par d'autres officiers du corps : celles qui lui ont paru fondées ont motivé de nouvelles corrections.

La commission a divisé les manœuvres élémentaires en trois titres.

Titre premier. *Chargement des matériaux des équipages de ponts de bateaux sur les haquets, et déchargement de ces matériaux.*

Titre II. *Navigation des bateaux, nacelles, trains de bateaux et radeaux.*

Titre III. *Pontage, ou manœuvres de construction et de repliement des ponts et des estacades flottantes.*

Les manœuvres décrites dans le Titre premier sont des manœuvres de force, qui ont pour but principal le chargement et le déchargement du bateau d'équipage de campagne et du bateau de l'équipage Gribeauval. Ces deux bateaux sont actuellement les seuls en usage dans l'artillerie.

Parmi les divers moyens connus pour charger et décharger le bateau Gribeauval, la commission a choisi les trois suivans.

1er : avec deux poutrelles. Ce moyen est le plus expéditif.

2e : avec quatre crics. Ce moyen n'exige pas autant d'hommes, ni un emplacement aussi étendu que le 1er.

3e : en faisant entrer le haquet dans l'eau. Ce moyen ne peut s'employer que dans le cas assez rare où l'on trouve un emplacement convenable. On s'est borné à expliquer succinctement la manière de charger et décharger le bateau par ce 3e moyen, parce que les circonstances locales peuvent faire varier les détails d'exécution de la manœuvre.

Le Titre II est divisé en onze articles, classés dans l'ordre de progression qu'on doit suivre dans les exercices de navigation. Le bateau et la nacelle de l'équipage de campagne étant les embarcations dont les pontonniers feront le plus fréquent usage, on les a choisis pour bateau et nacelle d'instruction.

On peut diviser les manœuvres de navigation du Titre II en trois parties, dont chacune est l'objet d'une classe d'instruction.

On enseignera aux hommes de 3e *classe* les exercices de la rame et de la gaffe à bateau, et ensuite les exercices de la rame et de la gaffe à nacelle, Articles I, II, III et IV.

Les hommes passés à la 2e *classe* exécuteront les écoles du bateau et les écoles de la nacelle, Articles V, VI, VII et VIII. Mais, comme il est convenable de ne pas attendre que ces hommes manœuvrent le bateau avec précision avant de leur apprendre à manœuvrer la nacelle, on leur fera exécuter alternativement, jour par jour, les écoles du bateau et les écoles de la nacelle.

Les hommes de 1re *classe* seront exercés à l'école de flottille, au passage des troupes et à la navigation des trains, Articles IX, X et XI.

Le Titre III renferme vingt articles. La commission a cru devoir adopter le plan de rédaction suivant, pour les différentes manœuvres de construction et de repliement contenues dans ces articles.

On fait connaître par un premier tableau les objets nécessaires pour exécuter la manœuvre, sur une rivière de largeur déterminée, dont le courant a une vitesse moyenne, c'est-à-dire, d'environ 4 pieds par seconde. On indique dans un second tableau le nombre de travailleurs qu'il convient d'employer, leur division en détachemens et la subdivision des détachemens en sections. Chaque détachement se compose des travailleurs qui doivent opérer sous la direction immédiate d'un même chef. Les détachemens sont numérotés dans l'ordre suivant lequel ils agissent : en sorte que le tableau de ces détachemens fait voir d'avance le mécanisme de la manœuvre. On indique dans un troisième tableau les objets employés par chaque détachement. On entre ensuite dans tous les détails d'exécution, en suivant l'ordre des détachemens, et l'on termine enfin par l'ensemble de la manœuvre.

Pour donner aux hommes de recrue les premières notions des manœuvres de pontage, on leur fera pratiquer tout ce qui est prescrit dans les détails isolés des divers articles du titre III, en suivant l'ordre de ces articles. On les emploîra ensuite aux manœuvres d'ensemble pour achever leur instruction.

Le titre Ier est précédé de la nomenclature de tous les objets employés dans les manœuvres élémentaires, et de la description des nœuds en usage dans les ponts.

Le texte de cette première partie du travail de la commission est accompagné de 43 planches, destinées à en faciliter l'intelligence.

NOMENCLATURE

des objets employés dans les manœuvres élémentaires.

On a marqué d'une astérique * les objets particuliers à l'équipage de campagne.

BATEAU.*

Pl. Ire.

On distingue dans le bateau :
L'avant - béc, ou simplement
l'avant . . . . AB
    Il comprend toute la partie de devant dont le fond est relevé.
L'arrière - bec, ou simplement
l'arrière . . . . CD
    Il comprend la partie de derrière dont le fond est relevé.
Le corps . . . . BC
    C'est la partie du bateau comprise entre les becs, et dont le fond est droit.
Le fond . . . . E
Les bordages ou côtés . . . . F
    Le côté droit prend le nom de *Tribord*, et le côté gauche celui de *Bâbord*.

Pièces en bois.

Les planches du fond.
Les planches des bordages.
22 courbes . . . . a
2 poupées . . . . b
2 nez. c
2 ceintures . . . . d
9 prolongations de ceintures . . e
2 plats-bords . . . . f
9 taquets pour crochets de pontage g
2 tringles . . . . h
2 semelles extérieures i
    Tringles de calfatage . . . l

Pl. Ire.

Lorsque les courbes sont de deux pièces, elles sont composées de
1 montant . . . . m
1 semelle . . . . n

Ferrures.

2 bandeaux de becs 1
2 anneaux d'embrelage à piton . 2
4 rosettes, 2 écrous, d'*idem*.
10 crochets de pontage 3
10 rosettes, 10 écrous, d'*idem*.
4 supports tournans 4
4 pitons de supports 5
4 rosettes, 4 écrous, d'*idem*.
4 gonds de supports 6
4 rosettes, 8 écrous, d'*idem*.
Agrafes 7

    Lorsque les courbes sont de deux pièces, le montant et la semelle sont réunis par
2 équerres 8
3 boulons, 3 écrous, d'*idem*.

BATEAU Gribeauval.

Pl. II.

Pièces en bois.

Les planches du fond.
Les planches des bordages.
30 courbes . . . . a
4 poupées . . . . b
16 semelles intérieures c
20 montans de semelles . . . . d
2 nez. . . . . e
2 ceintures. . . . . f

Pl. II.

16 prolongations de ceintures . . *g*
2 plats-bords . . . . *h*
12 pièces formant coulisses pour les traverses . . . . *i*
2 traverses.
2 semelles extérieures. . . . . *l*

Ferrures.

2 bandeaux de becs 1
4 anneaux d'embrelage à piton . 2
8 rosettes, 4 écrous, d'*idem*.
4 brides de poupées 3
8 boulons, 8 écrous, d'*idem*.
8 pitons de clamaux à pointe et à crochet 4
8 rosettes, 8 contre-rivures, d'*idem*. Nayes.

NACELLE.*

Pl. III.

Pièces en bois.

Les planches du fond.
Les planches des bordages.
20 courbes . . . . . , . . . *a*
2 montans de semelles des première et dernière courbe.
2 nez. . . . . *b*
2 ceintures . . . . *c*
8 prolongations de ceintures . . *d*
2 plats-bords . . . . *e*
2 semelles extérieures. . . . . *f*
Tringles de calfatage.

Ferrures.

2 bandeaux de becs 1
Agrafes.

Lorsque les courbes sont de deux pièces elles sont conformes à celles du bateau.*

NACELLE Gribeauval.

Pl. IV.

Pièces en bois.

Planches du fond.
Planches des bordages.
16 courbes . . . . *a*
9 semelles intérieures. . . . . *b*
2 nez. . . . . *c*
18 pièces de ceintures . . . . . *d*
3 liteaux pour soutenir le madrier traversé par le mât . . . . . *e*

Madrier ou traverse . . . . . *f*
Mât ou fourche pour supporter les cordages d'ancres ou les lignes . . . . *g*
Mât pour remonter la nacelle . *h*

Ferrures.

2 bandeaux de becs. 1
Nayes.

HAQUET* à bateau et à nacelle.

Pl. V.

Pièces en bois.

AVANT — TRAIN.

1 timon. . . . . *a*
2 armons . . . . *b*
1 corps d'essieu . . . . *c*
1 sellette . . . . *d*
1 rond, composé de 4 jantes . . *e*
1 volée de derrière. . . . . . *f*
1 —— de bout de timon.
4 palonniers . . . . *g*
2 roues.
Chaque roue est composée de
1 moyeu . . . . *h*
10 rais. . . . . *i*
5 jantes. . . . . *l*

NOMENCLATURE.

Pl. V.

HAQUET.

2 brancards . . . . *m*
2 entre-toises . . . . *n*
1 support . . . . *o*
1 lisoir . . . . *p*
2 fourchettes droites . . . . *q*
1 support de fourchettes. . . *r*
1 jante de rond . . . . *s*
1 sellette de derrière . . . . *t*
1 corps d'essieu de derrière . . *u*
1 rouleau . . . . *v*
2 roues de derrière.

Chaque roue est composée de 1 moyeu, 12 rais et 6 jantes.

2 hayons, pour contenir les madriers.

Chaque hayon est composé de
2 montans . . . . *x*
1 planche . . . . *y*
1 traverse . . . . *z*

Ferrures.

AVANT-TRAIN.

1 happe, pour le dessus du bout du timon 1
1 happe à crochet fermé et à virole, pour le dessous du bout du timon 2
1 arrêtoir à piton et à vis, pour le grand anneau des chaînes de timon 3
1 arrêtoir d'anneau elliptique de volée de bout de timon . . . 4
2 chaînes de bout de timon, leurs grand anneau, les anneaux, les *S*, les mailles, les crochets . . . 5
2 plaques quarrées de têtard de timon
1 boulon de timon 6
2 rosettes, 1 écrou, d'*idem*.
1 cheville à la romaine 7
1 clavette et sa chaînette, d'*idem*

Pl. V.

1 chaînette de cheville à la romaine.
2 rosettes ovales.
1 clou rivé de têtard de timon . 8
1 contre-rivure d'*idem*.
1 coiffe d'armons 9
1 pièce d'armons 10
1 bride d'embrelage 11
2 boulons, 2 écrous, d'*idem*.
1 chaîne d'embrelage 12
2 étriers à bouts taraudés . . . 13
4 écrous d'*idem*.
2 brides d'étriers à bouts taraudés 14
1 cheville ouvrière 15
1 clavette double d'*idem*.
1 coiffe de sellette 16
2 boulons, 2 écrous, d'*idem*.
1 braban 17
2 boulons de sellette, 2 rosettes, 2 écrous.
2 boulons de volée de derrière . 18
2 rosettes, 2 écrous, d'*idem*.
2 heurtequins à pattes . . . 19
1 bande de frottement de rond.
2 boulons, 2 rosettes, 2 écrous, d'*idem*.
2 boulons de jantes de rond . . 20
2 rosettes, 2 écrous, d'*idem*.
2 tirans de volée 21
2 écrous d'*idem*.
1 anneau elliptique de volée de bout de timon.
11 lamettes 22
4 anneaux plats de volées et de palonniers 23
1 Essieu.
2 esses de bouts d'essieu.
2 rondelles de bouts d'essieu.
Ferrures de 2 roues.

Les ferrures d'une roue sont :
2 cordons 24
2 frettes 25
5 clous rivés de jantes, et 5 contre-rivures 26

Pl. V.

  5 bandes de roues 27
  30 clous de bandes.
  10 clous à vis 28
  10 rosettes, 10 écrous, d'*idem.*
  1 boîte en cuivre.
  2 crampons de boîte.

HAQUET.

  1 coiffe de lisoir. 29
  2 boulons, 2 écrous, d'*idem.*
  1 bride d'embrelage 30
  2 boulons, 2 rosettes, 2 écrous, d'*idem.*
  1 bande de frottement de jante de rond.
  2 boulons, 2 rosettes, 2 écrous, d'*idem.*
  4 arcs-boutans de lisoir 31
  6 boulons, 2 rosettes, 6 écrous, d'*idem.*
  4 arcs-boutans de corps d'essieu de derrière 32
  6 boulons, 6 écrous, d'*idem.*
  7 arrêtoirs de poutrelles 33
  7 boulons, 14 rosettes, 7 écrous, d'*idem.*
  8 anneaux porte-hayons 34
  8 rosettes, 8 écrous, d'*idem.*
  2 ranchets doubles 35
  8 boulons, 8 rosettes, 8 écrous, d'*idem.*
  4 étriers à patte et à bouts taraudés 36
  2 boulons, 6 écrous, d'*idem.*
  2 brides d'étriers à patte 37
  2 heurtequins à pattes 38
  1 bride de chaîne à enrayer . . 39
  2 boulons, 2 rosettes, 2 écrous, d'*idem.*
  1 chaîne à enrayer 40
  1 crochet porte-chaîne à enrayer . 41
  2 pattes de support de rouleau . . 42
  3 boulons, 2 rosettes, 3 écrous, d'*idem.*

Pl. V.

  1 axe de rouleau 43
  2 frettes de rouleau 44
  1 essieu.
  2 esses de bouts d'essieu.
  2 rondelles de bouts d'essieu.
  Ferrures de 2 roues.
    Les ferrures d'une roue sont:
  2 cordons.
  2 frettes.
  6 clous rivés de jantes, et 6 contre-rivures.
  6 bandes de roues.
  36 clous de bandes.
  12 clous à vis.
  12 rosettes, 12 écrous, d'*idem.*
  1 boîte en cuivre.
  2 crampons de boîte.
    Les ferrures d'un hayon, sont:
  2 étriers 45
  8 rosettes, 4 écrous, d'*idem.*
    Le hayon de derrière a de plus:
  2 boulons servant d'arrêtoirs à l'ancre 46
  1 plaque d'appui d'ancre . . . 47

HAQUET à bateau Gribeauval.

Pl. VI.

Pièces en bois.

  1 timon . . . . *a*
  2 armons . . . . *b*
  1 essieu de devant . . . . . *c*
  1 —— de derrière . . . . *d*
  1 petite sellette . . . . *e*
  1 sellette de derrière . . . . . *f*
  1 sassoire . . . . *g*
  1 volée de derrière . . . . . *h*
  1 —— de bout de timon.
  4 palonniers . . . . *i*
  1 lisoir . . . . *l*
  1 support . . . . *m*
  2 entre-toises du support et de lisoir . . . . *n*

NOMENCLATURE.

Pl. VI.

1 fourchette	o
1 flèche	p
1 taquet de flèche	q
2 empanons	r
2 roues de devant.	
2 —— de derrière.	

Chaque roue est composée de

1 moyeu	s
12 rais	t
6 jantes	u

Ferrures.

1 happe à crochet pour le dessus du bout du timon 1
1 happe à crochet fermé et à virole pour le dessous du bout du timon 2
1 chaîne de timon 3
1 crampon d'*idem* 4
2 plaques quarrées de têtard de timon.
1 boulon de timon 5
1 rosette, 1 écrou, d'*idem*.
1 cheville à la romaine . . . 6
1 clavette double et sa chaînette d'*idem*.
1 chaînette de cheville à la romaine.
2 rosettes ovales 7
1 coiffe d'armons 8
1 pièce d'armons 9
4 étriers ou frettes de sellettes et d'essieux 10
1 coiffe de sellette 11
2 boulons, 2 écrous, d'*idem*.
1 braban 12
4 équignons 13
4 brabans d'équignons 14
4 happes à anneau de bouts d'essieux 15
4 heurtequins 16
2 tirans de volée 17
2 rosettes, 2 écrous, d'*idem*.

Pl. VI.

1 grand anneau de volée de bout de timon.
11 lamettes de volées et de palonniers 18
4 anneaux plats, liant les lamettes des bouts des volées à celles des palonniers 19
2 boulons de volée de derrière . 20
2 rosettes, 2 écrous, d'*idem*.
2 seyes 21
2 boulons de sassoire 22
2 rosettes, 2 écrous, d'*idem*.
1 cheville ouvrière 23
1 plaque quarrée sous la tête de la cheville ouvrière 24
1 coiffe de lisoir 25
2 boulons, 2 écrous, d'*idem*.
4 plaques d'entre-toises de lisoir et de support 26
4 anneaux d'embrelage . . . 27
4 rosettes, 4 écrous, d'*idem*.
2 boulons de fourchette . . . 28
2 rosettes, 2 écrous, d'*idem*.
4 ranchets 29
8 boulons, 8 rosettes, 8 écrous, d'*idem*.
1 plaque de flèche 30
1 bandeau de flèche 31
1 boulon, 1 écrou, d'*idem*.
2 étriers ou frettes de fourchette. 32
1 virole de flèche 33
2 arcs-boutans de flèche et de support 34
3 boulons, 3 écrous, d'*idem*.
1 étrier ou frette d'empanons . . 35
1 crampon d'*idem* 36
1 bande d'empanons 37
2 rondelles de flèche 38
2 esses de flèche 39
2 chaînettes d'*idem*.
4 esses d'essieux.
4 rondelles de bouts d'essieux.
11 clous rivés, dont 1 de timon, 2 de fourchette, 2 de support, 2 de

Pl. VI.

-sellette de derrière et 4 de tête de flèche.
7 contre-rivures d'*idem*.
Ferrures de 4 roues.
Les ferrures d'une roue sont :
2 cordons 40
2 frettes 41
6 clous rivés de jantes et 6 contre-rivures 42
6 bandes de roues 43
60 clous de bandes.
2 boites de fer battu.
4 crampons de boites.

HAQUET à nacelle Gribeauval.

Pl. VII.

Pièces en bois.

Elles sont les mêmes que celles du haquet à bateau.

Ferrures.

Elles sont les mêmes que celles du haquet à bateau, excepté qu'au haquet à nacelle il n'y a que 3 ranchets, dont un est double.

GOUVERNAIL à bateau Gribeauval.

Pl. VIII.

La perche . . . . *a*
La cheville . . . . *b*
La palette . . . . *c*

RAME d'une pièce.

Sa poignée . . . . *a*
Son fort, quarré ou à 8 pans . *b*
Sa palette . . . . *c*

Pl. VIII.

RAME à bateau.*

La perche . . . . *a*
La palette . . . . *b*
Les 2 bandelettes . . . . . *c*
La rame qui sert à gouverner le bateau a une poignée . . . *d*

RAME à bateau Gribeauval.

La perche . . . . *a*
La cheville . . . . *b*
La palette . . . . *c*

RAME à nacelle.*

La poignée . . . . *a*
La perche . . . . *b*
La palette . . . . *c*
La rame qui sert à gouverner la nacelle porte à l'extrémité de la palette un fer à 2 pointes. . *d*

GAFFE à bateau, à deux pointes.*

La poignée . . . . *a*
La perche . . . . *b*
Le fer . . . . *c*
On distingue dans le fer
La douille . . . . *d*
Les 2 pointes . . . . *e*
La gaffe à 2 pointes qui sert à conduire les bateaux Gribeauval a, au lieu de poignée, une plaque d'appui . . . . . . *f*

GAFFE à pointe et à crochet.*

La poignée . . . . *a*
La perche . . . . *b*
Le fer . . . . *c*
On distingue dans le fer
La douille . . . . *d*
La patte . . . . *e*
La pointe droite . . . . . *f*
Le crochet . . . . *g*
La gaffe à pointe et à crochet

Pl. VIII.
    pour le bateau Gribeauval n'a point de poignée.

PORTE-RAME et porte-gouvernail.

La tige . . . . a
La fourche, formée par deux branches . . . . . . b

CHEVILLES pour les rames.*

CHEVILLES pour le gouvernail.*

TOLET.

Le tolet est une cheville ronde qui assujettit l'estrope.

MAT à remonter les bateaux Gribeauval.

Le mât . . . . a
Les 2 taquets . . . . . . b
La cravate en fer, composée de
1 grand anneau c
1 petit anneau . . . . . . d
1 boulon rivé.

ÉCOPE de plusieurs pièces.*

Le manche . . . . a
La traverse . . . . b
Les 2 côtés c
Le fond . . . . d

ÉCOPE d'une seule pièce.

Le manche . . . . a
La cuiller . . . . b

POMPE.

Le corps de pompe . . . . a
Le gouleau . . . . b
Le piston c
Son manche . . . . d
Sa poignée . . . . e
Le cône tronqué . . . . . f
Son tampon . . . . g
Les 2 viroles . . . . h

ANCRE à jas en fer.*
Pl. IX.

La verge . . . . a
La culasse . . . . b
Les bras c
Les pattes . . . . d
L'anneau à tige . . . . . . e
L'organeau . . . . f
Le jas . . . . g
La rondelle . . . . h
Les 2 bras forment la *croisée* . cc
Les angles formés par la verge et les bras se nomment *aisselles* i
L'*encolure* est l'endroit où la verge et les bras sont réunis . l

ANCRE à jas en bois.

La verge . . . . a
La culasse . . . . b
Les tenons c
Les bras . . . . d
Les pattes . . . . e
L'anneau à tige . . . . . . f
L'organeau . . . . g
L'anneau de l'encolure . . . h
Le jas, composé de 2 jumelles i
Ses 2 frettes l

BOUÉE.

La bouée est un baril ou un autre corps flottant qu'on attache à un des bouts d'un cordage, nommé *Orin*, dont l'autre bout est fixé à l'encolure ou à l'anneau de l'encolure. La bouée sert à faire retrouver l'ancre. On fixe quelquefois la bouée à l'extrémité du cordage d'ancre.

PANIER d'ancrage.

Le panier . . . . a
L'arbre . . . . b

Pl. IX.

Sa clavette en bois	c
Sa happe à anneau	d

CAISSE d'ancrage.

Les planches des 4 côtés	a
Les planches des bouts	b
Les 8 traverses	c

POUTRELLE et guindage.

Pl. X.

La poutrelle prend le nom de *guindage*, lorsqu'on l'emploie comme garde-fou pour assujettir les madriers sur les poutrelles.

Les poutrelles de l'équipage de campagne sont percées de 2 trous qui servent à les assujettir sur les haquets; elles ont 16 entailles destinées à recevoir les commandes de poutrelles. Les poutrelles de culées sont plus courtes que les autres et n'ont que 8 entailles.

FAUSSES-POUTRELLES et faux-guindages.

On donne ces noms à des poutrelles plus courtes que les autres, et qui servent à assembler les portières d'un pont.

CORPS-MORT. *

Ses 5 crochets de portage.
5 rosettes, 5 écrous, d'*idem*.

MADRIER.

Le madrier de l'équipage de campagne a 4 entailles dans lesquelles passent les commandes de guindage.

Pl. X.

CLAMAU à pointe et à crochet ouvert.

Le corps du clamau	a
Le crochet	b
La pointe	c

CLAMAU à une face et clamau à 2 faces.

Le corps	a
Les 2 pointes	b

COLLIER de guindage. *

L'étrier	a
La bride	b
Les 2 mailles	c

COINS de collier. *
BILLOTS. *

Il y en a de 2 grandeurs.
Les petits servent à brêler les guindages.
Les grands servent à brêler les bateaux et les nacelles sur les haquets.

PIQUETS. *

Il y en a de 3 grandeurs.
Les petits s'emploient pour fixer les corps-morts.
Les moyens servent à amarrer les traversières et les cordages d'ancres des bateaux des culées. On fixe les corps-morts avec ces piquets, lorsque le terrain a peu de fermeté.
Les grands piquets, qu'on appelle aussi *pieux*, s'enfoncent avec le mouton à bras. Ils servent à amarrer les cordages qui doivent éprouver une forte tension.

Pl. X.

Le bois	a
La frette	b
Le sabot	c

MASSE en bois. *

La masse	a
Le manche	b

MARTEAU à panne fendue.

La tête	a
L'œil	b
La panne	c
Le manche	d

PINCE en fer. *

ROULEAU. *

Ses 2 mortaises	a
Ses 2 frettes	b

PELLE quarrée et pelle ronde.

Sa douille	a
Son manche	b

PIOCHE.

Le pic	a
Le hoyau	b
Le manche	c

DAME.

La dame	a
Le manche	b

ÉPISSOIR.

Il sert à épisser les cordages.
Il est en fer ou en bois.

Pl. X.

PORTE-VOIX.

Le cône tronqué	a
L'embouchoir	b
Les anneaux	c

LEVIER.

Pl. XI.

La pince	a
La partie à 8 pans	b
Le bout arrondi	c

PALAN. *

Un palan est composé de deux moufles, équipés avec un cordage.

Les pièces d'un des moufles sont :

2 anses	a
2 boulons	b
2 écrous d'*idem*.	
4 poulies en cuivre	c
1 axe	d
1 écrou d'*idem*.	
5 plaques	e
8 pièces en bois, pour séparer les plaques	f

Les pièces de l'autre moufle sont les mêmes que celles du premier, excepté que le second moufle n'a qu'une anse.

Les brins du cordage qui vont d'un moufle à l'autre, s'appellent *courans* .... g

Le brin sur lequel on tire s'appelle *garant*. .... h

CABESTAN.

Pièces en bois.

2 flasques	a
2 épars	b
4 clavettes d'*idem*	c

Pl. XI.

1 treuil.
   Son corps . . . . *d*
   Ses 2 renforts . . . . . . *e*
   Ses 4 mortaises . . . . . . *f*
   Ses 2 tourillons . . . . . . *g*

Ferrures.

8 clous rivés. 1
8 contre-rivures *d'idem.*
4 liens de flasques. 2
4 frettes de treuil 3
1 plaque à oreilles 4
1 cheville à la romaine . . . 5
1 chaînette *d'idem.*

VINDAS.

Pièces en bois.

1 châssis formé de
   2 côtés . . . . *a*
   2 épars . . . . *b*
   4 clavettes . . . . *c*
   1 semelle . . . . *d*
2 montans . . . . *e*
2 arcs-boutans de montans . *f*
1 entre-toise pour le collet du
   treuil . . . . *g*
2 clavettes *d'idem* . . . . . . *h*
1 treuil.
   Sa tête . . . . *i*
   Ses 2 mortaises . . . . . *k*
   Son collet . . . . *l*
   Son corps . . . . *m*
   Son tourillon . . . . . . *n*
2 leviers . . . . *o*
1 rouleau. . . . . *p*

Ferrures.

12 clous rivés. 1
12 contre-rivures *d'idem.*
1 cheville à piton 2
2 rosettes, 1 écrou, *d'idem.*

Pl. XI.

1 cravate 3
1 clou rivé *d'idem.*
1 cheville à tête plate 4
2 rosettes, 1 écrou, 1 clavette,
   1 chaînette de clavette, *d'idem.*
2 frettes de montans 5
2 frettes de treuil 6
2 crampons servant de sus-bandes
   aux tourillons du rouleau . . 7

CRIC simple.

Les pontonniers emploient des crics de deux hauteurs différentes :
   Les grands ont 5 pieds, les petits 3 pieds.

Pièces en bois.

Le fût . . . . *a*
La poignée de la manivelle . . *b*

Ferrures.

1 arbre 1
   Ses cornes 2
   Sa patte 3
1 roue 4
   Son pignon 5
1 pignon 6
1 plaque de devant 7
   La contre-platine 8
   La boite 9
   La boite majeure 10
6 rivures.
   2 entre-toises 11
   1 louquet 12
   Son pivot.
1 plaque de derrière 13
   Le support 14
3 rivures.
   2 entre-toises 15
   4 traverses 16
   4 clavettes *d'idem.*
1 manivelle 17

Pl. XI.

1 roue d'arrêt 18
3 frettes 19
1 lien 20
1 anneau à piton 21
2 bandes le long de l'ouverture pour la patte 22
1 plaque du pied et ses 2 pointes 23

MOUTON A BRAS.

Pièces en bois.

Le mouton . . . . a
4 bras . . . . b
8 chevilles c

Ferrures.

4 tirans 1
2 frettes 2
2 boulons rivés de tirans . . . 3
4 boulons de bras 4
8 équerres servant de rosettes et 4 écrous, d'*idem*.

RADEAU.

Pl. XII.

Les arbres . . . . a
Les traverses . . . . . . b
Les 2 madriers c
Les 3 supports . . . . . . d
La poupée . . . . e
La traverse du bec . . . . f
Les broches en fer . . . . g
Les clamaux à 2 faces . . . h

CHEVALET pour pont de chevalets.

Pl. XIII

1 chapeau . . . . a
4 montans ou pieds . . . . b
2 traverses inférieures . . . c

Pl. XIII.

2 traverses supérieures . . . d
4 liens . . . . e

CHEVALET à chapeau mobile. *

2 pieds.
   Chaque pied est composé de
   2 montans . . . . a
   2 semelles supérieures . . . b
   2 ———— inférieures . . . c
4 arcs-boutans . . . . . . d
1 entre-toise . . . . e
1 boulon de montans . . . . f
2 rosettes, 1 écrou, d'*idem*.
4 boulons de semelles . . . g
4 rosettes, 4 écrous, d'*idem*.
1 chapeau . . . . h
4 chevilles à la romaine . . . i

PONT VOLANT.

Pl. XIV.

Les pièces principales sont :
Les bateaux.
Les poutrelles et madriers du tablier.
La potence.
   Ses 2 montans . . . . . a
   Ses 2 traverses . . . . . b
   Son chat c
Le cabestan ou vindas . . . d
Le cable . . . . e
Les nacelles.
Les mâts ou fourches des nacelles.
L'ancre.
Il y a une culée sur chaque rive, à l'endroit où le pont aborde.
Il entre dans un pont volant formé avec les matériaux de l'équipage de campagne :

Pl. XIV bis.

- 6 bateaux.
- 37 poutrelles.
- 13 fausses-poutrelles.
- 72 madriers.
- 20 amarres.
- 108 commandes de poutrelles.
- 53 ———— de guindages.
- 20 ———— de billots.
- 20 billots.
- 2 colliers de guindages et leurs coins.
- 2 clamaux à une face.
- 2 taquets.
- 1 semelle, sous le pied du mât.
- 1 pied de chevalet à chapeau mobile.
- 1 cable (cinquenelle ou cordage d'ancre).
- " nacelles avec leurs fourches.
- " ancres.

Ce pont volant a un mât au lieu de potence.

Le cable passe dans une couronne dont le mât est coiffé.

Il y a une culée sur chaque rive, à l'endroit où le pont aborde.

TRAILLE.

Pl. XV.

Les pièces principales sont:
Les bateaux.
Les poutrelles et madriers du tablier.
Les montans ou supports du cable . . . . *a*
Le cable . . . . *b*
Le moufle qui roule sur le cable *c*
Il y a une culée sur chaque rive, à l'endroit où la traille aborde.

BAC.

Pl. XVI.

Les pièces principales sont:
Le bateau ou bac.
Ses 2 montans ou supports du cable . . . . *a*
Les 2 montans des rives . . *b*
Le cable . . . . *c*
Il y a une culée sur chaque rive, à l'endroit où le bac aborde, lorsque la nature des rives l'exige.

ESTACADE flottante.

Pl. XVI bis.

Les pièces de l'estacade.
Chaque pièce est composée de
1 ou 2 ou 3 arbres . . . . *a*
2 boulons . . . . *b*
2 clavettes d'*idem*.
2 doubles anneaux à tige . . *c*
2 anneaux . . . . *d*
2 clamaux à une face . . . *e*
2 frettes, pour la pièce d'un seul arbre . . . . . . *f*
Clamaux à une face, liens en fer (ou cordages et billots) pour réunir les arbres de la pièce de 3 arbres.
Chaînes de jonction.
Leurs mailles . . . . . . *g*
Leurs billots . . . . . . *h*
Ancres.
Cordages d'ancres.
2 pieux.
Palan.

CORDAGES.

	Longueur.		Diamètre.		Nombre de Torons.
Pour les ponts de bateaux Gribeauval.	Toises.	Pieds.	Po.	Lign.	
Cinquenelle	60	»	2	»	4
Elle a une boucle à chaque bout.					
Cordage d'ancre	60	»	1	»	3
Amarre	7	2	»	11	4
Commande	»	9	»	6	4
Elle a une boucle à l'un de ses bouts.					
Ligne de halage { pour chevaux . .	80	»	»	8	3
{ pour hommes . .	80	»	»	6	3
Pour les ponts de bateaux de campagne.					
Cinquenelle	50	»	2	»	4
Elle a une boucle à chaque bout.					
Cordage d'ancre	40	»	»	11	4
Amarre	7	»	»	11	4
Commande de poutrelles	2	»	»	4	4
Elle a une boucle à l'un de ses bouts.					
Commande de guindage.	»	8	»	6	4
———— de billot	»	3	»	2½	4
Ligne de halage { pour chevaux . .	80	»	»	8	4
{ pour hommes . .	40	»	»	4	4
Les lignes pour chevaux servent aussi à équiper les palans.					

Pl. XVII.   **BRETELLE.**

La sangle . . . . *a*
   ses 2 boucles . . . . . *b*
Les 2 cordons . . . . . . *c*
Les 2 allonges de cordons.

    Les cordons et leurs allonges sont des cordages de même grosseur que les commandes de billots.

NŒUDS

EN USAGE DANS LES PONTS.

Pl. XVII. On fait une *Ganse* en pliant un cordage et rapprochant un brin de l'autre.

On forme une *Boucle* en courbant un cordage et faisant passer un brin sur l'autre.

Nœud simple.

Faites une boucle; faites tourner autour du long brin le brin court, que vous passez dans la boucle. Serrez.

Nœud simple gansé.

Faites une boucle; faites tourner autour du long brin le brin court dont vous formez une ganse que vous passez dans la boucle. Serrez.

Nœud de galère.

Ce nœud se fait comme le précédent. On passe le levier dans la ganse.

Nœud droit.

Croisez deux bouts de cordages l'un sur l'autre, celui de droite, par exemple, sur celui de gauche; ramenez le brin de gauche autour de l'autre brin, de dessus en dessous et de dedans en dehors; repliez le brin de gauche pour en former une ganse; faites tourner le brin de droite autour du brin de gauche pour le faire entrer dans la ganse de dessous en dessus. Serrez.

Autrement: Formez une ganse avec l'un des bouts; passez l'autre bout dans la ganse; embrassez d'un tour de ce dernier bout les deux brins qui forment la ganse, et faites-le repasser dans la ganse. Serrez.

Nœud droit gansé.

Agissez comme pour faire le nœud droit ordinaire; mais formez avec le brin que vous passez dans la ganse pour achever le nœud, une seconde ganse que vous passez dans la première.

Nœud de tisserand.

Formez une ganse avec un des deux bouts de cordages; passez l'autre bout dans la ganse; faites tourner ce dernier bout autour des deux brins de la ganse, et passez-le entre la ganse et le brin introduit dans cette ganse. Serrez.

Nœud allemand.

Formez une boucle; faites tourner en entier autour d'un des brins celui qui le croise, en le faisant croiser sur lui-même, et passez-le dans la boucle.

Nœud de batelier.

Faites deux boucles l'une près de l'autre, mais en sens contraire : c'est-à-dire, que si l'un des brins croise en dessus de la partie du cordage qui est entre les deux boucles, l'autre doit croiser en dessous; mettez ces boucles l'une sur l'autre, de façon que les brins soient placés intérieurement; coiffez de ces boucles l'objet auquel on veut amarrer le cordage. Serrez.

Autrement : Lorsque le cordage déjà tendu doit être amarré à un piquet, embrassez le piquet d'un tour fait avec le bout libre que vous ramenez sous l'autre brin; embrassez le piquet d'un second tour fait au-dessus du premier avec le même bout; faites passer le bout libre entre le dernier tour et le brin déjà fixé. Serrez, en tirant sur le bout libre.

Nœud de poupée.

Pour amarrer le cordage d'ancre à la poupée du bateau, embrassez la poupée d'un tour fait avec le bout libre que vous ramenez au-dessus du long brin; faites un second tour avec le même bout que vous ramenez au-dessous du long brin; faites avec ce bout une boucle dont le bout libre soit en dessous; coiffez la poupée avec cette boucle. Serrez, en tirant sur le brin libre.

Ce nœud diffère du nœud de batelier en ce que le cordage embrasse la poupée de trois tours.

Amarrage par des demi-clefs.

Pour amarrer un cordage à un piquet par des demi-clefs, embrassez le piquet de deux tours du cordage et ramenez le brin libre sur le long brin; embrassez le long brin d'un tour du brin libre, que vous faites passer dans la boucle formée par ces brins; faites une seconde demi-clef, en croisant de nouveau le brin libre sur le long brin et le faisant ressortir de la boucle ainsi formée. Si le cordage est amarré à demeure, ficelez les deux brins réunis.

Amarrage en patte-d'oie.

Pour amarrer un cordage à un autre déjà tendu, croisez le bout du cordage libre sur le cordage tendu; faites avec le bout du cordage libre un tour de dessus en dessous qui embrasse le cordage tendu et ramenez ce bout dans l'angle aigu formé par les deux cordages; faites un second tour de la même manière; faites avec le même bout deux demi-clefs qui embrassent le cordage tendu en dessus des deux tours déjà formés. Ficelez les deux brins réunis.

Amarrage des cordons de bretelles à la ligne.

Faites plusieurs nœuds simples, l'un sur l'autre, à l'extrémité des cordons. Croisez le bout des cordons sur la ligne; faites passer deux fois les nœuds de l'extrémité des cordons dans l'angle aigu formé par la ligne et les cordons; tendez les cordons.

Lorsque le haleur cesse de tendre les cordons, ils se détachent aussitôt de la ligne.

Nœud d'ancre.

Pour amarrer le cordage d'ancre à l'ancre, faites passer deux fois le bout du cordage dans l'organeau, de manière à embrasser cet anneau de deux tours; faites une demi-clef qui embrasse le long bout et le brin formant le second tour; faites une seconde demi-clef en dessous de la première. Ficelez les deux brins réunis.

Épissure courte.

Décordez quelques pouces des bouts des cordages A et B que vous voulez épisser. Enfourchez les torons décordés des cordages A et B, de manière que ces cordages se touchent où les torons cessent d'être réunis et que les torons du cordage A séparent ceux du cordage B. Tenant dans la main gauche le bout du cordage A, par exemple, les torons décordés en avant, faites croiser chaque toron de ce bout sur le toron qui est à sa gauche et qui appartient au cordage B, et faites passer, au moyen de l'épissoir, le même toron du bout A sous le toron qui est à sa gauche et qui appartient au cordage B. Tirez fortement sur chaque toron passé sous un autre. Opérez de même avec les torons du cordage B. Pour donner plus de force à l'épissure, passez de nouveau chaque toron sur celui qui est à sa gauche et sous celui qui est à la gauche de ce dernier. Coupez les bouts excédans.

L'épissure courte serait trop grosse si le cordage devait passer dans une poulie. Dans ce cas, faites l'épissure longue.

Épissure longue.

Décordez environ 18 pouces des cordages; enfourchez, comme pour l'épissure courte. Décordez un des torons du cordage A et remplacez-le par celui du bout B qui se présente naturellement; croisez le bout de ce dernier toron sur le toron qui a été remplacé et faites-les passer sous les torons voisins. Remplacez de même chaque autre toron d'un des cordages par un toron de l'autre cordage. Coupez les bouts excédans.

Estropes.

Pour faire une couronne de cordage, telle qu'une estrope, prenez un toron; faites à son milieu une boucle de la grandeur que l'estrope doit avoir; recordez la partie qui forme la boucle avec les deux bouts qui l'excédent. Lorsque l'estrope a la grosseur que vous voulez lui donner, croisez l'un sur l'autre les deux brins qui se rencontrent et faites-les passer sous les torons voisins, comme dans l'épissure. Coupez les bouts excédans.

MANOEUVRES ÉLÉMENTAIRES.

TITRE PREMIER.

Chargement des matériaux des équipages de ponts de bateaux sur les haquets, et déchargement de ces matériaux.

ARTICLE PREMIER.
CHARGER ET DÉCHARGER LE BATEAU D'ÉQUIPAGE DE CAMPAGNE.

Ire Manoeuvre. *Sortir le bateau d'équipage de campagne de l'eau et le charger sur son haquet.*

1. Un sous-officier fera exécuter cette manœuvre par 14 servans. Ils emploiront :
   - 2 rouleaux,
   - 4 cales,
   - 2 gaffes,
   - 3 amarres à bateau,
   - 3 billots,
   - » madriers : leur nombre dépend de la longueur de la rampe.

Les rouleaux, les cales, 1 amarre, 3 billots et les madriers sont placés près du lieu du chargement, les 2 gaffes et 2 amarres dans le bateau.

2. Si la rive est escarpée, on fera une rampe de 12 à 14 pieds de largeur.

3. Le haquet est amené dans la direction de la rampe, à 30 pieds environ de sa crête, l'arrière-train tourné vers la rivière.

4. Les servans sont formés sur deux rangs égaux, par ordre de taille et numérotés de la droite à la gauche ; les 7es prennent la dénomination de *bateliers*. Les 14 servans sont conduits par der-

rière la voiture à la droite et à la gauche du haquet : les 1ers s'arrêtent à hauteur de l'essieu de l'avant-train, à un pas en dehors de l'alignement des roues; les autres servans, en file derrière les premiers, s'arrêtent à un pas l'un de l'autre : tous font face au haquet. (Fig. 1.)

Planche XVIII.

5. Le sous-officier commande :

PRÉPAREZ-VOUS A TIRER LE BATEAU A TERRE.

6. Les 1ers, 3es et 4es servans vont chercher des madriers dont ils forment deux files, éloignées de trois pieds l'une de l'autre, partant des roues de l'arrière-train du haquet et se prolongeant sur la rampe jusque dans l'eau ; les 2es calent les grandes roues devant et derrière, puis ils se joignent aux précédens pour mettre des madriers en file sur la rampe. Les bateliers amènent le bateau au pied de la rampe, l'arrière-bec contre la rive, fixent le bout d'une amarre à chaque anneau d'embrelage, jettent à terre le bout libre des amarres et font avancer l'arrière-bec du bateau sur les files de madriers. Les 5es placent un rouleau en travers des files de madriers, à 12 pieds environ en avant du bateau et le maintiennent dans cette position; les 6es placent un rouleau contre l'arrière-bec.

AUX AMARRES.

7. Les 1ers, 2es, 3es et 4es servans se portent à l'amarre fixée de leur côté : les 1ers servans déploient les amarres; les autres les saisissent et les tendent sans effort. (Fig. 1.)

FERME.

8. Les huit servans tirent sur les amarres; les bateliers sautent à terre dès que le bateau est sorti de l'eau et vont tirer sur ces cordages. Les 6es et les 5es servans après avoir engagé leurs rouleaux sous le bateau en suivent le mouvement; lorsqu'ils sont dégagés ils les saisissent et vont les engager de nouveau sous l'arrière-bec.

9. Le bateau étant arrivé au-delà du sommet de la rampe et à 6 pieds environ du haquet, le sous-officier commande :

1. HALTE.

2. OTEZ LES AMARRES. — REDRESSEZ LE BATEAU.

10. Au premier commandement, les servans qui agissent aux amarres cessent de faire effort.

Chargement du bateau de campagne.

11. Au second, ils lâchent les amarres ; les 1ers servans les replient et les jettent dans le bateau. Les bateliers vont chercher le second bateau à charger et l'amènent au pied de la rampe. Les 1ers, 2es, 3es et 4es servans se portent le long des flancs du bateau et saisissent les plats-bords.

FERME.

12. Les 1ers, 2es, 3es et 4es servans agissent ensemble et font mouvoir le bateau dans le sens indiqué d'avance par le sous-officier, en le poussant en avant ou de côté ; de manière à le placer exactement dans la direction du haquet, le nez de l'arrière-bec à quelques pouces du rouleau du haquet.

PRÉPAREZ-VOUS A CHARGER LE BATEAU.

13. Les 1ers, 2es, 3es et 4es servans se portent contre les côtés de l'arrière du bateau, et les 5es et 6es à l'extrémité de l'avant-bec. (Fig. 2.)

A BRAS.

14. Les 1ers, 2es, 3es et 4es servans se baissent et saisissent le bateau sous le fond ; les 5es et 6es, faisant face à l'avant, appuient les mains contre les poupées et le nez de l'avant.

FERME.

15. Les 1ers, 2es, 3es et 4es servans soulèvent l'arrière ; les 5es et 6es poussent le bateau et le font appuyer sur le rouleau du haquet.

A BRAS.

16. Les 1ers, 2es, 3es et 4es servans s'éloignent un peu du haquet et saisissent le bateau sous le fond ; les 5es et 6es continuent de pousser en avant.

FERME.

17. Les 12 servans agissent comme il est dit n° 15.

18. Le sous-officier continue de faire avancer le bateau sur le haquet par les commandemens *à bras, ferme,* jusqu'à ce que le milieu du bateau soit arrivé près du rouleau du haquet ; alors il commande :

A l'avant-bec. — A BRAS.

19. Les 1ers, 2es, 3es et 4es servans se portent contre les côtés de l'avant-bec, saisissent ce bec des deux mains, l'une sous le fond,

l'autre au plat-bord; les 5es et 6es continuent de pousser le bateau pour l'empêcher de reculer. (Fig. 3.)

FERME.

20. Tous les servans élèvent l'avant-bec de 2 à 3 pieds et poussent le bateau en avant jusqu'à ce que son milieu ait dépassé le rouleau du haquet; alors le sous-officier commande:

A l'arrière du bateau. — A L'ÉPAULE.

21. Les 1ers, 2es, 3es et 4es servans se portent entre les roues des deux trains, face à l'avant-train, l'épaule sous le fond du bateau; les 5es et 6es placent l'épaule sous l'avant-bec.

FERME.

22. Les 1ers, 2es, 3es et 4es servans élèvent le bateau au-dessus des brancards et le font avancer sur le rouleau du haquet; les 5es et 6es font effort pour empêcher le bateau de reculer: aussitôt après un premier effort le sous-officier commande:

A L'ÉPAULE.

23. Les 1ers, 2es, 3es et 4es servans posent le bateau sur les brancards, reculent d'un pas et portent l'épaule sous le fond. Les 5es et 6es cessent d'agir à l'épaule et appuient les mains contre les côtés de l'avant-bec pour diriger le bateau.

FERME.

24. Les servans agissent et font avancer le bateau sur le haquet.

25. Le sous-officier répète les commandemens *à l'épaule, ferme,* jusqu'à ce que les écrous des 5es crochets de pontage (les plus rapprochés de l'arrière du bateau) soient à un pied en arrière des ranchets de devant du haquet; alors il commande:

HALTE.

26. Tous les servans reprennent leurs postes à droite et à gauche du haquet, n° 4.

BRÊLEZ LE BATEAU.

27. Les 1ers servans montent dans le bateau, prennent chacun une amarre; celui de droite coiffe le nez de l'arrière-bec d'un nœud de batelier fait au milieu de l'amarre, les brins pendant en dessous; celui de gauche coiffe de la même manière le nez de l'avant-bec; le 3e servant du rang le plus près du dépôt des agrès

CHARGEMENT DU BATEAU DE CAMPAGNE. 5

jette une troisième amarre dans le bateau; les 1ers la déploient en travers du milieu du bateau, laissant pendre également ses bouts en dehors des bordages; les 3es reçoivent ces bouts, les font croiser sous les brancards sans les tendre et les passent aux premiers servans; ceux-ci, après les avoir réunis au premier brin, saisissent les 3 brins, les élèvent pour les tendre également, leur font former une boucle dans laquelle ils passent un billot; ils brêlent fortement et arrêtent les bouts du billot contre les brins en les liant avec les bouts de l'amarre. Les 2es servans prennent les bouts de l'amarre dont on a coiffé l'arrière-bec, les fixent aux anneaux porte-hayon inférieurs du devant du haquet par plusieurs demi-clefs, rapprochent les deux brins qui vont du nez aux anneaux, les tordent ensemble au moyen d'un billot; lorsqu'ils sont fortement tendus, ils arrêtent le billot en le mettant en travers sous le fond du bateau. Les 4es servans agissent comme les 2es avec les bouts de l'amarre dont on a coiffé l'avant-bec; ils fixent ces bouts aux anneaux porte-hayon inférieurs du derrière du haquet; les 2es servans décalent les roues. Pl. XIX.

Charger le bateau de campagne, sans rouleaux.

28. Au défaut de rouleaux la manœuvre de chargement du bateau subira les changemens suivans:

29. Un sous-officier la fera exécuter par 18 servans.

Il emploiront les mêmes objets que dans la manœuvre précédente, excepté les rouleaux.

30. Les 9es servans prennent la dénomination de bateliers.

PRÉPAREZ-VOUS A TIRER LE BATEAU A TERRE.

31. Tous les servans, excepté les bateliers, vont chercher des madriers et en forment deux files, éloignées d'un pied l'une de l'autre, partant du haquet et se prolongeant sur la rampe jusque dans l'eau; ils mouillent ces madriers: les bateliers amènent le bateau au pied de la rampe, n° 6.

AUX AMARRES.

32. Tous les servans, excepté les bateliers, se portent aux amarres, n° 7.

FERME.

33. Ils tirent sur les amarres; les bateliers sautent à terre et se portent aux amarres.

34. Le bateau étant arrivé à 6 pieds environ du haquet, le sous-officier commande :

 HALTE.
 OTEZ LES AMARRES. — REDRESSEZ LE BATEAU.
 FERME.

35. Ces commandemens s'exécutent comme il est dit n°s 10, 11 et 12, excepté que tous les servans, hormis les bateliers, se portent le long des flancs du bateau pour le redresser.

 PRÉPAREZ-VOUS A CHARGER LE BATEAU.

36. Les 1ers servans se portent au timon du haquet; les 2es calent les roues de derrière par-devant et saisissent les rais supérieurs de ces roues. Les 3es, 4es, 5es et 6es se placent contre les côtés de l'arrière du bateau; les 7es et 8es à l'extrémité de l'avant-bec.

 A BRAS.

37. Les servans placés au bateau agissent comme il est dit n° 14.

 1. FERME.
 2. LE HAQUET EN ARRIÈRE.

38. Au premier commandement les 3es, 4es, 5es et 6es servans soulèvent l'arrière; les 7es et 8es empêchent le bateau de reculer.

39. Au second, qui succède rapidement au premier, les 1ers et 2es servans font reculer le haquet jusqu'à ce que son rouleau touche le fond du bateau; les 2es servans font avancer avec le pied les cales mises devant les roues, de manière que ces roues soient toujours calées.

 A BRAS.

40. Les 3es, 4es, 5es et 6es servans s'éloignent du haquet et saisissent de nouveau le bateau.

 1. FERME.
 2. LE HAQUET EN ARRIÈRE.

41. Ces commandemens s'exécutent comme il vient d'être expliqué.

42. Le sous-officier continue, par les mêmes commandemens, de faire avancer le bateau, jusqu'à ce que son milieu soit arrivé près du rouleau du haquet; alors il commande :

 A l'avant-bec. — A BRAS.

43. Les 2es servans calent les grandes roues devant et derrière; les 3es, 4es, 5es, 6es, 7es et 8es se conforment à ce qui est dit n° 19.

DÉCHARGEMENT DU BATEAU DE CAMPAGNE.

44. Le sous-officier commande *Ferme* et fait continuer la manœuvre par les commandemens et les moyens prescrits n°^{os} 20 et suivans. Les 3es, 4es, 5es et 6es servans remplissent les fonctions attribuées dans les numéros précités aux 1ers, 2es, 3es et 4es, et les 7es et 8es celles des 5es et 6es.

45. Le brêlage du bateau sur le haquet sera fait par les 1ers, 2es, 3es et 4es servans, comme il est expliqué n° 27.

46. Si le haquet était attelé, les 1ers servans dirigeraient les chevaux pour lui faire exécuter les mouvemens en arrière prescrits dans la manœuvre.

~~~~~~~~~~~~

IIe MANOEUVRE. *Décharger le bateau d'équipage de campagne de dessus son haquet et le lancer à l'eau.*

47. Un sous-officier fera exécuter cette manœuvre par 14 servans. Ils emploiront :

2 rouleaux,
4 cales,
2 gaffes,
„ madriers.
} Placés près du lieu de déchargement.

48. Si la rive est escarpée on fera une rampe de 12 à 14 pieds de largeur.

49. Le haquet chargé du bateau est amené dans la position indiquée n° 3, et les servans rangés comme il est expliqué n° 4.

PRÉPAREZ-VOUS A DÉCHARGER LE BATEAU.

50. Les 1ers servans montent dans le bateau, défont le brêlage du milieu et jettent l'amarre et le billot à terre du côté du dépôt des agrès. Les 2es servans calent les grandes roues devant et derrière; débrêlent l'amarre de l'arrière-bec, et la détachent du haquet; les quatrièmes débrêlent l'amarre de l'avant-bec, et la détachent du haquet. Les 1ers servans, restés dans le bateau, décoiffent les becs : celui de droite l'arrière-bec, celui de gauche l'avant-bec; ils jettent les amarres dans le bateau et descendent à terre. Le 3e servant du rang qui est le plus près du dépôt des agrès ramasse l'amarre jetée à terre par les premiers, la plie et la porte à ce dépôt ainsi que son billot. Les 1ers, 2es, 3es et 4es servans

placent des madriers en files, ainsi qu'il est dit n° 6. Les 5es placent un rouleau en travers des files de madriers, à 8 pieds environ en arrière du haquet; les 6es en mettent un second à 4 pieds environ au-delà du premier. Tous les servans reprennent ensuite leurs postes sur les côtés du haquet.

A L'ÉPAULE.

51. Les 1ers, 2es, 3es et 4es servans, faisant face en arrière, se placent entre les deux trains et se disposent à soulever le bateau à l'épaule; les 5es et 6es se portent à l'avant-bec, prêts à le soutenir avec les mains. (Fig. 1.)

Pl. XX.

FERME.

52. Les 1ers, 2es, 3es et 4es servans soulèvent le bateau et le font reculer sur le rouleau du haquet; les 5es et 6es empêchent que le bateau ne prenne une marche trop rapide. Aussitôt après un premier effort le sous-officier commande:

A L'ÉPAULE.

53. Les 1ers, 2es, 3es et 4es servans posent le bateau sur les brancards, reculent d'un pas et portent de nouveau l'épaule sous le fond.

FERME.

54. Les servans agissent et font reculer le bateau.

55. Le sous-officier répète les commandemens *à l'épaule, ferme,* jusqu'à ce que le milieu du bateau ait un peu dépassé le rouleau; alors il commande:

HALTE.

56. Les 1ers, 2es, 3es et 4es servans cessent d'agir.

A l'avant du bateau. — A BRAS.

57. Les 1ers, 2es, 3es et 4es servans se portent en arrière du haquet et saisissent le bateau sous son fond.

POSEZ.

58. Tous les servans laissent descendre le bateau jusqu'à ce que son avant-bec pose sur le 2^d rouleau placé sur les madriers; aussitôt les 5es et 6es, sans lâcher ce bec, appuient leurs mains contre les poupées et le nez.

DÉCHARGEMENT DU BATEAU DE CAMPAGNE.

A BRAS.

59. Les 1ers, 2es, 3es et 4es servans se rapprochent du haquet et se préparent à faire reculer le bateau.

FERME.

60. Les 1ers, 2es, 3es et 4es servans, sans changer de place, font reculer le bateau; ils agissent, ainsi que les 5es et 6es, avec plus de force pour ralentir sa marche quand le fond relevé de l'arrière-bec pose sur le rouleau du haquet. Lorsque le nez de l'arrière a dépassé ce rouleau de 2 pieds environ, le sous-officier commande:

POSEZ.

61. Les 1ers, 2es, 3es et 4es servans redoublent d'efforts pour soutenir le bateau et le poser doucement sur le 1er rouleau mis en travers des madriers.

PRÉPAREZ-VOUS A LANCER LE BATEAU.

62. Les 1ers servans fixent une amarre, qu'ils prennent dans le bateau, à chacun des anneaux d'embrelage du bateau, déploient ces cordages et en tiennent les bouts libres; les 2es et 3es se placent contre le nez de l'arrière-bec et se disposent à pousser le bateau; les 4es saisissent les poupées des deux mains; les 5es et 6es se portent aux rouleaux qu'ils ont placés, n° 50. (Fig. 1.)

FERME.

63. Les 2es, 3es et 4es servans font effort ensemble pour faire marcher le bateau sur ses 2 rouleaux; les 5es et 6es suivent le mouvement de leur rouleau respectif, et le reportent sous l'avant-bec pour l'engager de nouveau chaque fois qu'il est dégagé.

64. Lorsque la pente est assez rapide pour que le bateau descende sans être poussé, le sous-officier commande:

AUX AMARRES.

65. Les 2es, 3es et 4es servans se portent aux amarres et tirent dessus pour empêcher que le bateau ne prenne une trop grande vitesse.

66. Le bateau étant à flot les bateliers saisissent les amarres et le conduisent au dépôt des bateaux.

67. Le sous-officier conduira son détachement près du second bateau à décharger, en faisant rapporter les rouleaux par les 5es et 6es servans.

Décharger le bateau de campagne, sans rouleaux.

68. Au défaut de rouleaux la manœuvre de déchargement du bateau subira les changemens suivans :

69. Un sous-officier fera exécuter la manœuvre par 18 servans. Ils emploiront les mêmes objets que dans la manœuvre précédente, excepté les rouleaux.

70. Les 9es servans prennent la dénomination de bateliers.

PRÉPAREZ-VOUS A DÉCHARGER LE BATEAU.

71. Les 2es servans calent les grandes roues devant et derrière; les 1ers, 2es, le 3e placé du côté du dépôt des agrès et les 4es servans débrèlent le bateau, comme il est expliqué n° 50; les autres servans mettent en même temps des madriers en files, ainsi qu'il est dit n° 31, en faisant partir ces files de l'essieu de l'avant-train. Tous reprennent ensuite leurs postes sur les côtés du haquet.

A L'ÉPAULE.

72. Les 1ers servans se portent au bout du timon; les 2es aux roues de derrière, dont ils saisissent les rais supérieurs; les 3es, 4es, 5es et 6es, faisant face en arrière, se placent entre les deux trains et se disposent à soulever le bateau à l'épaule; les 7es et 8es se portent à l'avant-bec prêts à le soutenir avec les mains.

73. Le sous-officier commande *Ferme* et fait continuer la manœuvre par les commandemens et les moyens prescrits n°s 52, 53, 54, 55, 56 et 57. Les 3es, 4es, 5es et 6es servans remplissent les fonctions attribuées dans les numéros précités aux 1ers, 2es, 3es et 4es, et les 7es et 8es celles des 5es et 6es.

POSEZ.

74. Tous les servans placés au bateau le laissent descendre jusqu'à ce que son avant-bec pose sur les madriers. Les 7es et 8es se conforment à ce qui est prescrit aux 5es et 6es, n° 58.

A BRAS.

75. Les 3es, 4es, 5es et 6es servans se rapprochent du haquet et se préparent à soutenir le bateau.

1. FERME.
2. LE HAQUET EN AVANT.

76. Au premier commandement, les 3es, 4es, 5es et 6es servans soutiennent le bateau.

DÉCHARGEMENT DU BATEAU DE CAMPAGNE.

77. Au second, qui succède rapidement au premier, les 2es servans décalent le devant des grandes roues, et font avancer doucement le haquet à l'aide des 1ers servans placés au timon. Les 3es, 4es, 5es et 6es, soutenant toujours le bateau, suivent le mouvement du haquet. Lorsque le nez de l'arrière est arrivé à 2 pieds environ du rouleau du haquet, le sous-officier commande :

POSEZ.

78. Les 3es, 4es, 5es et 6es servans redoublent d'efforts pour soutenir le bateau et le poser doucement sur les madriers. Les 1ers et 2es servans dégagent promptement le haquet de dessous le bateau.

PRÉPAREZ-VOUS A LANCER LE BATEAU.

79. Les 1ers, 2es, 3es et 4es servans exécutent ce qui leur est prescrit n° 62; les autres se placent le long des flancs du bateau et le saisissent des deux mains par les ceintures.

FERME.

80. Tous les servans, excepté les 1ers, font effort ensemble pour faire glisser le bateau sur les madriers.

81. Si la rampe est rapide, les 1ers servans, aidés au besoin par les 2es, 3es etc, en nombre suffisant, tendront convenablement les amarres pour empêcher le bateau de prendre trop de vitesse.

82. Si la rampe est trop peu rapide, les 1ers servans tendent les amarres de l'arrière vers l'avant du bateau; les 2es, 3es et 4es se portent à ces cordages, au secours des premiers, et tirent dessus pour faire avancer le bateau jusque dans la rivière.

83. Le bateau étant à flot, les bateliers exécutent ce qui leur est prescrit n° 66.

84. Si le haquet était attelé, les 1ers servans dirigeraient les chevaux pour lui faire exécuter les mouvemens en avant prescrits dans la manœuvre.

OBSERVATIONS sur les manœuvres de chargement et de déchargement du bateau d'équipage de campagne.

85. On peut employer des chevaux au lieu d'hommes, pour tirer sur les amarres et sortir les bateaux de l'eau.

86. Lorsqu'on charge un équipage de bateaux, on amène les voitures à mesure qu'elles ont reçu leur bateau, et le brêlage du

bateau sur le haquet est exécuté hors du lieu de la manœuvre par des pontonniers spécialement chargés de cette opération. On débrèle aussi d'avance les bateaux à décharger. Un détachement particulier amènera successivement les bateaux à charger au pied de la rampe, ou conduira ceux qui sont déchargés au dépôt des bateaux.

ARTICLE II.
CHARGER ET DÉCHARGER LES NACELLES, LES POUTRELLES, LES MADRIERS ET LES ANCRES DE L'ÉQUIPAGE DE CAMPAGNE.

Charger et décharger la nacelle de campagne.

87. Elle se charge sur son haquet l'avant-bec du côté du timon. Les manœuvres de chargement et de déchargement de cette nacelle sont analogues à celles du bateau.

Charger les poutrelles, madriers et ancres.

88. Un caporal fera charger, par 14 hommes, sur un haquet, les poutrelles, les madriers et l'ancre d'une pontée.

89. Le caporal fait ôter les hayons et placer l'axe du rouleau du haquet dans l'encastrement inférieur des pattes de support de rouleau. On apporte les 7 poutrelles : chaque poutrelle est portée à l'épaule par deux hommes ; lorsqu'elle est à côté du haquet et à hauteur de la place qu'elle doit occuper sur cette voiture, ils l'élèvent, la font passer par-dessus les roues et les ranchets et la posent sur le haquet ; l'homme qui est devant loge la tige de l'arrêtoir de poutrelle dans le trou de la poutrelle.

90. La première poutrelle placée sera fixée par l'arrêtoir du milieu, ensuite on en placera une de chaque côté à la fois.

91. Deux hommes désignés par le caporal montent sur les poutrelles. Il leur fait donner les hayons, dont ils logent les montans dans les anneaux porte-hayons, ayant l'attention de mettre à l'arrière le hayon qui porte deux boulons servant d'arrêtoirs à l'ancre, et de tourner vers l'arrière les étriers du hayon de devant et vers l'avant ceux du hayon de derrière. Ils se placent ensuite en dehors des hayons, reçoivent l'un après l'autre les 18 madriers, qui

sont apportés par le côté de la voiture, et les posent à plat entre les hayons, de manière à en former 6 couches, de 3 madriers chacune.

92. Le jas de l'ancre étant couché sur la verge et lié à la verge avec un cordage qui les embrasse entre l'arrêtoir et l'épaulement du jas, le caporal fait élever l'ancre par 2 hommes; ceux qui sont montés sur le haquet la reçoivent et la placent sur le hayon de derrière, le jas au-dessus de la verge, l'épaulement des pattes contre le devant du hayon, les aiselles contre les arrêtoirs, la culasse appuyée sur les madriers. (Fig. 2.)

93. Si le caporal en a reçu l'ordre, il fera embrasser les madriers, les poutrelles et les brancards par une amarre brêlée à égale distance des deux trains. (Ce cordage n'est point indispensable).

Décharger les ancres, madriers et poutrelles.

94. Un caporal fera décharger le haquet par 14 hommes.

95. Il fait monter 2 hommes sur les poutrelles, l'un en avant l'autre en arrière des madriers; ce dernier soulève l'ancre et la donne à 2 hommes désignés par le caporal pour la recevoir et la porter au dépôt des ancres. Les deux hommes qui sont sur le haquet déchargent les madriers l'un après l'autre: chaque madrier est reçu et emporté par deux hommes. Les hommes montés sur la voiture ôtent ensuite les hayons et sautent à terre. Chaque poutrelle est enlevée par 2 hommes qui la font passer par dessus les ranchets et les roues. Le caporal fait remettre les hayons en place sur le haquet.

96. Lorsqu'on décharge les voitures d'un équipage, un sous-officier ou caporal fait empiler, comme il suit, les poutrelles et madriers, à mesure qu'ils sont ôtés de dessus les haquets.

Empiler les poutrelles.

97. Pour former une pile de poutrelles, on établit à terre 2 chantiers de niveau, à 12 pieds environ l'un de l'autre (et parallèles à la rivière si le déchargement se fait sur son bord pour construire un pont); sur ces chantiers on met un rang de poutrelles, et sur les poutrelles 2 madriers en travers correspondant aux chantiers; on pose un second rang de poutrelles sur ces madriers et l'on continue à empiler les poutrelles en rangs séparés par 2 madriers. La pile ne doit avoir que 5 pieds au plus de hauteur. On range à

part les poutrelles des culées. Le sous-officier veille à ce que les extrémités des poutrelles soient dans le même plan. (Fig. 3.)

Empiler les madriers.

98. Pour faire une pile de madriers, on établit 3 chantiers de niveau, sur lesquels on met un rang de madriers, éloignés d'environ 2 pouces l'un de l'autre et formant un carré. On met sur ce premier rang un second rang de madriers croisant ceux du premier; on continue d'empiler ainsi par rangs croisés. La pile ne doit avoir que 5 pieds au plus de hauteur. (Fig. 4.)

ARTICLE III.

CHARGER ET DÉCHARGER LE BATEAU GRIBEAUVAL.

Ire MANOEUVRE. *Sortir le bateau Gribeauval de l'eau et le charger sur son haquet avec des poutrelles.*

99. Le détachement qui exécutera cette manœuvre sera composé de
  1 officier,
  2 sous-officiers,
  38 servans.
  Il emploira :
  2 poutrelles de l'équipage,
  4 rouleaux,
  4 chantiers de 18 pouces de longueur et d'un pied d'équarrissage,
  6 cales,
  2 gaffes,
  3 amarres à bateau,
  2 billots,
  1 levier de manœuvre,
  1 marteau,
  » poutrelles pour placer sur la rampe : leur nombre dépend de sa longueur.

} Placés près du lieu de chargement.

100. Si la rive est escarpée, on fera une rampe de 16 à 18 pieds de largeur.

101. Les servans étant formés sur deux rangs égaux, par ordre de taille, on leur assigne les fonctions suivantes. Les 28 servans des 14 premières files sont chargés d'agir avec les poutrelles ou de tirer sur les amarres, à raison de 14 hommes pour chaque poutrelle et pour chaque amarre; les 8 servans des 4 files suivantes manœuvreront les rouleaux et le haquet, brêleront le bateau; les 2 servans de la dernière file conduiront le bateau sur l'eau, remplaceront les rouleaux par des chantiers. Ils prennent la dénomination de *bateliers*. Les servans des amarres et poutrelles sont numérotés par file de la droite à la gauche; ceux des rouleaux et du haquet le sont de la même manière.

102. Dans le cours de la manœuvre c'est toujours du côté où les agrès sont en dépôt que l'on engagera les poutrelles et les rouleaux sous le bateau; on les retirera de ce même côté lorsqu'ils devront changer de position : les 1er et 7e, 8e et 14e servans des poutrelles de ce côté sont seuls chargés de porter les 2 poutrelles et de les placer comme il sera prescrit.

Les 2 sous-officiers placés l'un à droite, l'autre à gauche du bateau, veilleront à l'exécution précise de la manœuvre.

103. Le haquet étant amené à environ 40 pieds de la crête de la rampe, l'arrière-train vers la rivière, les 38 servans sont conduits par derrière la voiture à la droite et à la gauche du haquet : ceux de la première file s'arrêtent à hauteur de la volée fixe, à un pas en dehors de l'alignement des roues; les autres servans s'arrêtent à un pas l'un de l'autre : tous font face au haquet.

104. L'officier commande :

PRÉPAREZ-VOUS A TIRER LE BATEAU A TERRE.

105. Les 1ers et 2es servans des poutrelles vont chercher 2 poutrelles qu'ils placent entre la rampe et le haquet, dans la direction de la rampe, un de leurs bouts à hauteur de sa crête, à 3 pieds l'une de l'autre. Les 3es et 4es placent 2 autres poutrelles entre les 2 précédentes, à 6 pouces de ces dernières. Les 5es et 6es placent 2 poutrelles sur la rampe dans le prolongement des poutrelles extrêmes mises au-delà de la rampe. Les

7es et 8es mettent 2 poutrelles dans le prolongement de celles des 5es et 6es servans, en faisant croiser de 2 pieds les poutrelles de la même file. Les autres servans apportent les poutrelles nécessaires pour prolonger les 2 files de poutrelles jusque dans l'eau. Les 2 bateliers s'arment de gaffes, amènent le bateau au pied de la rampe; fixent une amarre à chaque poupée de l'avant-bec par un nœud de batelier, celui de droite à la poupée de droite, celui de gauche à la poupée de gauche; ils placent et maintiennent le bateau dans la direction de la rampe, le faisant avancer autant qu'ils le peuvent sur les files de poutrelles, et jettent les bouts des amarres à terre. Les 4es servans des rouleaux en placent un en travers sur les files de poutrelles, sous la levée de l'avant-bec. Les autres rouleaux sont posés sur les poutrelles, à 15 ou 20 pieds de distance l'un de l'autre, dans l'ordre des numéros des servans qui les manœuvrent.

106. Ces dispositions faites, l'officier commande :

AUX AMARRES.

107. Les 28 servans se portent aux amarres : les 14 de droite à l'amarre de droite, ceux de gauche à l'amarre de gauche. Ils conservent entr'eux l'ordre de leurs numéros : les 1ers servans déploient les amarres; les servans les saisissent et les tendent sans effort.

FERME.

108. Les servans des amarres tirent fortement dessus; quand le bateau est sorti de l'eau, les bateliers sautent à terre; les servans des rouleaux n'engagent leurs rouleaux que le plus tard possible : ils suivent le mouvement de leur rouleau respectif, le saisissent aussitôt qu'il est dégagé de dessous le bateau et le reportent en avant pour l'engager de nouveau sous la levée de l'avant-bec.

109. Le bateau étant arrivé au-delà du sommet de la rampe et supporté par les 4 poutrelles disposées à cet effet, n° 105, l'officier commande :

1. HALTE.
2. OTEZ LES AMARRES. — PLACEZ LES CHANTIERS DE L'ARRIÈRE.

110. Au premier commandement, les servans des amarres s'arrêtent et cessent de faire effort. Les servans des rouleaux qui ne sont pas

engagés les mettent sur le côté de l'emplacement de la manœuvre ; les 8 servans des rouleaux vont se placer à droite et à gauche de l'arrière-train du haquet.

111. Au second, les servans des amarres les abandonnent ; les 1ers servans les replient et les jettent dans le bateau ; les servans de l'amarre de droite se placent à la droite de l'arrière-bec ; ceux de l'amarre de gauche, à la gauche de ce bec ; les 1er et 7e, 8e et 14e, qui sont du côté du dépôt des agrès, vont chercher 2 poutrelles qu'ils mettent en travers sous le corps du bateau, le plus en arrière possible, dépassant également les côtés du bateau ; celle des 1er et 7e servans à 7 ou 8 pouces en avant de l'autre. Les servans des poutrelles se placent aux poutrelles, 7 à chaque bout ; les 1ers et 8es aux extrémités, les autres dans l'ordre de leurs numéros ; les hommes d'une poutrelle faisant face à ceux de l'autre. Les bateliers vont chercher 2 chantiers et se préparent à les placer sous le corps du bateau, à 2 pieds environ en avant des anneaux d'embrelage de l'arrière.

Pl. XXI.

1. A BRAS.
2. FERME.
3. POSEZ.

112. Au premier commandement, les servans des poutrelles les saisissent et les appliquent contre le fond du bateau.

113. Au second, ils font effort ensemble et soulèvent l'arrière du bateau. Les bateliers placent un chantier de chaque côté, sur les poutrelles qui supportent les rouleaux. Ils ont l'attention de poser chaque chantier sur deux poutrelles, sans qu'il dépasse la poutrelle intérieure.

114. Au troisième, les servans des poutrelles posent le bateau sur les chantiers ; les bateliers ôtent le rouleau de l'arrière.

PLACEZ LES CHANTIERS DE L'AVANT.

115. Les 1er et 7e, 8e et 14e servans des poutrelles les transportent sous le devant du corps du bateau : la première à 2 pieds en arrière des anneaux d'embrelage, l'autre à 7 ou 8 pouces en arrière de la première. Les servans se placent aux poutrelles comme il a été dit, n° 111. Les bateliers prennent 2 chan-

tiers et se préparent à les placer sous le bateau, un peu en arrière des anneaux d'embrelage de l'avant. Les servans des rouleaux ôtent l'arrière-train du haquet, le mettent de côté et se placent à l'avant-train comme il suit: les 1ers servans au timon, les 2es et 3es aux roues, les 4es à la flèche.

    1. A BRAS.
    2. FERME.
    3. POSEZ.

116. Ces commandemens s'exécutent comme il est dit n°s 112, 113 et 114.

    1. A BRAS.
    2. FERME. — AMENEZ L'AVANT-TRAIN.
    3. HALTE.
    4. POSEZ. — CALEZ LES ROUES.

117. Le premier commandement s'exécute comme précédemment.

118. Au second, les servans des poutrelles soulèvent l'avant du bateau le plus qu'ils peuvent; les servans de l'avant-train, dirigeant le bout de la flèche entre les deux poutrelles intermédiaires qui supportent les chantiers, reculent l'avant-train jusqu'à ce que les anneaux d'embrelage du bateau correspondent aux ranchets.

119. Au troisième commandement, fait au moment où l'avant-train est assez reculé, on cesse de le mouvoir.

120. Au quatrième, qui succède rapidement au troisième, les servans des poutrelles posent l'avant du bateau sur l'avant-train; les servans qui agissent aux roues les calent, les 2es servans devant, les 3es derrière.

121. Si l'avant-train éprouvait quelque retard à reculer suffisamment sous le bateau, le chef de manœuvre, pour soulager les hommes qui soulèvent les poutrelles, commanderait: *halte, posez — calez les roues*, dès que l'avant-train serait assez engagé pour que le fond de l'avant-bec pût poser sur le support de devant. On calerait les roues devant seulement. On reprendrait la manœuvre par les commandemens: *à bras, ferme.*

122. L'avant du bateau étant chargé sur l'avant-train, l'officier commande :

PRÉPAREZ-VOUS A CHARGER L'ARRIÈRE.

123. A ce commandement, les poutrelles sont transportées sous le fond de l'arrière-bec; la première près du corps du bateau, la seconde à 7 ou 8 pouces en arrière de la première. Les servans se disposent aux poutrelles comme précédemment. Les 8 servans du haquet amènent l'arrière-train derrière le bateau, les empanons en avant. Ils se placent comme il suit, pour faire avancer l'arrière-train : les 4es à un levier de manœuvre qu'ils engagent par le gros bout dans la lunette pour maintenir la sellette; les 2es et 3es aux roues. Les 1ers servans iront sous le bateau, quand il sera assez élevé, pour engager le bout de la flèche dans la frette d'empanons et dans la lunette.

1. A BRAS.
2. FERME. — AVANCEZ L'ARRIÈRE-TRAIN.
3. POSEZ. — CALEZ LES ROUES.

124. Au premier commandement, les servans des poutrelles les saisissent; les servans de l'arrière-train se préparent à le faire avancer.

125. Au second, on soulève l'arrière du bateau et l'on fait avancer l'arrière-train, de manière que la sellette touche toujours le fond du bateau.

126. Au troisième, les servans des poutrelles cessent d'agir et posent le bateau sur la sellette; ils portent leurs poutrelles plus en avant des roues. Les 3es servans du haquet calent les roues derrière; les 2es font toujours effort pour résister à la poussée produite par l'inclinaison du fond du bateau à l'arrière-bec.

127. Pour faire avancer de nouveau l'arrière-train sous le bateau, l'officier commandera : *à bras, ferme, posez*, jusqu'à ce que les ranchets correspondent aux anneaux d'embrelage du bateau. Aussitôt que la flèche a pu entrer dans sa lunette, les 4es servans du haquet ont ôté leur levier. Les 1ers et 4es mettent les esses de flèche; les 3es décalent les roues.

MANŒUVRES ÉLÉMENTAIRES. TITRE Ier. ARTICLE III.

OTEZ LES POUTRELLES ET LES CHANTIERS. — BRÈLEZ LE BATEAU.

128. A ce commandement, les servans des poutrelles les ôtent et les mettent sur le côté de l'emplacement du haquet; les bateliers ôtent les chantiers et vont chercher un second bateau, qu'ils amènent au pied de la rampe; les 1ers servans du haquet montent dans le bateau, prennent chacun une amarre par son milieu, celui de droite en coiffe le nez de l'avant, celui de gauche le nez de l'arrière par un nœud de batelier, les brins pendant en dessous; les 3es servans du haquet se munissent d'une troisième amarre, enveloppent avec son milieu la flèche de deux tours à égale distance des deux trains, font croiser les deux brins entre la flèche et le bateau, jettent les bouts de l'amarre dans le bateau; les 2es servans du haquet à l'avant, les 4es à l'arrière, saisissent les bouts des amarres fixées aux becs, les font passer dans les anneaux d'embrelage du haquet et les y arrêtent par plusieurs demi-clefs, rapprochent les deux brins qui sous chaque bec vont du nez aux anneaux, les tordent ensemble au moyen d'un billot; arrêtent le billot, lorsque les brins sont fortement tendus, en le mettant en travers sous le fond du bateau. Les 1ers servans ayant saisi les brins de l'amarre qui enveloppe la flèche, les tordent ensemble et les tendent fortement au moyen d'un levier servant de billot, arrêtent les bouts du levier contre l'amarre en se servant des bouts de ce cordage pour embrasser l'amarre et le levier de plusieurs demi-clefs.

Pl. XXII.

~~~~~~~~~~

IIe MANOEUVRE. *Décharger le bateau Gribeauval de dessus son haquet avec des poutrelles et le lancer à l'eau.*

129. Le détachement qui exécutera cette manœuvre sera composé de

    1 officier,
    2 sous-officiers,
    38 servans.

Il emploira :
- 2 poutrelles de l'équipage,
- 4 rouleaux,
- 4 chantiers,
- 4 cales,
- 2 gaffes,
- 2 amarres,
- 1 levier,
- 1 marteau,
- » poutrelles pour placer sur la rampe.

} Placés près du lieu de déchargement.

130. On préparera la rampe comme il est dit n° 100. Le haquet sera amené à environ 10 pieds du sommet de cette rampe, l'arrière-train vers la rivière.

131. On formera le détachement et l'on assignera aux servans les fonctions qu'ils doivent remplir, d'après ce qui est dit n°^{os} 101 et 102.

132. Les sous-officiers exerceront la surveillance indiquée n° 102.

133. Les servans étant placés des deux côtés de la voiture chargée, comme il est dit n° 103, l'officier commande :

PRÉPAREZ-VOUS A DÉCHARGER LE BATEAU.

134. A ce commandement, les 1ers servans du haquet montent dans le bateau et débrèlent l'amarre qui embrasse le milieu du bateau ; les 2es servans du haquet à l'avant, les 4es à l'arrière, débrèlent les amarres des becs et les détachent des anneaux d'embrelage ; les 3es servans ôtent l'amarre qui embrasse la flèche ; le 1er servant de droite décoiffe l'avant-bec et jette dans le bateau l'amarre qui coiffait ce bec, le 1er de gauche agit de même à l'arrière, puis ils descendent à terre. Les servans des poutrelles en placent 4 sous le haquet et d'autres en file sur la rampe, comme il est dit n° 105. Les 1er et 7e, 8e et 14e mettent ensuite 2 poutrelles en travers entre la flèche et le dessous du bateau, la seconde contre les roues de derrière, la première à 7 ou 8 pouces plus en-avant ; les servans des poutrelles se placent aux poutrelles, comme il est dit n° 111. Les bateliers placent 2 chantiers, n° 113, l'un vis-à-vis de l'autre, un peu en avant de l'essieu de derrière. Les 2es et 3es servans du haquet calent les roues

de devant; ils se placent ensuite aux roues de derrière. Les 1ers et 4es servans ôtent les esses de flèche; les 4es se munissent d'un levier qu'ils appuient contre le bout de la flèche, afin de l'engager dans la lunette lorsque l'arrière-train sera assez reculé pour que

*Pl. XXIII. la flèche sorte de la lunette.

135. Ces dispositions faites, l'officier commande:
1. A BRAS.
2. FERME. — OTEZ L'ARRIÈRE-TRAIN.
3. POSEZ.

136. Au premier commandement, les servans exécutent ce qui est dit n° 112.

137. Au second, ils font effort et soulèvent un peu le bateau. Les servans de l'arrière-train le reculent promptement et le mettent de côté.

138. Au troisième, les servans des poutrelles laissent descendre l'arrière du bateau jusqu'à ce qu'il pose sur les chantiers.

PLACEZ LES CHANTIERS DE L'AVANT.

139. Les servans des poutrelles les ôtent et les mettent sur le côté de l'emplacement du bateau; les bateliers placent deux chantiers comme on l'a prescrit, n° 113, à 2 pieds environ en arrière de l'essieu de l'avant-train; les 2es et 3es servans du haquet décalent les roues.

140. Pour dégager l'avant-train: s'il est attelé on fouette les chevaux, et le bateau descend sur ses chantiers. Au défaut de chevaux, l'officier commande:

FIXEZ LES AMARRES A LA VOLÉE.

141. Les 1ers servans des amarres en fixent une de chaque côté à la volée de derrière, en enveloppant cette volée d'un tour à droite et à gauche du tiran de volée, et formant ensuite deux demi-clefs; ils déploient ces cordages.

AUX AMARRES. — A L'AVANT-TRAIN.

142. Les servans des amarres se placent à ces deux cordages déployés, dans l'ordre de leurs numéros: les 1ers aux extrémités des amarres. Les 1ers servans du haquet se portent au timon, les 2es et 3es aux roues.

FERME.

143. Les servans, faisant effort ensemble, dégagent l'avant-train, et le bateau descend sur ses chantiers. Les 1ers servans des amarres les détachent de la volée et les jettent dans le bateau. Les servans du haquet réunissent les deux trains et conduisent la voiture à l'endroit désigné par le chef de la manœuvre.

144. Pour faire remplacer les chantiers par des rouleaux, l'officier commande :

PLACEZ LE ROULEAU DE L'ARRIÈRE. — OTEZ LES CHANTIERS.

145. Les bateliers placent un rouleau derrière les chantiers. Les servans des poutrelles les mettent en travers sous le corps du bateau, le plus en arrière possible.

1. A BRAS.
2. FERME.
3. POSEZ.

146. Au premier commandement, on saisit les poutrelles.

147. Au second, on soulève un peu l'arrière du bateau; les bateliers ôtent promptement les chantiers.

148. Au troisième, les servans des poutrelles laissent poser le bateau sur le rouleau.

PLACEZ LE ROULEAU DE L'AVANT. — OTEZ LES CHANTIERS.

149. Les bateliers placent un rouleau sous le bateau, en arrière des chantiers de l'avant. Les servans des poutrelles les viennent placer sous le devant du corps du bateau.

1. A BRAS.
2. FERME.
3. POSEZ.

150. Ces commandemens s'exécutent d'une manière analogue à ce qu'on a vu n°s 146, 147 et 148.

PRÉPAREZ-VOUS A LANCER LE BATEAU.

151. Les 1ers servans des rouleaux se portent au rouleau qui est sous l'avant du bateau; les 2es servans à celui qui est sous l'arrière : ils suivront les mouvemens de ces rouleaux; les 3es servans placent un rouleau sur les files de poutrelles, au sommet de la rampe; les 4es placent le leur à 15 ou 20 pieds de ce dernier.

Les bateliers, armés chacun d'une gaffe, montent dans le bateau et fixent aux poupées de l'avant-bec les deux amarres dont ils jettent un bout à terre. Les servans des poutrelles mettent leurs poutrelles sur le côté de l'emplacement de la manœuvre. Les 1ers servans déploient les amarres et les 28 servans se portent à Pl. XXIV. ces cordages qu'ils tendent sans effort.

FERME.

152. Les servans des amarres les plus rapprochés du bateau poussent, en nombre suffisant, contre le bateau; les autres tendent convenablement les amarres pour empêcher qu'il ne prenne une trop grande vitesse. Les servans des rouleaux libres ne les engagent que le plus tard possible. Ils suivent le mouvement de leur rouleau respectif; aussitôt qu'il est dégagé, ils le reportent pour l'engager de nouveau sous l'arrière-bec. Dès que le bateau est à flot les bateliers tirent les amarres à eux et le conduisent à l'endroit désigné par le chef de la manœuvre.

153. L'officier conduira son détachement près du second bateau à décharger, en faisant rapporter les rouleaux par les hommes chargés de les manœuvrer.

Observations sur les deux manœuvres précédentes.

154. Les sous-officiers chargés de la surveillance des servans sur chacun des côtés du bateau, auront particulièrement soin que l'on engage ou que l'on retire les poutrelles et rouleaux toujours d'un même côté, n° 102; que les servans des poutrelles, au commandement *à bras*, appliquent bien leurs poutrelles contre les deux semelles du dessous du bateau; que les rouleaux soient mis à temps sous le bateau lorsqu'il parcourt la rampe et que leur direction soit perpendiculaire aux files de poutrelles, à moins qu'il ne soit nécessaire de les incliner un peu pour rejeter le bateau de côté, lorsqu'il a perdu la bonne direction; que les chantiers soient bien assis sur les poutrelles, comme il est dit n° 113.

155. Le chef de manœuvre vérifiera les poutrelles choisies pour soulever le bateau, et les fera changer si elles sont défectueuses. Il ne fera jamais un commandement d'exécution avant de s'être assuré que tout est bien disposé. Il dirigera tous les mouvemens des trains du haquet.

IIIe Manœuvre. *Charger le bateau Gribeauval sur son haquet avec des crics.*

156. On suppose que le bateau est sorti de l'eau et supporté par deux rouleaux, dans la position indiquée n° 109. Le détachement chargé de le placer sur son haquet sera composé de

    1 officier,
    2 sous-officiers,
    18 servans.

Il emploira :

    4 crics, dont 2 grands et 2 petits,
    4 chantiers,
    4 cales,   } Placés près du lieu de chargement.
    1 levier,
    1 marteau.

157. Les 18 servans seront formés sur deux rangs. On leur assignera les fonctions suivantes : les 4 servans des deux premières files manœuvreront les grands crics ; ceux des troisième et quatrième files, les petits crics ; les 8 servans des quatre files suivantes sont chargés du haquet : on les numérote par file de la droite à la gauche ; ceux de la neuvième sont chargés des chantiers.

158. Chaque sous-officier surveillera l'exécution de la manœuvre sur un des côtés du bateau.

159. Les 18 servans étant placés des deux côtés du bateau, le premier rang à gauche, le second rang à droite, les servans de la première file à hauteur des anneaux d'embrelage de l'avant, à un pas en dehors des côtés du bateau, les 9 servans de chaque côté à un pas l'un de l'autre en avançant vers l'arrière, tous faisant face au bateau, l'officier commande :

PRÉPAREZ-VOUS A CHARGER LE BATEAU.

160. A ce commandement, les servans des crics mettent les deux grands contre les côtés du bateau à hauteur des anneaux d'embrelage de l'avant, et les deux petits vers l'arrière du bateau ; les servans des chantiers se préparent à en placer deux sous l'arrière du bateau, à 2 pieds environ en avant des anneaux d'embrelage de l'arrière ; les servans du haquet l'amènent, ôtent l'arrière-train et se placent à l'avant-train, comme il est dit n° 115.

Pl. XXV.

PLACEZ LES CHANTIERS DE L'ARRIÈRE.

161. Les servans des petits crics les placent près du nez de l'arrière-bec, et à égale distance de ce nez, inclinés l'un vers l'autre, les cornes appuyées sur la couture des deux bordages inférieurs.

FERME.

162. Ils manœuvrent aux crics pour élever l'arrière du bateau. Lorsqu'il est assez élevé, l'officier commande :

ARRÊTEZ LA MANOEUVRE.

163. Les servans des crics cessent de tourner la manivelle, ceux des chantiers en placent deux sous le bateau, comme il est dit n° 113.

MANOEUVREZ EN SENS CONTRAIRE.

164. Les servans des crics tournent la manivelle en sens contraire pour laisser poser l'arrière du bateau sur les chantiers. Les servans qui ont placé les chantiers ôtent le rouleau.

PLACEZ LES CRICS POUR CHARGER L'AVANT-BEC.

165. Les servans des petits crics vont les placer à l'avant-bec de la manière indiquée n° 161.

FERME.

166. Ils manœuvrent pour élever l'avant du bateau. Lorsqu'il est à la hauteur nécessaire pour que les cornes des grands crics puissent être appuyées contre la couture des deux bordages supérieurs, au-dessous des anneaux d'embrelage, l'officier commande :

ARRÊTEZ LA MANOEUVRE. — PLACEZ LES GRANDS CRICS.

167. Les servans des petits crics cessent de tourner la manivelle. Ceux des grands crics en appuient les cornes contre la couture des deux bordages supérieurs, au-dessous des anneaux d'embrelage de l'avant-bec du bateau, le pied des crics à 2 pieds en dehors de ces anneaux. Ils les penchent aussi un peu vers l'autre bec. Les servans des chantiers ôtent le rouleau.

FERME. — AMENEZ L'AVANT-TRAIN.

168. Les grands crics seuls manœuvrent pour élever l'avant-bec ; on ôte les petits crics. Les servans du haquet amènent l'avant-train, en se conformant à ce qui est prescrit n° 118 ; ils le

reculent à mesure que le bateau s'élève, de manière que le support touche toujours le dessous du fond. Lorsque les ranchets correspondent aux anneaux d'embrelage du bateau, l'officier commande :

ARRÊTEZ LA MANOEUVRE.

169. Les servans des grands crics cessent de tourner la manivelle ; ceux de l'avant-train calent les roues, comme il est dit n° 120.

MANOEUVREZ EN SENS CONTRAIRE.

170. Les servans des grands crics tournent la manivelle en sens contraire, jusqu'à ce que le bateau soit soutenu par le support. Ils ôtent les crics.

PLACEZ LES CRICS POUR CHARGER L'ARRIÈRE-BEC.

171. Les servans des petits crics les placent comme il est dit n° 164, un peu inclinés vers l'avant du bateau.

FERME.

172. Ils manœuvrent aux crics pour élever l'arrière du bateau. Les servans du haquet amènent l'arrière-train, comme il est expliqué n° 123. Lorsque l'arrière du bateau est élevé à la hauteur indiquée n° 166, l'officier commande :

ARRÊTEZ LA MANOEUVRE. — PLACEZ LES GRANDS CRICS.

173. Les servans des petits crics cessent d'agir ; ceux des grands crics en appuient les cornes contre la couture des bordages supérieurs, au-dessous des anneaux d'embrelage de l'arrière ; ils inclinent leurs crics comme il est dit n° 167.

FERME. — AVANCEZ L'ARRIÈRE-TRAIN.

174. Les servans des grands crics tournent la manivelle pour élever le bateau ; ceux des petits crics ôtent leurs crics. Les servans de l'arrière-train le font avancer à mesure que le bateau s'élève, de manière que la sellette touche toujours le dessous du fond du bateau. Les 1ers servans du haquet, placés sous le bateau, engagent la flèche dans la frette d'empanons et dans la lunette de flèche. Aussitôt que le bout de la flèche a pu entrer dans sa lunette, les 4es servans ont ôté le levier. Lorsque le second trou de la flèche a dépassé la sellette, l'officier commande :

ARRÊTEZ LA MANOEUVRE.

175. Les servans des crics cessent de tourner la manivelle, les 1ers et 4es du haquet placent les esses de flèche.

MANOEUVREZ EN SENS CONTRAIRE.

176. Les servans des crics tournent la manivelle en sens contraire; lorsque le bateau est soutenu par la sellette, ils ôtent les crics; les 3es servans du haquet décalent les roues de l'avant-train.

OTEZ LES CHANTIERS. — BRÈLEZ LE BATEAU.

177. Les servans des chantiers ôtent les deux chantiers de l'arrière. Les servans du haquet brèlent le bateau, comme il est expliqué n° 128.

IVe MANOEUVRE. *Décharger le bateau Gribeauval de dessus son haquet avec des crics.*

178. On suppose que le haquet chargé de son bateau est amené près du sommet de la rampe, n° 130; et qu'on a déjà placé les poutrelles sous le haquet et sur la rampe, comme il est dit n° 134.

179. Pour décharger le bateau et le mettre sur deux rouleaux, il faut le même nombre d'hommes et les mêmes objets que pour la manœuvre précédente, n° 156. Les servans rempliront les fonctions indiquées n° 157.

180. Les sous-officiers exerceront la surveillance prescrite n° 158.

181. Les 18 servans étant placés des deux côtés de la voiture chargée, le premier rang à gauche, le deuxième rang à droite, les servans de la première file à hauteur de l'essieu de l'avant-train, à un pas en dehors de l'alignement des roues, les 9 servans de chaque côté à un pas l'un de l'autre en avançant vers l'arrière-train, tous faisant face au bateau, l'officier commande:

PRÉPAREZ-VOUS A DÉCHARGER LE BATEAU.

182. A ce commandement, les servans des crics en placent un grand et un petit de chaque côté du derrière du haquet. Les servans des grands crics en appliquent les cornes au-dessous des anneaux d'embrelage de l'arrière du bateau, contre la couture des deux bordages supérieurs; ils inclinent leurs crics l'un vers l'autre

et aussi un peu vers l'avant du bateau, le pied de chaque cric éloigné de 2 pieds de la jante inférieure de la roue de l'arrière-train. Les servans du haquet débrèlent le bateau, calent les roues de devant, ôtent les esses de flèche, se placent à l'arrière-train, ceux des chantiers en mettent deux sur les poutrelles, un peu en avant de l'essieu de derrière ; le tout conformément à ce qui est expliqué n° 134.

FERME.

183. Les servans des grands crics tournent la manivelle pour élever l'arrière du bateau ; lorsqu'il est à 2 pouces environ au-dessus de la sellette, l'officier commande :

ARRÊTEZ LA MANOEUVRE. — OTEZ L'ARRIÈRE-TRAIN.

184. Les servans des crics cessent d'agir ; les 2es et 3es du haquet reculent un peu l'arrière-train.

MANOEUVREZ EN SENS CONTRAIRE.

185. Les servans des crics tournent la manivelle en sens contraire et laissent descendre le bateau ; on recule lentement l'arrière-train, de manière qu'il y ait toujours un petit intervalle entre le fond du bateau et la sellette. Lorsque les arbres des crics sont presqu'entièrement descendus, l'officier commande :

ARRÊTEZ LA MANOEUVRE. — PLACEZ LES PETITS CRICS.

186. On cesse de manœuvrer les grands crics ; les petits crics sont placés comme il est dit n° 161 ; ensuite on ôte les grands crics.

REPRENEZ LA MANOEUVRE.

187. Les servans des petits crics tournent la manivelle pour faire descendre le bateau, jusqu'à ce qu'il pose sur les chantiers. Ils ôtent leurs crics.

PLACEZ LES CHANTIERS DE L'AVANT.

188. Les servans des chantiers exécutent ce commandement comme on l'a prescrit n° 139.

189. On dégagera l'avant-train en fouettant les chevaux, s'il est attelé ; sinon, l'officier commandera :

FIXEZ LES AMARRES A LA VOLÉE. — METTEZ LE LEVIER EN GALÈRE.

190. Les servans des chantiers fixent les amarres à la volée, conformément à ce qui est dit n° 141; les 1ers servans du haquet mettent le levier de manœuvre en galère au bout du timon.

AUX AMARRES. — AU LEVIER.

191. Les servans des crics et des chantiers se portent aux amarres, les tendent sans faire effort; les 1ers et 4es servans du haquet se placent au levier en galère; les 2es et 3es décalent les roues et se préparent à agir à ces roues.

Pl. XXVI.

FERME.

192. Tous les servans, faisant effort ensemble, dégagent l'avant-train, et le bateau descend sur ses chantiers. Les servans des chantiers détachent les amarres de la volée et les jettent dans le bateau; les 1ers du haquet ôtent le levier; les servans du haquet réunissent les deux trains et conduisent la voiture au lieu indiqué par le chef de manœuvre.

193. Pour ôter les chantiers et placer le bateau sur deux rouleaux, l'officier commande :

PLACEZ LE ROULEAU DE L'ARRIÈRE. — OTEZ LES CHANTIERS.

194. Les servans des chantiers placent un rouleau derrière les chantiers. Les servans des petits crics agissent comme il est dit n° 161.

FERME.

195. On manœuvre aux crics pour élever un peu l'arrière du bateau, et les servans des chantiers les ôtent aussitôt qu'ils le peuvent. Lorsqu'ils sont dégagés, l'officier commande :

ARRÊTEZ LA MANOEUVRE. — MANOEUVREZ EN SENS CONTRAIRE.

196. Ces commandemens s'exécutent comme on l'a vu précédemment. Lorsque le bateau pose sur le rouleau de l'arrière, l'officier commande :

PLACEZ LE ROULEAU DE L'AVANT. — OTEZ LES CHANTIERS.

197. Les servans des chantiers placent un rouleau sous le devant du corps du bateau, derrière les chantiers de l'avant. Ceux des crics se conforment à ce qui est dit n° 165. On élève un peu le

devant du bateau, on ôte les chantiers, et on laisse poser le bateau sur le rouleau de l'avant, par les commandemens et les moyens indiqués n°s 195 et 196.

Observations sur les deux manœuvres précédentes.

198. Dans les manœuvres de chargement et de déchargement avec des crics, on n'a point parlé des moyens employés pour sortir le bateau de l'eau et le conduire au-delà de la rampe, ni de la manière de le lancer lorsqu'il est déchargé de dessus son haquet et placé sur des rouleaux près du sommet de la rampe, parce qu'on a supposé que les bateaux seront sortis de l'eau ou lancés à l'eau par un détachement spécialement chargé de ce travail. Si un détachement devait exécuter la manœuvre entière, on le composerait de 38 servans qui agiraient comme il dit est n° 105 et suivans ou n° 151 et suivans; mais on n'emploirait que 18 servans pour élever le bateau et le placer sur son haquet au moyen des crics, ainsi que pour l'ôter de dessus cette voiture et le mettre sur des rouleaux.

199. Les sous-officiers veilleront particulièrement à ce que l'on donne la même inclinaison aux deux crics qui doivent agir ensemble pour soulever une extrémité du bateau; autrement, le plus incliné pousserait le bateau sur l'autre, ce qui pourrait le renverser. Lorsque le sous-officier placé sur un des côtés s'apperçoit que le bateau se jette du côté opposé, il fait ralentir un instant le mouvement de la manivelle du cric qui agit de son côté. Si les crics manœuvrent en sens contraire pour laisser descendre le bateau, le sous-officier fait ralentir un instant le mouvement de la manivelle du cric vers lequel le bateau penche.

200. Le chef de manœuvre ne fera aucun commandement d'exécution avant de s'être assuré que tout est bien disposé. Il dirigera les mouvemens des trains du haquet.

Ve Manœuvre. *Charger le bateau Gribeauval sur son haquet en faisant entrer le haquet dans la rivière.*

201. Le détachement qui exécutera cette manœuvre sera composé de

    1 officier,
    2 sous-officiers,
    20 servans.

Il emploira :

    1 cordage d'ancre,
    4 commandes, de 12 pieds au moins de longueur,
    4 gaffes, dont 2 à pointe et à crochet,
    4 morceaux de bois léger, pour servir de bouées aux commandes,
    quelques leviers de manœuvre.

202. Si la rive n'offre pas une pente douce, on fait une rampe de 15 à 18 pieds de largeur. On amène le haquet à charger près du sommet de la rampe, l'arrière-train tourné vers la rivière.

203. On dételle les chevaux; on fixe le bout d'une commande à chaque ranchet et une bouée à l'autre extrémité de ce cordage. On double le cordage d'ancre, et l'on embrasse avec son milieu les armons en arrière du têtard du timon; on ramène les deux brins en avant. Les servans poussent le haquet à l'eau. Ils le font entrer dans la rivière perpendiculairement à la rive, s'il n'y a qu'un très-faible courant; si le courant est rapide ils le dirigent obliquement, en se rapprochant d'autant plus de la direction du courant que la rapidité des eaux est plus grande. Lorsqu'il y aura 7 ou 8 pouces d'eau au-dessus du support de devant, on cessera de reculer le haquet : 4 bateliers, dont deux sur l'avant et deux sur l'arrière du bateau, armés de gaffes, amènent le bateau au-dessus du haquet en le faisant passer entre les roues de derrière; les bateliers de l'avant saisissent, avec les gaffes à croc, les deux commandes des ranchets de derrière et halent sur ces cordages. Les bateliers de l'arrière agissent toujours avec leurs gaffes pour faire avancer le bateau sur son haquet. Les bateliers de l'avant abandonnent les commandes de derrière et agissent de la même manière sur celles de devant. Les bateliers de l'ar-

rière saisissent les commandes de derrière. Les quatre bateliers placés à hauteur des anneaux d'embrelage font passer les commandes dans ces anneaux et les tendent fortement. Les servans, ayant placé des leviers en galère sur les deux brins du cordage fixé aux armons, font effort dessus pour sortir le haquet de la rivière, de manière qu'on puisse atteler les chevaux et mener la voiture chargée au-delà du sommet de la rampe. Lorsqu'elle y est arrivée, on ôte le cordage d'ancre et les commandes, et l'on brèle le bateau, comme il est expliqué n° 128.

VIe Manoeuvre. *Décharger le bateau Gribeauval de dessus son haquet, en faisant entrer le haquet dans la rivière.*

204. Le détachement qui exécutera cette manœuvre sera composé de

    1 officier,
    2 sous-officiers,
    20 servans.

Il emploira:

    1 cordage d'ancre,
    2 gaffes.

205. Si la rive ne présente pas une pente douce, on fait une rampe de 15 à 18 pieds de largeur, et l'on amène le haquet chargé près du sommet de la rampe, l'arrière-train tourné vers la rivière.

206. On dételle les chevaux; on ôte les amarres qui brèlent les becs du bateau; on laisse celle qui embrasse la flèche et le corps du bateau. On fixe un cordage d'ancre aux armons, comme il est dit n° 203; 2 bateliers, armés de gaffes, montent dans le bateau; on pousse le haquet dans l'eau et on le fait reculer jusqu'à ce qu'il y ait 7 ou 8 pouces d'eau au-dessus des supports. Les bateliers défont le brèlage du milieu du bateau, laissent tomber les bouts de l'amarre dans l'eau et conduisent le bateau à l'endroit désigné par le chef de manœuvre. On retire le haquet de l'eau en halant sur le cordage fixé aux armons. On ôte ensuite ce cordage et l'amarre qui embrasse la flèche, on attèle et l'on emmène le haquet.

Observations sur les deux manœuvres précédentes.

207. Elles ne peuvent s'exécuter qu'aux endroits où le lit de la rivière n'est point embarrassé par de grosses pierres; elles exigent que la rampe et le fond de la rivière se raccordent sans ressauts. On voit qu'elles ne sont praticables que dans des cas particuliers et rares.

208. On a dit que pour charger et décharger le bateau, on reculait le haquet jusqu'à ce qu'il y eût environ 8 pouces d'eau au-dessus des supports. Mais on ne peut faire avancer les roues de l'avant-train que de 10 à 12 pieds dans la rivière, à moins que les hommes n'entrent dans l'eau : il faut donc qu'à cette distance de la rive il y ait au moins 4 pieds 10 pouces de profondeur; ce qui suppose que le fond de la rivière a une pente considérable qui conviendrait fort bien au déchargement du bateau, mais qui rendrait le chargement très-pénible.

209. Si la pente plus douce forçait d'éloigner davantage le haquet de la rive, on fixerait une poutrelle à l'avant-train pour allonger le timon. Une extrémité de la poutrelle appuierait contre la volée fixe; le timon et la poutrelle seraient jumelés par trois commandes, une contre la tête des armons, une au milieu du timon, et la troisième près de son petit-bout. On pourrait, à l'aide de cette poutrelle, éloigner les roues de l'avant-train du haquet jusqu'à 25 pieds environ de la rive.

210. On pourrait enfin, dans le cas d'une pente très-douce du fond de la rivière, mais pour la manœuvre de chargement seulement, unir deux poutrelles en les jumelant sur une longueur de 6 à 8 pieds, et fixer cette double poutrelle au timon, comme on vient de le dire, n° 209. On pourrait alors éloigner le haquet jusqu'à 40 ou 45 pieds de la rive.

Observations sur les manœuvres de chargement et de déchargement du bateau Gribeauval.

211. Les observations faites, n°^{s} 85 et 86, sur les manœuvres de chargement et de déchargement du bateau d'équipage de campagne, s'appliquent aux mêmes manœuvres exécutées avec le bateau Gribeauval.

MANOEUVRES ÉLÉMENTAIRES.

TITRE II.
Navigation des bateaux, nacelles, trains de bateaux et radeaux.

ARTICLE PREMIER.
EXERCICE DE LA RAME A BATEAU D'ÉQUIPAGE DE CAMPAGNE.

1. L'instructeur fait placer l'homme de recrue à tribord (ou à bâbord), à hauteur des chevilles pour une des rames, face à l'arrière, le corps droit, les talons à même hauteur; couche une rame sur le fond du corps du bateau, le long du bordage près duquel l'homme est placé, la palette tournée vers l'avant ou l'arrière, selon que l'homme devra ramer à l'arrière ou à l'avant, et commande ensuite :

Tribord (ou *Bâbord*) — DRESSEZ VOS RAMES.

2. A ce commandement, le rameur va saisir la rame, la dresse d'aplomb vis-à-vis le milieu du corps, la poignée appuyée sur le fond du bateau, la palette élevée et l'une de ses faces tournée vers le corps; tient la rame des deux mains, la main de son bord à hauteur de la poitrine, l'autre main à un pied au-dessous. Dans cette position, il a le corps droit et face à l'arrière, la pointe des pieds à hauteur des chevilles.

3. Lorsque la rame devra être fixée au plat-bord par une estrope et un tolet, le rameur soutiendra l'estrope qui entoure sa rame, avec la main de son bord, à hauteur de la poitrine.

4. Si la rame est composée de deux pièces, il tourne la palette vers l'avant du bateau.

Tribord (ou *Bâbord*) — PRÉPAREZ-VOUS A RAMER.

5. Le rameur renverse sa rame, sans la plonger, et la place entre les chevilles; s'éloigne de son bord en glissant la main opposée

à son bord jusqu'à l'extrémité de la poignée de la rame et l'autre main jusqu'à 6 pouces environ de la première; se fend en arrière de la jambe de son bord d'environ 18 pouces.

6. Si l'on se sert d'estrope, il renverse sa rame et la place contre le tolet, du côté de l'avant; il coiffe le tolet, avec l'estrope, que la main de son bord n'a pas quittée, de manière que cette estrope passe au-dessus de la rame, en dehors du tolet, puis en dedans du tolet et sous la rame.

7. Dans cette position, la rame doit être horizontale et perpendiculaire à la longueur du bateau, sa palette verticale, les deux tiers de la rame en dehors du bateau. Le rameur, placé à hauteur de la poignée, la tient près de son extrémité avec la main opposée à son bord, l'autre main à environ 6 pouces de la première, les ongles des deux mains en dessous; il a la pointe du pied opposé à son bord à hauteur des chevilles, le pied de son bord à environ 18 pouces en arrière, les jarrets un peu ployés, le corps d'aplomb.

Tribord (ou *Bâbord*) *en arrière* — RAMEZ.

8. L'homme pliant le jarret droit (ou gauche) et tendant le gauche (ou droit), porte le poids du corps en avant, pousse la poignée en l'élevant pour engager la palette dans l'eau; rejette le poids du corps en arrière en tendant le jarret droit (ou gauche) et pliant le gauche (ou droit), tire avec force sur la rame et pèse sur la poignée pour sortir la palette de l'eau. Il pousse de nouveau la poignée en avant pour continuer à agir de la même manière.

9. Pour affermir l'homme de recrue dans les principes et le mécanisme du coup de rame, l'instructeur fera décomposer ce temps en deux mouvemens, aux commandemens *un, deux*.

1er *mouvement:* Plier le jarret droit (ou gauche), tendre le gauche (ou droit), porter le poids du corps en avant, pousser la poignée en l'élevant pour engager la palette dans l'eau.

2e *mouvement:* Rejeter le poids du corps en arrière en tendant le jarret droit (ou gauche) et pliant le gauche (ou droit), tirer brusquement sur la rame et peser sur la poignée pour sortir la palette de l'eau.

10. L'instructeur joindra l'exemple au précepte, en ramant lui-même lentement, pour montrer distinctement les deux mouvemens dont le coup de rame est composé.

11. Il veillera à ce que le rameur maintienne toujours la palette verticale et ne l'élève pas trop au-dessus de l'eau en exécutant le premier mouvement.

BORDEZ VOS RAMES.

12. Le rameur soulève vivement la poignée pour dégager la rame des chevilles entre lesquelles elle est assujettie, marche en arrière en parcourant un arc de cercle autour de ces chevilles et fait passer la poignée de la rame devant lui, retourne la main gauche (ou droite) et abandonne la rame de la main droite (ou gauche), couche sa rame le long du bordage en étendant le bras gauche (ou droit); il reste dans cette position, faisant face à l'arrière, le corps droit, le bras droit (ou gauche) pendant naturellement.

13. Lorsque la rame est fixée au plat-bord au moyen d'une estrope, on la borde par les mêmes mouvemens, excepté qu'il n'y a plus lieu de la soulever pour la dégager des chevilles.

PRÉPAREZ-VOUS A RAMER.

14. Le rameur soulève la poignée de manière à faire appuyer la rame au tiers environ de sa longueur contre celle des deux chevilles qui est la plus vers le nez de l'avant du bateau. Il pèse alors sur la poignée pour sortir la palette de l'eau, fait pivoter sa rame contre cette cheville, et fait passer la poignée de la rame devant lui, en portant la main droite (ou gauche) à l'extrémité de la poignée, retourne la main gauche (ou droite), marche en même temps en avant en parcourant un arc de cercle autour des chevilles et redresse sa rame perpendiculairement à la longueur du bateau, rapporte la main gauche (ou droite) vers les chevilles, les ongles en dessus, pèse sur la poignée avec la main droite (ou gauche) et soulève la rame avec l'autre main, l'engage entre les chevilles; rapporte aussitôt la main gauche (ou droite) à 6 pouces de l'autre, les ongles en dessous, et se tient fixe dans la position prescrite n° 7.

15. Lorsque la rame est assujettie par une estrope, on se prépare à ramer par les mêmes mouvemens, excepté qu'il n'y a plus lieu de soulever la rame pour l'engager entre les chevilles.

Tribord (ou Bâbord) — FACE A L'AVANT.

16. Le rameur tournant autour de sa rame fait face à l'avant et prend de l'autre côté de cette rame la position décrite n° 7.

Tribord (ou Bâbord) en avant — RAMEZ.

17. Le rameur pliant le jarret droit (ou gauche) et tendant le gauche (ou droit) porte le poids du corps en arrière, tire la poignée à lui en l'élevant pour engager la palette dans l'eau, rejette le poids du corps en avant en tendant le jarret droit (ou gauche) et pliant le gauche (ou droit), pousse la rame avec effort, pèse sur la poignée pour sortir la palette de l'eau. Il tire de nouveau la poignée pour continuer à agir de la même manière.

18. L'instructeur fera décomposer le coup de rame en deux mouvemens aux commandemens *un, deux*.

1ᵉʳ *mouvement*: Plier le jarret droit (ou gauche) et tendre le gauche (ou droit), porter le poids du corps en arrière, tirer la poignée à soi en l'élevant pour engager la palette dans l'eau.

2ᵉ *mouvement*: Rejeter le poids du corps en avant en tendant le jarret droit (ou gauche) et pliant le gauche (ou droit), pousser brusquement sa rame et peser sur la poignée pour sortir la palette de l'eau.

L'instructeur se conformera à ce qui lui est prescrit nᵒˢ 10 et 11.

BORDEZ VOS RAMES.

20. Le rameur soulève vivement la poignée pour dégager la rame des chevilles entre lesquelles elle est assujettie; il marche en avant en parcourant un arc de cercle autour de ces chevilles, pousse la rame avec la main droite (ou gauche), l'abandonne de la gauche (ou droite), couche sa rame le long du bordage en étendant le bras. Il reste dans cette position, faisant face à l'avant, le corps droit, le bras gauche (ou droit) pendant naturellement.

21. Lorsque la rame est fixée au plat-bord au moyen d'une estrope, on la borde par les mêmes mouvemens, excepté qu'il n'y a plus lieu de la soulever pour la dégager des chevilles.

PRÉPAREZ-VOUS A RAMER.

22. Le rameur soulève la poignée, de manière à faire appuyer la rame au tiers environ de sa longueur contre celle des deux chevilles qui est la plus vers le nez de l'avant du bateau; il pèse

alors sur la poignée pour sortir la palette de l'eau et porte la main gauche (ou droite) à l'extrémité de la poignée; fait pivoter la rame contre la cheville en marchant en arrière et parcourant un arc de cercle autour des chevilles; il redresse sa rame perpendiculairement à la longueur du bateau, porte la main droite (ou gauche) vers les chevilles les ongles en dessus; soulève la rame avec cette main; pèse sur la poignée avec l'autre main et engage sa rame entre les chevilles; rapporte aussitôt la main droite (ou gauche) à 6 pouces de l'autre main, les ongles en dessous, et se tient fixe dans la position prescrite n° 16.

23. Lorsque la rame est assujettie par une estrope, on se prépare à ramer par les mêmes mouvemens, excepté qu'il n'y a plus lieu de soulever la rame pour l'engager entre les chevilles.

Tribord (ou *Bâbord*) — FACE A L'ARRIÈRE.

24. Le rameur tourne autour de sa rame fait face à l'arrière du bateau et prend la position prescrite n° 7.

25. Le rameur étant prêt à ramer et faisant face à l'arrière, l'instructeur commande :

Tribord (ou *Bâbord*) *en avant* — RAMEZ.

26. Le rameur agit comme il est dit n° 17.

27. L'homme ramant en avant, l'instructeur commande :

Tribord (ou *Bâbord*) *en arrière* — RAMEZ.

28. A ce commandement, fait à un instant quelconque, l'homme rame en arrière, comme il est expliqué n° 8.

29. L'instructeur fera souvent changer la manière de ramer par les commandemens des n°^{s} 25 et 27, soit que le rameur regarde l'arrière ou l'avant du bateau, afin de l'habituer à changer vivement son coup de rame.

30. La vitesse du mouvement ordinaire des rames dépend surtout de leur poids et de leurs dimensions : elle est telle que l'homme puisse agir long-temps sans trop se fatiguer. Pour faire accélérer ce mouvement, l'instructeur commande :

Tribord (ou *Bâbord*) — ACCÉLÉREZ.

31. Le rameur déploie toute sa force pour augmenter le choc et la vitesse de son coup de rame.

32. Pour faire reprendre le mouvement ordinaire, l'instructeur commande:

Tribord (ou *Bâbord*) — RALENTISSEZ.

33. Le rameur donne à sa rame la vitesse du mouvement ordinaire.

34. L'instructeur fera cesser de ramer par le commandement:

Tribord (ou *Bâbord*) — HAUT LES RAMES.

35. Le rameur prend la position prescrite n° 7.

Tribord (ou *Bâbord*) — DRESSEZ VOS RAMES.

36. Le rameur, s'il fait face à l'arrière, se rapprochant de son bord, saisit sa rame près des chevilles avec la main gauche (ou droite), les ongles en dessus, il la soulève avec cette main et pèse sur la poignée avec l'autre main, dresse sa rame et prend la position prescrite n° 2.

37. Si le rameur fait face à l'avant, il dresse sa rame d'après les mêmes principes, et reste toujours face à l'avant.

38. Si l'on se sert d'estrope, le rameur la soutiendra à hauteur de la poitrine avec la main de son bord, lorsque sa rame sera dressée.

Tribord (ou *Bâbord*) — COUCHEZ VOS RAMES.

39. Le rameur fait face à son bord, renverse sa rame et, par un mouvement libre, la couche sur le fond du corps du bateau, le long du bordage; la palette tournée vers l'arrière s'il ramait à l'avant; la palette tournée vers l'avant s'il ramait à l'arrière : il se place ensuite dans la position indiquée n° 1, faisant face à l'arrière ou à l'avant, comme avant de coucher sa rame.

REPOS.

40. Le rameur cesse de garder l'immobilité.

41. L'instructeur exercera le rameur tantôt à tribord, tantôt à bâbord.

Maniement de la rame pour gouverner le bateau.

42. L'homme étant placé, comme pilote, à la gauche de la poignée de la rame servant de gouvernail, l'instructeur commande:

TOURNEZ A TRIBORD (ou A BABORD).

43. Le pilote rame en arrière (ou en avant) avec le gouvernail.

44. Lorsque l'instructeur veut que le pilote cesse de faire tourner le bateau, il commande :

EN AVANT.

45. Le pilote cesse de ramer en arrière (ou en avant) ; il pousse fortement contre la poignée (ou la tire à lui) pour arrêter le mouvement de rotation du bateau, et le maintient dans sa nouvelle direction.

46. L'instructeur fera aussi placer le pilote à la droite du gouvernail ; alors il ramera en arrière (ou en avant) pour faire tourner le bateau à bâbord (ou à tribord).

47. L'instructeur mettra le bateau en marche contre le courant et enseignera au pilote à gouverner en inclinant le gouvernail.

48. Le pilote poussera la poignée à tribord (ou à bâbord) et maintiendra le gouvernail ainsi incliné, pour faire tourner le bateau à bâbord (ou à tribord).

49. Enfin le pilote dirigera le bateau en employant simultanément les deux moyens de gouverner qu'on a indiqués précédemment, et qui consistent à se servir du gouvernail comme d'une rame pour en frapper l'eau, ou à l'incliner.

50. L'instructeur recommandera au pilote d'avoir toujours les yeux fixés sur l'avant du bateau qu'il gouverne.

51. Lorsque le pilote saura exécuter avec précision les mouvemens du gouvernail précédemment prescrits, l'instructeur lui apprendra à godiller.

52. A cet effet, le pilote faisant face à l'arrière saisit des deux mains la poignée de la rame placée comme gouvernail et frappe l'eau obliquement à droite et à gauche avec la palette, sans la sortir de l'eau. Il dirige le bateau en agissant plus ou moins fortement d'un côté ou de l'autre.

ARTICLE II.
EXERCICE DE LA GAFFE A BATEAU.

53. L'instructeur fait placer l'homme de recrue à tribord (ou à bâbord), à hauteur des chevilles pour la rame de l'avant, face à l'arrière et dans la position indiquée n° 1. Il couche une gaffe sur le fond du corps du bateau, le long du bordage de tribord (ou de bâbord), les pointes vers l'arrière. Il commande ensuite :

Tribord (ou *Bâbord*) — PRÉPAREZ-VOUS A GAFFER.

54. Le gaffeur ôte les chevilles pour la rame de son bord, les pose sur le fond du bateau en avant des poupées ; va saisir sa gaffe et revient près des poupées prendre à tribord (ou à bâbord) la position suivante :

55. Il fait face à droite (ou à gauche) ; tient la gaffe avec les deux mains, la poignée dirigée suivant un plan vertical dans la main gauche (ou droite) ; la main droite (ou gauche) à environ 3 pieds de la gauche (ou droite), les ongles en dessous ; le bras gauche (ou droit) étendu vers le nez de l'avant ; la gaffe appuyée sur le plat-bord, les pointes en dehors du bateau vers l'arrière et non-plongées.

Tribord (ou *Bâbord*) *en arrière* — GAFFEZ.

56. Le gaffeur, supposé placé à tribord, pèse sur sa gaffe avec la main droite et la pousse avec la main gauche pour piquer au fond de la rivière, en ayant l'attention de coucher sa gaffe le plus possible et de lui donner une direction qui approche d'être parallèle à la longueur du bateau, ôte la main gauche de la poignée, applique le défaut de l'épaule gauche contre la poignée, incline fortement le corps sur sa gaffe, porte la main gauche au plat-bord ; poussant ainsi contre sa gaffe, il marche vers l'arrière jusqu'à la naissance de l'arrière-bec ; cesse de faire effort, se redresse, fait face à l'avant et retourne près des poupées en traînant sa gaffe dans l'eau avec la main droite ; plonge de nouveau sa gaffe et pique au fond de la rivière pour continuer à gaffer de même. Ce qui précède explique la manière de gaffer à bâbord en changeant *droite* en *gauche* et réciproquement.

57. Lorsque l'homme sera suffisamment exercé à gaffer comme on vient de le prescrire, il pourra porter les deux mains au

Exercice de la gaffe a bateau.

plat-bord, après avoir bien appliqué le défaut de l'épaule contre la poignée.

Tribord (ou *Bâbord*) *en travers* — GAFFEZ.

58. Le gaffeur pique au large un peu obliquement vers l'arrière et pousse contre sa gaffe ainsi inclinée. Il continue à gaffer de la même manière.

Tribord (ou *Bâbord*) *en arrière* — GAFFEZ.

59. Le gaffeur cesse de gaffer en travers et gaffe en arrière, comme il est dit n° 56.

Tribord (ou *Bâbord*) *en avant* — GAFFEZ.

60. Le gaffeur pique en avant en donnant à sa gaffe une direction qui approche d'être parallèle à la longueur du bateau. Après avoir fourni son premier coup de gaffe, il reste sur l'avant du bateau, pique de nouveau en avant et continue à gaffer sans changer de position.

Tribord (ou *Bâbord*) *en arrière* — GAFFEZ.

61. Le gaffeur cesse de gaffer en avant et gaffe en arrière.

Tribord (ou *Bâbord*) — CHANGEZ DE BORD.

62. Le gaffeur sort sa gaffe de l'eau, l'élève horizontalement en la tenant vers son milieu, en équilibre dans les deux mains, les bras tendus et élevés, la fait pivoter les pointes vers l'arrière et va la plonger pour gaffer à l'autre bord.

Bâbord (ou *Tribord*) — HAUT LES GAFFES.

63. Le gaffeur prend la position décrite n° 55.

Bâbord (ou *Tribord*) — COUCHEZ VOS GAFFES.

64. A ce commandement, le gaffeur couche sa gaffe sur le fond du corps du bateau, dans l'angle formé par le fond et le bordage de bâbord (ou de tribord), les pointes vers l'arrière. Il prend ensuite la position prescrite n° 53.

REPOS.

65. A ce commandement, le gaffeur cesse de garder l'immobilité.

Observations sur l'article précédent.

66. L'homme de recrue sera d'abord exercé à manier la gaffe, à tribord et à bâbord, sur une eau peu rapide et peu profonde, et ensuite sur un plus fort courant. L'instructeur joindra l'exemple au précepte. Il gouvernera lui-même et n'exigera point que le gaffeur s'occupe de la direction de la marche du bateau.

ARTICLE III.

EXERCICE DE LA RAME A NACELLE.

67. L'instructeur fait placer l'homme à tribord (ou à bâbord), à hauteur des chevilles pour une des rames, face à l'arrière et dans la position indiquée n° 1. Il couche une rame sur le fond du corps de la nacelle, le long du bordage près duquel l'homme est placé, la palette tournée vers l'avant ou l'arrière, selon que l'homme devra ramer à l'arrière ou à l'avant, et commande ensuite :

Tribord (ou *Bâbord*) — DRESSEZ VOS RAMES.

68. Le rameur va saisir la rame, la dresse d'aplomb vis-à-vis le milieu du corps, la poignée appuyée sur le fond de la nacelle, la palette élevée et l'une de ses faces tournée vers le corps; tient la rame des deux mains, la main de son bord à hauteur de la poitrine, l'autre main à un pied au-dessous. Dans cette position, il a le corps droit et face à l'arrière, les pieds à hauteur des chevilles.

69. Si la rame est composée de deux pièces, il tourne la palette vers l'avant.

Tribord (ou *Bâbord*) — PRÉPAREZ-VOUS A RAMER.

70. Le rameur renverse sa rame, sans la plonger, et la place entre les chevilles; s'éloigne de son bord; saisit la poignée avec la main opposée à son bord, tourne cette poignée horizontalement, la palette au-dessus de la perche si la rame est de deux pièces ; porte la main de son bord à 6 pouces environ de la poignée ; se fend en arrière de la jambe de son bord d'environ 18 pouces.

71. Dans cette position, la rame doit être inclinée vers l'eau et perpendiculaire à la longueur de la nacelle, sa poignée horizon-

Exercice de la rame a nacelle.

tale, les deux tiers de la rame en dehors de la nacelle. Le rameur, placé à hauteur de la poignée, la tient dans la main opposée à son bord, le bras tendu, la main basse et près de la cuisse, l'autre main à la perche à 6 pouces environ de la poignée; il a le pied opposé à son bord à hauteur des chevilles, l'autre pied à environ 18 pouces en arrière, les jarrets un peu ployés, le corps d'aplomb.

Tribord (ou Bâbord) en arrière — RAMEZ.

72. Le rameur pliant le jarret droit (ou gauche) et tendant le gauche (ou droit), porte le poids du corps en avant, pousse la poignée en avant en étendant les bras, la tourne en même temps verticalement et engage la palette dans l'eau; rejette le poids du corps en arrière en tendant le jarret droit (ou gauche) et pliant le gauche (ou droit), tire brusquement sur la rame et abaisse la poignée pour sortir la palette de l'eau, tourne vivement la poignée horizontalement aussitôt que la palette est hors de l'eau. Il pousse de nouveau la poignée en avant pour continuer à agir de la même manière.

73. L'instructeur fera d'abord décomposer le coup de rame en deux mouvemens, aux commandemens *un, deux*.

1er *mouvement :* Plier le jarret droit (ou gauche), tendre le gauche (ou droit) et porter le poids du corps en avant, pousser la poignée en avant en étendant les bras, tourner la poignée verticalement et engager la palette dans l'eau.

2e *mouvement :* Rejeter le poids du corps en arrière en tendant le jarret droit (ou gauche) et pliant le gauche (ou droit), tirer brusquement sur la rame et peser sur la poignée pour sortir la palette de l'eau, tourner vivement la poignée horizontalement aussitôt que la palette est hors de l'eau.

74. L'instructeur recommandera au rameur de ne pas serrer la rame avec la main de son bord : cette main ne doit servir qu'à faire effort en tirant la rame; c'est avec la main qui est à la poignée qu'il tourne la rame.

Tribord (ou Bâbord) — HAUT LES RAMES.

75. Le rameur prend la position décrite n° 71.

Tribord (ou Bâbord) — FACE A L'AVANT.

76. Le rameur tourne autour de sa rame, fait face à l'avant et prend de l'autre côté de cette rame la position prescrite n° 71 ; il tourne la palette au-dessous de la perche si la rame est de deux pièces.

Tribord (ou Bâbord) en avant — RAMEZ.

77. Le rameur pliant le jarret droit (ou gauche) et tendant le gauche ou (droit) porte le poids du corps en arrière, tire la poignée à lui en l'élevant et la tournant verticalement et engage la palette dans l'eau, rejette le poids du corps en avant en tendant le jarret droit (ou gauche), et pliant le gauche (ou droit); pousse la rame brusquement, pèse sur la poignée pour sortir la palette de l'eau et tourne la poignée horizontalement. Il tire de nouveau la poignée pour continuer à agir de la même manière.

78. L'instructeur fera d'abord décomposer le coup de rame en deux mouvemens, aux commandemens *un, deux*.

1er *mouvement:* Plier le jarret droit (ou gauche), tendre le gauche (ou droit) et porter le poids du corps en arrière, tirer la poignée à soi en l'élevant et la tournant verticalement et engager la palette dans l'eau.

2e *mouvement:* Rejeter le poids du corps en avant en tendant le jarret droit (ou gauche) et pliant le gauche (ou droit), pousser brusquement la rame, peser sur la poignée pour sortir la palette de l'eau, et tourner vivement la poignée horizontalement.

79. L'instructeur recommandera au rameur de ne pas serrer la rame avec la main de son bord: cette main ne doit servir qu'à faire effort en poussant la rame. C'est avec la main qui est à la poignée qu'il tourne la rame.

Tribord (ou Bâbord) — HAUT LES RAMES.

80. Le rameur prend la position prescrite n° 76.

Tribord (ou Bâbord) — DRESSEZ VOS RAMES.

81. Le rameur se rapproche de son bord, saisit la rame près des chevilles avec la main droite (ou gauche) les ongles en dessus; il la soulève avec cette main, pèse sur la poignée avec l'autre main, dresse sa rame, et prend la position prescrite n° 68.

82. Si le rameur faisait face à l'arrière, il dresserait sa rame d'après les mêmes principes et resterait toujours face à l'arrière.

Tribord (ou *Bâbord*) — COUCHEZ VOS RAMES.

83. Le rameur fait face à son bord, renverse sa rame et, par un mouvement libre, la couche sur le fond du corps de la nacelle, le long du bordage ; la palette tournée vers l'arrière s'il ramait à l'avant, la palette tournée vers l'avant s'il ramait à l'arrière. Il se place ensuite dans la position prescrite n° 1, faisant face à l'avant ou à l'arrière, comme avant de coucher sa rame.

REPOS.

84. Le rameur cesse de garder l'immobilité.

Maniement de la rame pour gouverner la nacelle.

85. Le pilote chargé de gouverner la nacelle avec une rame non-assujettie au nez de l'arrière, se tiendra prêt à agir dans la position suivante :

86. Il est placé à tribord (ou à bâbord) sur l'arrière-bec, entre la 2ᵉ et la 3ᵉ courbe à partir du nez de l'arrière, face à l'avant, le pied de son bord en arrière, la poignée de la rame dans la main gauche (ou droite), l'autre main tenant la perche aussi loin que possible de la poignée, les ongles en dessous, les bras tendus, la main droite (ou gauche) près de la cuisse, l'autre main en avant du corps, la rame appuyée sur le plat-bord, la palette en dehors de la nacelle, et au-dessous de la perche lorsque la rame est de deux pièces.

87. S'il doit agir pour faire avancer la nacelle, sans changer sa direction, il porte la palette en avant, la plonge dans l'eau (la palette en avant de la perche si la rame est de deux pièces), tire sur sa rame avec la main droite (ou gauche) et résiste de l'autre main, de manière que la perche rase le bordage ; il tourne la poignée pour que la palette présente son plat au bordage et pèse sur la poignée en prenant le plat-bord pour point d'appui, sort la palette de l'eau en étendant le bras gauche (ou droit) et la reporte en avant pour continuer à ramer ainsi.

88. Si le pilote placé à tribord, dans la position prescrite n° 86, doit faire tourner la nacelle à tribord, il plonge la palette dans

l'eau verticalement, en arrière et contre le bordage (la palette du côté du bordage lorsque la rame est de deux pièces), tire brusquement sur la poignée en prenant le plat-bord pour point d'appui ; ramène la palette contre le bordage sans la sortir de l'eau en tirant sur la perche avec la main droite et tournant la poignée pour que la palette présente son tranchant à l'eau. Il tire de nouveau sur la poignée pour continuer à agir de la même manière.

89. S'il doit faire tourner la nacelle à bâbord, il agit comme il est expliqué n° 87 ; mais au lieu d'enfoncer sa rame dans l'eau près du bordage, il plonge la palette au large obliquement en avant, et tire la rame à lui. Il la plonge d'autant plus au large qu'il veut faire tourner la nacelle plus promptement.

90. Le pilote placé à bâbord ferait tourner la nacelle à bâbord et à tribord par les mêmes moyens.

91. Le pilote peut encore ramer et gouverner en même temps, en se plaçant sur l'arrière, face à l'avant, et appuyant sa rame contre une cheville. S'il rame en avant, la nacelle marchera en avant en tournant à l'opposé de son bord ; lorsqu'il veut que la nacelle se prolonge directement, il commence par donner son coup de rame comme pour ramer en avant ; mais après avoir brusquement poussé la poignée, il la tourne vivement et l'incline en avant, la tire lentement à lui ainsi inclinée ; lorsqu'elle est près du corps, il la retourne verticalement et continue à ramer de la même manière. La main de son bord lui sert à pousser la poignée en avant, et de point d'appui lorsqu'il tire la poignée à lui. Pour faire tourner la nacelle du côté du bord où il est placé, il se conformera à ce qui est dit n° 88.

92. Le pilote peut enfin diriger une nacelle en fixant la rame au nez de l'arrière entre deux chevilles, et godillant comme il est expliqué n° 52.

ARTICLE IV.
EXERCICE DE LA GAFFE A NACELLE.

93. L'instructeur fait placer l'homme de recrue à tribord (ou à bâbord) à hauteur des chevilles pour la rame de l'avant, face à l'arrière, et dans la position indiquée n° 1. Il couche une gaffe sur le fond du corps de la nacelle, le long du bordage de tribord (ou de bâbord), les pointes vers l'arrière. Il commande ensuite :

Tribord (ou *Bâbord*) — PRÉPAREZ-VOUS A GAFFER.

94. Le gaffeur ôte les chevilles pour la rame de son bord, les pose sur le fond de la nacelle en avant de la première courbe ; va saisir sa gaffe et revient à hauteur des trous de chevilles prendre à tribord (ou à bâbord) la position suivante :

95. Il fait face à droite (ou à gauche) ; tient la gaffe avec les deux mains, la poignée dirigée suivant un plan vertical dans la main gauche (ou droite) ; la main droite (ou gauche) à environ 2 pieds de la poignée, les ongles en dessous ; le bras gauche (ou droit) étendu vers le nez de l'avant ; la gaffe appuyée sur le plat-bord, les pointes en dehors de la nacelle vers l'arrière et non-plongées.

Tribord (ou *Bâbord*) *en arrière* — GAFFEZ.

96. Le gaffeur, supposé placé à tribord, pèse sur la poignée et l'élève ensuite vivement, pique au fond de la rivière en pesant sur la gaffe avec la main droite et la poussant avec la main gauche, ayant l'attention de la coucher le plus possible et de lui donner une direction qui approche d'être parallèle à la longueur de la nacelle, appuie le téton gauche contre la main qui tient la poignée en inclinant le corps sur la gaffe, remonte la main droite jusqu'à 8 pouces environ de la poignée, pousse en marchant jusqu'à la naissance de l'arrière-bec, cesse de faire effort, se redresse, glisse la main droite jusqu'à 2 pieds environ de la poignée que la main gauche abandonne, fait face à l'avant, retourne sur l'avant en traînant sa gaffe dans l'eau avec la main droite ; plonge de nouveau sa gaffe pour continuer à gaffer de même. Ce qui précède explique la manière de gaffer à bâbord, en changeant *droite* en *gauche* et réciproquement.

97. L'instructeur fera exécuter les autres mouvemens de gaffe par les commandemens et les moyens prescrits n° 58 et suivans.

Maniement de la gaffe pour gouverner la nacelle.

98. Le gaffeur se place sur l'arrière-bec, près du nez, et agit à tribord (ou à bâbord) sans changer de position. Il gaffe en arrière pour faire marcher la nacelle en avant.

99. Il gaffe en travers pour faire tourner la nacelle à tribord (ou à bâbord).

100. Il peut encore la faire tourner dans le même sens en appuyant sa gaffe contre le bordage, piquant un peu vers l'arrière et tirant en travers sur le haut de la gaffe.

101. Il fera tourner la nacelle à bâbord (ou à tribord) en inclinant sa gaffe pour piquer sous la nacelle obliquement en arrière. Il penche le corps sur sa gaffe, en dehors du plat-bord, et pousse sans que la gaffe touche le bordage.

ARTICLE V.
ÉCOLE DU BATEAU A LA RAME.

102. Tous les mouvemens de rame commandés aux rameurs sont exécutés comme il est expliqué n° 2 et suivans jusqu'au n° 40. Le pilote exécute les commandemens qui lui sont faits en employant les moyens donnés n° 43 et suivans jusqu'au n° 50.

Équipement et équipage du bateau; s'embarquer et pousser au large.

103. L'équipement du bateau d'instruction se compose de 5 rames, dont une pour gouverner, et une amarre. Les rames sont placées sur le fond du corps du bateau, dans les angles formés par le fond et les bordages; celles destinées aux rameurs de tribord, à tribord; celles destinées aux rameurs de bâbord, à bâbord. Les deux rames pour l'arrière ont la palette vers l'avant; celles pour l'avant ont la palette vers l'arrière; le gouvernail est à tribord ou à bâbord, la palette vers l'arrière. Un des bouts de l'amarre est fixé à une des poupées par un nœud de batelier, l'autre bout est amarré par deux demi-clefs à un piquet planté sur la rive; lorsque l'amarre n'est pas entièrement déployée une partie de ce cordage entrelace les poupées.

104. L'équipage du bateau se compose d'un pilote et 4 rameurs. L'instructeur place les rameurs sur deux rangs, et fait numéroter les files, de la droite à la gauche; il avertit les hommes du premier rang qu'ils sont rameurs de tribord, et ceux du second rang qu'ils sont rameurs de bâbord. Le pilote se place à la droite du premier rang.

105. L'instructeur conduit son peloton, dans cet ordre, et par le flanc droit, vers le bateau; le pilote s'embarque le premier, met son gouvernail à l'eau et se tient prêt à agir. Les hommes du premier et du second rang s'embarquent successivement, par ordre de file. Les deux 1ers rameurs, qui formaient la première file, se placent à hauteur des chevilles pour les rames de l'arrière; le 2^d de tribord à hauteur des chevilles pour la rame de l'avant, à tribord. Ces rameurs font face à l'arrière, et se tiennent dans la position indiquée n° 1. Le 2^d rameur de bâbord ne s'embarque pas: il se porte au piquet auquel l'amarre est fixée.

106. L'instructeur commanderait *face à l'avant,* s'il voulait faire ramer en avant pour faire marcher le bateau en avant. A ce commandement, les rameurs exécuteraient un *demi-tour à droite.*

DRESSEZ VOS RAMES.

107. Chaque rameur saisit sa rame, qui est couchée sur le fond du bateau, le long du bordage, et la dresse, en se conformant à ce qui est prescrit n°s 2, 3 et 4.

DÉMARREZ.

108. Le 2^d rameur de bâbord démarre le bateau, tire sur l'amarre et la plie dans la main gauche en se rapprochant du bateau, s'embarque vivement, jette l'amarre en avant des poupées et dresse sa rame.

109. La rame du 2^d de bâbord étant dressée, l'instructeur commande :

AU LARGE.

110. Les rameurs de tribord, si l'on est sur la rive gauche, ceux de bâbord, si l'on est sur la rive droite, poussant avec leurs rames contre terre, éloignent le bateau de la rive, à la distance nécessaire au jeu des rames; le pilote manœuvre le gouvernail de manière que le bateau soit toujours parallèle à la rive.

PRÉPAREZ - VOUS A RAMER.

111. Les rameurs qui ont poussé au large placent leurs rames entre les chevilles de leur bord; ceux de l'autre bord renversent leurs rames: tous prennent la position prescrite n° 7.

Faire marcher le bateau en avant.

112. Les rameurs faisant face à l'arrière (ou à l'avant), l'instructeur fera marcher le bateau en avant par le commandement :

En arrière (ou *en avant*) — RAMEZ.

113. Les 1ers (ou 2^{ds}) rameurs rament ensemble et d'un mouvement uniforme; les 2^{ds} (ou 1ers) rameurs se conforment au mouvement de la rame du 1er (ou 2^{d}) de leur bord.

114. Pour faire ramer les hommes en avant (ou en arrière), sans changer la direction de la marche du bateau, l'instructeur commande :

 1. HAUT LES RAMES.
 2. FACE A L'AVANT (ou A L'ARRIÈRE).
 3. *En avant* (ou *en arrière*) — RAMEZ.

115. Au premier commandement, les rameurs sortent les rames de l'eau.

116. Au second, ils font face à l'avant (ou à l'arrière), et se tiennent prêts à ramer.

117. Au troisième, ils rament en avant (ou en arrière).

118. L'instructeur fait accélérer la marche du bateau par le commandement :

ACCÉLÉREZ.

119. Tous les rameurs accélèrent le mouvement des rames et rament ensemble.

120. Il fait reprendre le mouvement ordinaire par le commandement :

RALENTISSEZ.

121. Les rameurs cessent d'accélérer.

122. Lorsqu'un bateau va passer trop près d'un obstacle quelconque pour que les rames puissent continuer d'agir sans le toucher, l'instructeur commande :

BORDEZ VOS RAMES.

ÉCOLE DU BATEAU A LA RAME.

123. Ce commandement est exécuté par les rameurs des deux bords.

124. L'obstacle étant dépassé, l'instructeur commande :
PRÉPAREZ-VOUS A RAMER.

125. Aussitôt après l'exécution de ce mouvement, il commande :
En arrière (ou *en avant*) — RAMEZ.

Observations.

126. Si les rameurs doivent agir longtemps, on les fera ramer en arrière : ils se fatigueront moins et produiront plus d'effet.

127. Les rameurs devant déployer toute leur force dans le mouvement accéléré, on aura l'attention de ne pas trop prolonger ce pénible exercice.

Changer de direction.

128. L'instructeur fait changer la direction du bateau en marche par l'un des trois moyens suivans, selon qu'il veut faire parcourir au bateau un arc plus ou moins étendu.

129. 1er *moyen.* Il commande au pilote :
TOURNEZ A TRIBORD (ou A BABORD).

130. Il lui fait le commandement :
EN AVANT

lorsqu'il veut que le bateau cesse de tourner et se prolonge dans sa nouvelle direction.

131. 2e *moyen.* Il commande aux rameurs :
Tribord (ou *Bâbord*) — HAUT LES RAMES,
et au pilote :
TOURNEZ A TRIBORD (ou A BABORD).

132. Lorsque le bateau devra cesser de tourner et se prolonger en avant, l'instructeur commandera aux rameurs, selon qu'ils font face à l'arrière ou à l'avant :

Tribord (ou *Bâbord*) *en arrière* ou *en avant* — RAMEZ,

et au pilote :
EN AVANT.

133. *3ᵉ moyen.* Les hommes ramant en arrière, il fait tourner le bateau à tribord (ou à bâbord) en commandant aux rameurs:

Tribord (ou *Bâbord*) *en avant* — RAMEZ,

et au pilote:

TOURNEZ A TRIBORD (ou A BABORD).

134. Lorsqu'il voudra que le bateau se prolonge en avant, il commandera aux rameurs:

Tribord (ou *Bâbord*) *en arrière* — RAMEZ,

et au pilote:

EN AVANT.

135. Si les hommes ramaient en avant, l'instructeur ferait tourner le bateau à tribord ou à bâbord et le ferait prolonger dans sa nouvelle direction par des commandemens analogues.

136. Les rameurs étant prêts à ramer, face à l'arrière, l'instructeur fait tourner le bateau à tribord (ou à bâbord) en commandant aux rameurs:

Bâbord (ou *Tribord*) *en arrière* — RAMEZ,

et au pilote:

TOURNEZ A TRIBORD (ou A BABORD).

137. Lorsqu'il voudra que le bateau cesse de tourner pour se prolonger en avant, il commandera aux rameurs:

Tribord (ou *Bâbord*) *en arrière* — RAMEZ,

et au pilote:

EN AVANT.

138. Si les rameurs font face à l'avant, il fera tourner le bateau et le fera prolonger dans sa nouvelle direction par les mêmes commandemens, en substituant *en avant* — RAMEZ à *en arrière* — RAMEZ.

139. Il fera tourner le bateau à tribord (ou à bâbord), plus promptement, en commandant aux rameurs, s'ils font face à l'arrière:

Tribord en avant (ou *en arrière*), *Bâbord en arrière* (ou *en avant*) — RAMEZ,

et au pilote:

TOURNEZ A TRIBORD (ou A BABORD).

140. Lorsque l'instructeur voudra que le bateau cesse de tourner et se prolonge dans sa nouvelle direction, il commandera aux rameurs :

Tribord (ou *Bâbord*) *en arrière* — RAMEZ,

et au pilote :

EN AVANT.

141. Si les rameurs font face à l'avant, l'instructeur fait tourner le bateau à tribord (ou à bâbord) et le fait prolonger dans sa nouvelle direction par les commandemens des n°s 139 et 140, en substituant *en arrière* à *en avant*, et réciproquement.

142. Si l'instructeur veut que le bateau cesse de tourner et s'arrête sans se prolonger en avant, il commandera aux rameurs :

HAUT LES RAMES,

et au pilote :

EN AVANT.

143. Le bateau aura fait un *à droite* ou un *à gauche* si l'instructeur arrête son mouvement lorsqu'il a fait un quart de tour.

Arrêter le bateau; mouiller l'ancre.

144. L'instructeur voulant arrêter le bateau en marche sur une eau sans courant, commandera :

HAUT LES RAMES.

145. Ce commandement étant exécuté, la vitesse du bateau diminuera et deviendra nulle.

146. Quand l'instructeur voudra que le bateau s'arrête plus promptement, il ne fera pas le commandement précédent; si les hommes rament en arrière (ou en avant) il commandera :

En avant (ou *en arrière*) — RAMEZ.

147. Et lorsqu'il jugera que la vitesse d'impulsion est détruite il commandera :

HAUT LES RAMES.

148. Pour arrêter un bateau en marche sur une eau courante, l'instructeur le fera diriger suivant le fil de l'eau, et fera ramer avec deux ou quatre rames pour lutter contre le courant, selon

sa force. Si le bateau remonte par l'effet de deux rames, l'instructeur fera cesser de ramer ; il fera ramer de nouveau lorsque le bateau commencera à dériver, de manière qu'il reste stationnaire. Si la force du courant entraîne le bateau luttant avec quatre rames, l'instructeur ne peut l'arrêter qu'en faisant mouiller l'ancre, comme il va être dit.

149. Pour exécuter le mouillage de l'ancre, on place d'avance dans le bateau une ancre et son cordage, disposés comme il suit :

150. Le cordage d'ancre est roulé sur le milieu du fond du bateau : le premier tour commence à 2 pieds en avant des chevilles pour les rames de l'arrière et s'étend jusqu'au milieu du corps ; le deuxième tour, égal au premier, est porté un peu plus en avant ; le troisième tour est porté de même un peu en avant du deuxième, et ainsi des autres. Un bout du jas est appuyé sur le fond du bateau, dans le vide qui se trouve au centre du cordage ; l'encolure de l'ancre est en avant du jas et posée sur le milieu de la largeur du fond. Enfin, le bout de dessus du cordage est amarré à l'organeau.

151. Lorsque le bateau est en marche et que l'instructeur veut faire mouiller l'ancre, il commande :

PRÉPAREZ-VOUS A MOUILLER L'ANCRE.

152. A ce commandement, les 2^{ds} rameurs dressent leurs rames et les couchent dans le bateau, contre les bordages, de manière à ne pas gêner le déploiement du cordage. Le 2^d de bâbord va saisir l'ancre par l'encolure, le 2^d de tribord se place en arrière du jas ; ils soulèvent l'ancre et la mettent sur l'avant du bateau, les bras dépassant le nez, le jas appuyé sur les plats-bords en arrière des poupées ; le 2^d de bâbord, placé près de son bord, face à l'avant, ayant le cordage à sa droite, se tient prêt à soulever le jas ; le 2^d de tribord s'assure que les tours du cordage ne sont point mêlés, qu'ils se dérouleront facilement et que les tours qui doivent se dérouler les premiers sont au-dessus des autres ; il plie trois à quatre toises de cordage un peu en arrière de l'organeau et va se placer derrière le 2^d de bâbord, prêt à faire filer du cordage en l'aidant à se déployer. Le pilote met ou maintient le bateau dans la direction du courant.

153. L'instructeur voyant tout ainsi préparé, commande :

1. MOUILLEZ.
2. HAUT LES RAMES.
3. DRESSEZ VOS RAMES.
4. COUCHEZ VOS RAMES.

154. Au premier commandement, le 2^d rameur de bâbord soulève le jas et renverse l'ancre en avant du nez. Il fait filer du cordage à l'aide du 2^d de tribord; lorsque les deux tiers environ du cordage sont à l'eau, le 2^d de bâbord embrasse une des poupées d'un tour et file du cordage en cédant de sa retraite pour ne pas arrêter le bateau tout-à-coup; puis il amarre à la poupée. (Voyez le nœud de poupée.)

155. Le second commandement succèdera rapidement au premier, et sera suivi des troisième et quatrième. Au quatrième commandement, les 1ers rameurs couchent leurs rames sur le fond du corps du bateau, contre les bordages, la palette vers l'avant.

156. L'instructeur voulant faire reposer les hommes, commande aussitôt que le cordage est amarré à la poupée :

REPOS.

157. A ce commandement, ils ne sont plus tenus à garder le silence ni l'immobilité. Le pilote continue de maintenir le bateau dans la direction du courant.

Lever l'ancre et aborder à la rive.

158. Pour faire reprendre la manœuvre, l'instructeur commande :

A VOS POSTES.

159. A ce commandement, les rameurs prennent les postes qui leur sont indiqués n° 105.

160. Il fait lever l'ancre par le commandement :

LEVEZ L'ANCRE A TRIBORD (ou A BABORD).

161. Le 2^d rameur de bâbord démarre le cordage d'ancre; les 1ers rameurs saisissent le bout de la retraite. Les 2^{ds} rameurs, ayant le cordage à leur droite (ou à leur gauche), halent dessus, et les 1ers roulent la retraite sur le fond du bateau. Aussitôt que l'ancre dérape

(ce dont on s'apperçoit en regardant sur la rive, parce que le bateau commence à descendre), l'instructeur commande promptement :

1ers *rameurs* — DRESSEZ VOS RAMES.
PRÉPAREZ-VOUS A RAMER.
En arrière — RAMEZ.

162. Les 1ers rameurs exécutent ces commandemens; les 2^{ds} continuent de haler sur le cordage, rentrent l'ancre dans le bateau, par la droite (ou par la gauche) de l'avant-bec, en arrière des poupées, et la placent comme il est dit n° 150. Pendant que l'on sort l'ancre de l'eau, le pilote a soin de maintenir le bateau dans la direction du courant.

163. Les 2^{ds} rameurs ayant placé l'ancre dans le bateau, l'instructeur commande :

2^{ds} *rameurs* — DRESSEZ VOS RAMES.
PRÉPAREZ-VOUS A RAMER.
En arrière — RAMEZ.

164. Il a l'attention de faire le dernier commandement à temps pour que le coup de rame des 2^{ds} rameurs s'accorde avec celui des 1ers.

165. L'instructeur voulant aborder à la rive, fait au pilote les commandemens nécessaires pour que le bateau se dirige vers le point où l'on doit prendre terre, et qu'il aborde presque parallèlement à la rive, l'avant-bec touchant terre avant l'arrière-bec.

166. Lorsque le bateau est près de terre, l'instructeur commande :

1. BORDEZ VOS RAMES.
2. AMARREZ.

167. Au second commandement, qui succède rapidement au premier, le 2^{d} rameur de bâbord dresse sa rame, la couche dans le bateau, la palette vers l'arrière, et saute promptement à terre avec le bout libre de l'amarre. Il tend ce cordage pour faire serrer le bateau contre la rive, et amarre, s'il y a lieu, à un piquet ou à tout autre point d'amarrage, par deux demi-clefs.

Faire traverser la rivière au bateau et débarquer.

168. L'instructeur fait démarrer, pousser au large, et préparer à ramer par les commandemens et les moyens précédemment prescrits dans cet article. Il commande ensuite aux rameurs, s'ils font face à l'arrière (ou à l'avant):

En arrière (ou *en avant*) — RAMEZ,

et au pilote, si l'on part de la rive droite (ou gauche):

TOURNEZ A TRIBORD (ou A BABORD).

169. Lorsque le bateau a exécuté un *demi à droite* (ou *à gauche*), l'instructeur commande au pilote:

EN AVANT.

170. A ce commandement, le pilote maintient le bateau dans sa nouvelle direction, faisant un angle d'environ 45 degrés avec le courant (¹).

171. L'instructeur fait au pilote les commandemens nécessaires pour que le bateau aborde comme il est prescrit n° 165.

172. Lorsque le bateau est près de terre, l'instructeur commande:

1. HAUT LES RAMES.
2. DRESSEZ VOS RAMES.
3. AMARREZ.
4. COUCHEZ VOS RAMES.
5. DÉBARQUEZ.

173. Au troisième commandement, qui succède rapidement au deuxième, le 2ᵈ rameur de bâbord couche vivement sa rame et amarre, comme il est dit n° 167.

174. Au quatrième, les rameurs couchent leurs rames dans le corps du bateau, contre les bordages; la palette de celles des

---

(¹) L'angle de 45 degrés, sous lequel on prescrit de donner à passer, n'est pas celui qui convient pour traverser dans tous les cas: on traverserait sous un angle plus aigu, si le courant était rapide et qu'on voulût dériver le moins possible; on donnerait à passer sous un angle presque droit, si le courant était presque nul.

1ᵉʳˢ rameurs vers l'avant, la palette de celle du 2ᵈ de tribord vers l'arrière. Le pilote retire son gouvernail et le pose sur les rames, à tribord ou à bâbord, la palette vers l'arrière.

175. Au cinquième commandement, les rameurs et le pilote débarquent, en suivant l'ordre inverse à celui dans lequel ils se sont embarqués.

176. A mesure que les hommes sont débarqués, ils se forment sur deux rangs, faisant face au bateau, et dans le même ordre qu'avant l'embarquement.

OBSERVATIONS sur l'école du bateau à la rame.

177. La légèreté du bateau d'équipage permet de le mener au moyen de deux rames, avec ou sans gouvernail, et même avec une seule rame. On renvoie pour l'exécution de ces manœuvres à l'*école de la nacelle à la rame,* à laquelle elles appartiennent plus spécialement.

ARTICLE VI.

ÉCOLE DU BATEAU A LA GAFFE.

178. Tous les mouvemens de gaffe commandés aux gaffeurs sont exécutés comme il est expliqué n° 54 et suivans jusqu'au n° 64. Le pilote exécute les commandemens qui lui sont faits en employant les moyens donnés n° 43 et suivans jusqu'au n° 50.

179. L'équipement du bateau d'instruction se compose de 4 gaffes à deux pointes, une gaffe à pointe et à crochet, un gouvernail et une amarre.

180. Les gaffes sont placées sur le fond du corps du bateau, dans les angles formés par le fond et les bordages, les pointes vers l'arrière. Le gouvernail et l'amarre sont placés comme il est dit n° 103.

181. L'équipage du bateau se compose d'un pilote et 4 gaffeurs. L'instructeur place les gaffeurs sur deux rangs, et fait nu-

méroter les files de la droite à la gauche; il avertit les hommes du 1er rang qu'ils sont gaffeurs de tribord, et ceux du second rang qu'ils sont gaffeurs de bâbord. Le pilote se place à la droite du premier rang.

182. L'instructeur conduit son peloton, dans cet ordre, et par le flanc droit, vers le bateau; le pilote s'embarque le premier, met son gouvernail à l'eau et se tient prêt à agir. Les hommes du premier et du second rang s'embarquent successivement, par ordre de file. Les deux 1ers gaffeurs, qui formaient la première file, se placent à hauteur des chevilles pour les rames de l'arrière; le 2d de tribord à hauteur des chevilles pour la rame de l'avant, à tribord. Ces gaffeurs font face à l'arrière, et se tiennent dans la position indiquée n° 1. Le 2d gaffeur de bâbord ne s'embarque pas: il se porte au piquet auquel l'amarre est fixée.

PRÉPAREZ-VOUS A GAFFER.

183. Les 1ers gaffeurs ôtent les chevilles pour les rames de l'arrière et les posent sur le fond du bateau, en arrière de la dernière courbe; le 2d de tribord ôte les chevilles pour les rames de l'avant et les pose en avant des poupées. Les 3 gaffeurs embarqués saisissent leurs gaffes et se placent dans la position prescrite n° 55 : le 2d de tribord près des poupées; le 1er du même bord à 2 pas plus vers l'arrière; le 1er de bâbord à un pas plus vers l'arrière que ce dernier.

DÉMARREZ.

184. Le 2d de bâbord démarre le bateau; tire sur l'amarre et la plie dans la main gauche en se rapprochant du bateau, s'embarque vivement, jette l'amarre en avant des poupées, va prendre sa gaffe et vient se placer, prêt à gaffer, à 2 pas en avant du 1er de son bord.

AU LARGE.

185. Les gaffeurs du bord qui touche terre gaffent en travers, pour éloigner le bateau de la rive; le pilote maintient le bateau parallèlement à la rive.

186. Lorsque le bateau est assez poussé au large, et que l'instructeur veut le faire remonter le long de la rive, il commande :

En arrière — GAFFEZ.

187. Les gaffeurs, se conformant à ce qui est prescrit n° 56, gafferont en piquant au fond ou contre le bord de la rivière. Ils pousseront ensemble et marcheront vers l'arrière du bateau, jusqu'à ce que les 1ers gaffeurs soient arrivés à la naissance de l'arrière-bec. Alors ils retourneront vers l'avant pour piquer de nouveau, et continuer à gaffer en mettant de l'ensemble dans tous leurs mouvemens.

188. Le pilote dirigera le bateau. Autant que possible, il ne changera sa direction que lorsque les gaffeurs retournent de l'arrière à l'avant, et non pas pendant qu'ils poussent.

189. L'instructeur voulant que l'effort des gaffes pour faire marcher le bateau soit continu, commande :

A chaque bord, l'un après l'autre — GAFFEZ.

190. Les 2^{ds} gaffeurs vont sur l'avant du bateau et plongent leurs gaffes lorsque les 1ers ont fourni leur coup de gaffe en poussant jusqu'à l'arrière. Les 1ers agissent tous les deux en même temps comme il suit : le 1er de tribord (bâbord) sort sa gaffe de l'eau en étendant vivement le bras droit (gauche), et la faisant glisser dans la main droite (gauche), saisit la perche avec la main gauche (droite), élève la gaffe horizontalement en la tenant vers son milieu en équilibre, les mains à 2 pieds environ l'une de l'autre, la paume de la main droite (gauche) tournée vers l'avant, celle de l'autre main tournée vers le corps, les bras tendus et élevés ; ils se reportent sur l'avant en passant la gaffe au-dessus de la tête du 2^d de leur bord. Lorsque les 2^{ds} gaffeurs ont fourni leur coup de gaffe, ils sortent leurs gaffes de l'eau et se reportent sur l'avant, comme il vient d'être expliqué pour les 1ers. Les 4 gaffeurs continuent à gaffer ainsi, jusqu'au commandement :

Ensemble — GAFFEZ.

191. A ce commandement, les gaffeurs reprennent leurs postes sur l'avant et gaffent ensemble.

192. L'instructeur voulant que le bateau change de direction pour tourner à tribord (ou à bâbord), commande aux gaffeurs :

Tribord (ou *Bâbord*) — HAUT LES GAFFES,

Bâbord (ou *Tribord*) *en travers* — GAFFEZ,

et au pilote :

TOURNEZ A TRIBORD (ou A BABORD).

193. Les gaffeurs de tribord (ou de bâbord) cessent d'agir et se tiennent prêts à gaffer; les gaffeurs de bâbord (ou de tribord) gaffent en travers; le pilote manœuvre le gouvernail pour faire tourner à tribord (ou à bâbord).

194. L'instructeur voulant que le bateau cesse de tourner et se prolonge dans sa nouvelle direction, commande aux gaffeurs :

En arrière — GAFFEZ,

et au pilote :

EN AVANT.

195. Les gaffeurs des deux bords gaffent en arrière; le pilote maintient le bateau dans sa nouvelle direction.

196. Lorsque l'instructeur veut donner au bateau une marche rétrograde, ou diminuer sa vitesse pour éviter un choc, il commande :

En avant — GAFFEZ.

197. Les gaffeurs plongent leurs gaffes en avant et gaffent en avant.

198. Si le bateau remonte le long d'une rive escarpée, il peut arriver que les gaffeurs du bord opposé à cette rive ne puissent atteindre le fond de la rivière; le bateau sera alors conduit par deux gaffeurs seulement qui piqueront contre la rive. Le pilote aura dans ce cas l'attention d'incliner un peu le nez de l'avant vers la terre.

199. Si le courant est très-rapide, un des gaffeurs qui n'agissent plus prendra la gaffe à croc et se placera sur l'avant du bateau. Il se servira de cette gaffe pour s'accrocher aux racines qui peuvent se trouver en avant du bateau dans l'escarpement, ou à

des buissons, ou même au terrain, et maintiendra le nez de l'avant toujours près de terre.

200. Pour faire passer le bateau d'une rive à l'autre, les gaffeurs du bord qui est en aval lorsque le bateau donne à passer, gafferont en travers, pour s'opposer à la dérive; les gaffeurs de l'autre bord gafferont en arrière. Le pilote gouvernera d'après ce qui est dit n° 170.

201. L'instructeur exercera les gaffeurs à conduire le bateau sans gouvernail : alors il ne leur fera plus aucun commandement; il leur indiquera seulement le chemin qu'ils doivent faire parcourir au bateau. Les gaffeurs auront soin de gaffer plus ou moins en travers, selon que cela devient nécessaire pour donner une bonne direction au bateau.

202. L'instructeur fera aussi conduire le bateau par deux gaffeurs et un pilote. Ils gafferont ordinairement l'un à tribord, l'autre à bâbord.

203. Si le bateau est chargé, ou supposé chargé, les gaffeurs placés sur l'avant gafferont sans marcher au-delà de la naissance de l'avant-bec.

204. Lorsqu'ils le remonteront le long d'une rive escarpée et que le gaffeur du bord opposé à la rive ne pourra atteindre le fond, ce gaffeur changera de bord. Le pilote se conformera, dans ce cas, à ce qui est prescrit n° 196.

205. L'instructeur fera conduire le bateau par deux gaffeurs sans gouvernail; ils gafferont l'un à tribord, l'autre à bâbord pour le faire remonter contre le courant.

206. Pour faire tourner rapidement le bateau à tribord (ou à bâbord), le gaffeur de bâbord (ou de tribord) se placera sur l'avant, celui de tribord (ou de bâbord) se placera sur l'arrière, et ils gafferont tous les deux perpendiculairement en travers.

207. S'ils remontent le bateau le long d'une rive escarpée, et que la profondeur d'eau force de piquer contre l'escarpement, les deux gaffeurs agiront du côté de la rive. L'un d'eux se pla-

cera sur l'arrière et, sans changer de place, gouvernera avec sa gaffe en gaffant convenablement en travers pour incliner toujours un peu l'avant vers la terre. L'autre gaffeur poussera en marchant de l'avant vers l'arrière.

208. Lorsque les deux gaffeurs devront faire traverser au bateau une rivière rapide, ils gafferont tous les deux en aval. L'un, placé sur l'arrière, gaffera sans changer de place; il gaffera en arrière pour faire avancer le bateau lorsqu'il donne à passer sous l'angle convenable; il gaffera en travers, en piquant au large ou sous le bateau, selon qu'il devra faire remonter l'arrière contre le courant ou le faire descendre. L'autre gaffeur poussera en marchant de l'avant vers l'arrière.

209. L'instructeur voulant terminer la manœuvre, fera diriger le bateau vers le point de la rive où l'on doit aborder. Lorsque le bateau sera près de terre, il commandera :

1. HAUT LES GAFFES.
2. COUCHEZ VOS GAFFES.
3. AMARREZ.
4. DÉBARQUEZ.

210. Au troisième commandement, le 2^d gaffeur de bâbord saisit l'amarre, saute à terre et se conforme à ce qui est dit n° 167. Le pilote retire son gouvernail et le pose sur les gaffes, à tribord ou à bâbord, la palette vers l'arrière. Les 1ers gaffeurs replacent les chevilles pour les rames de l'arrière; le 2^d de tribord replace celles pour les rames de l'avant.

211. Au quatrième, les gaffeurs et le pilote débarquent et se forment sur la rive, comme il est prescrit n°s 175 et 176.

OBSERVATIONS.

212. Il est plus pénible de gaffer l'un après l'autre à chaque bord que de gaffer ensemble, parceque dans le premier cas le gaffeur est obligé d'élever la gaffe horizontalement pour la faire passer au-dessus de la tête de l'autre gaffeur de son bord; mais il convient de gaffer ainsi sur les courans très-rapides, pour éviter de dériver après chaque coup de gaffe.

213. La légèreté du bateau d'équipage permet de le conduire, comme une nacelle, au moyen d'une seule gaffe, avec ou sans gouvernail. Les détails de cet exercice, par lequel on terminera l'instruction du gaffeur, appartiennent à *l'école de la nacelle à la gaffe.*

ARTICLE VII.

ÉCOLE DE LA NACELLE A LA RAME.

Equipement et équipage de la nacelle. Manière de la mener avec deux ou quatre rames et un gouvernail.

214. L'équipement de la nacelle d'instruction se compose ordinairement de 3 rames, dont une pour gouverner, et une amarre.

215. Les rames sont placées sur le fond du corps de la nacelle, dans les angles formés par le fond et les bordages, la palette vers l'arrière. Un des bouts de l'amarre est passé dans le trou du nez de l'avant et arrêté au-dessous de ce nez par un nœud simple; un second nœud simple est fait à l'amarre au-dessus du nez; lorsque la nacelle n'est pas amarrée, le reste de ce cordage est roulé et posé sur le fond de la nacelle, près du nez, le bout libre en-dessus.

216. L'équipage de la nacelle se compose d'un pilote et 2 rameurs.

217. On peut aussi faire mener la nacelle par 4 rameurs et un pilote; alors elle est équipée de 5 rames et se manœuvre comme le bateau.

218. La nacelle sera équipée de 5 rames lorsqu'on voudra mouiller l'ancre et la lever. Cette manœuvre s'exécutera avec la nacelle comme avec le bateau.

219. Lorsque la nacelle est menée par deux rameurs et un pilote, les rameurs agissent à l'avant. Le pilote gouverne par les moyens indiqués n° 86 et suivans.

Mener une nacelle avec deux rames.

220. L'un des rameurs, placé sur l'avant, rame à tribord (ou à bâbord); l'autre, placé sur l'arrière, face à l'avant, rame à bâbord (ou à tribord). Le rameur de l'avant agit avec moins de force que celui de l'arrière, sans quoi la nacelle tournerait à bâbord (ou à tribord). Le rameur de l'arrière, chargé de diriger la nacelle, commande, selon qu'il le juge nécessaire, à celui de l'avant d'augmenter ou de diminuer la force de son coup de rame, pour conserver ou donner à la nacelle la direction convenable.

221. Pour traverser une rivière, le rameur de l'arrière agit à bâbord (ou à tribord), si l'on part de la rive droite (ou gauche); le rameur de l'avant agit à l'autre bord.

Mener la nacelle avec une seule rame en descendant une rivière.

222. Le rameur emploie les moyens donnés n°s 86, 87, 88, 89, 90 et 91, ou celui du n° 92.

Faire traverser une rivière à la nacelle avec une rame.

223. La nacelle étant contre la rive, le rameur se place sur l'arrière, comme il est dit n° 86, à bâbord (ou à tribord) pour passer de la rive droite (ou gauche) à l'autre rive. Il fait serrer l'arrière de la nacelle contre terre: à cet effet, il pique au fond avec la palette en arrière et sous la nacelle, si la profondeur de l'eau le permet, et pousse, en évitant que la rame touche le bordage, sinon, il agit comme il est dit n°s 89 et 90. Lorsque l'avant-bec commence à prendre le large, il pique sa rame parallèlement à la nacelle, au fond de la rivière ou contre l'escarpement de la rive, et pousse fortement pour lancer la nacelle. Il change ensuite de bord, en passant la palette au-dessus du nez de l'arrière, et il mène la nacelle sous l'angle de 45 degrés environ, en employant les moyens donnés n°s 87, 88, 89 et 90 ou celui donné n° 91. Lorsqu'il approche de la rive opposée, il diminue l'angle de passage, de manière à aborder presque parallèlement à cette rive. Au moment où l'avant touche terre, il pique sa rame oblique-

ment en arrière contre la rive, pour l'empêcher de reprendre le large.

224. Le rameur, après avoir lancé sa nacelle, comme il vient d'être dit, pourrait aussi placer sa rame entre les chevilles du nez de l'arrière et faire passer la nacelle en godillant, comme il est expliqué n° 52; mais il traverserait moins rapidement que par les moyens donnés dans le n° précédent.

225. L'instructeur voulant faire cesser la manœuvre, se conformera à ce qui est dit n° 172 et suivans.

ARTICLE VIII.

ÉCOLE DE LA NACELLE A LA GAFFE.

Équipement et équipage de la nacelle.

226. L'équipement de la nacelle se compose de 2 gaffes, une rame pour gouverner et une amarre.

227. Les gaffes sont placées sur le fond du corps de la nacelle, dans les angles formés par le fond et les bordages, les pointes vers l'arrière; la rame est posée dans un de ces angles, la palette vers l'arrière. Voyez le n° 215 pour l'emplacement de l'amarre.

228. L'équipage de la nacelle se compose d'un pilote et 2 gaffeurs.

Remonter la nacelle avec deux gaffes et un gouvernail.

229. Les deux gaffeurs agissent un à chaque bord, comme il est dit n° 96; ils gaffent ensemble. Si le gouvernail n'est pas fixé au nez, le pilote agit au bord qui est du côté de la rive le long de laquelle on remonte la nacelle. Il doit avoir l'attention de la bien diriger suivant le fil de l'eau.

230. Si la nacelle est chargée, les gaffeurs se placent à la naissance de l'avant-bec et gaffent sans changer de place.

Faire traverser une rivière à la nacelle avec deux gaffes et un gouvernail.

231. Les deux gaffeurs agissent comme il vient d'être dit, n° 229. Le gaffeur du bord qui se trouve en aval lorsque la nacelle donne à passer, gaffe en travers pour s'opposer à la dérive. Si le gouvernail n'est pas fixé au nez, le pilote gouverne à tribord si l'on part de la rive droite, à bâbord si l'on part de la rive gauche; il donne à passer sous un angle de 45 degrés environ, et fait aborder presque parallèlement à la rive.

232. Si la nacelle est chargée, les gaffeurs se conforment à ce qui est dit n° 230.

Mouiller l'ancre et la lever.

233. La nacelle étant conduite par deux gaffeurs et un pilote, on mouille l'ancre et on la lève conformément aux principes donnés n° 149 et suivans. Les deux gaffeurs remplissent les fonctions des 2^{ds} rameurs pour la mouiller: lorsqu'on la lève, le gaffeur de bâbord hale sur le cordage; celui de tribord le roule et se porte au secours du gaffeur de bâbord pour soulever l'ancre et la placer dans la nacelle.

Remonter la nacelle avec une gaffe et un gouvernail.

234. Le gaffeur agit au bord qui est contre la rive, le pilote gouverne comme il est dit n° 229.

235. Si la nacelle est chargée, le gaffeur se place à la naissance de l'avant-bec et gaffe sans changer de place.

Faire traverser une rivière à la nacelle avec une gaffe et un gouvernail.

236. La nacelle étant contre la rive, le gaffeur se place sur l'avant et donne un coup de gaffe du côté de cette rive, un peu en travers, en marchant de l'avant vers l'arrière pour pousser l'avant-bec au large et lancer la nacelle; ensuite, il change de bord et continue à gaffer en marchant de l'avant vers l'arrière: lorsque la nacelle aborde, il change de nouveau de bord, se place sur l'avant et pique en travers pour faire serrer l'avant contre

terre et l'empêcher de s'en éloigner. Le pilote gouverne comme il est expliqué n° 231.

237. Si la nacelle est chargée, le gaffeur se place à la naissance de l'avant-bec et gaffe sans changer de place.

Remonter la nacelle avec deux gaffes.

238. Les gaffeurs agissent au bord qui est du côté de la rive : l'un gaffe en marchant de l'avant vers l'arrière ; l'autre, placé sur l'arrière, gouverne et gaffe en même temps pour faire remonter la nacelle.

239. Si la nacelle est chargée, l'un des gaffeurs se place à la naissance de l'avant-bec et gaffe sans changer de position ; l'autre, placé sur l'arrière, se conforme à ce qui vient d'être dit, n° 238.

Faire traverser une rivière à la nacelle avec deux gaffes.

240. La nacelle étant contre la rive, l'un des gaffeurs agit comme il est dit n° 236 ; l'autre gaffeur placé sur l'arrière, à tribord si l'on part de la rive droite, à bâbord si l'on part de la rive gauche, gouverne et gaffe en même temps sans changer de place.

Remonter la nacelle avec une gaffe.

241. Le gaffeur agit au bord qui est du côté de la rive le long de laquelle il remonte la nacelle. La nacelle étant parallèle à la rive, il se place vers son milieu, donne son coup de gaffe, en marchant vers l'arrière, jusqu'à ce qu'il voie que la nacelle tourne un peu vers la rive ; il se reporte d'autant plus en avant qu'elle a plus tourné et gaffe plus ou moins en travers en marchant plus ou moins vers l'arrière, selon que c'est nécessaire pour empêcher que l'avant ne touche terre, et pour que la nacelle, après chaque coup de gaffe, soit toujours un peu inclinée vers la rive de l'arrière à l'avant.

242. Si le gaffeur se reporte trop en avant, ou s'il gaffe trop en travers lorsqu'il est sur l'avant, l'avant-bec va au large ; il fera retourner ce bec vers la rive en allant sur l'arrière gaffer plus ou moins en travers. Ce moyen est insuffisant sur les courans rapides

ou lorsque la nacelle a beaucoup tourné; dans ces cas, le gaffeur se porte sur l'avant, change de bord, pique en travers un peu vers l'arrière, appuie la poitrine contre la poignée, porte les mains au plat-bord et pousse fortement, marche vers l'arrière lorsque la nacelle cède à son effort.

243. Lorsque le gaffeur ne trouve pas le fond de la rivière, il met l'arrière un peu au large et va se placer au milieu de la nacelle, d'où il pique contre l'escarpement de la rive et gaffe sans marcher.

244. Si l'avant-bec va au large, le gaffeur se porte sur l'avant, pique contre la rive, tire la gaffe à lui avec la main qui est éloignée de la poignée et pousse avec l'autre main. Lorsque l'avant s'est rapproché de terre, le gaffeur retourne vers le milieu de la nacelle, et gaffe comme il vient d'être dit, n° 243.

245. Lorsque la nacelle est chargée, le gaffeur peut la remonter en se plaçant sur l'arrière au bord qui est du côté de la rive et gaffant comme il est dit n°s 98, 99, 100 et 101.

246. Il pourra aussi la remonter en se plaçant à la naissance de l'avant-bec, et gaffant tantôt à tribord, tantôt à bâbord.

Faire traverser une rivière à la nacelle avec une gaffe.

247. La nacelle étant placée parallèlement à la rive, le gaffeur agit comme il est dit n° 236, donne à passer sous l'angle de 45 degrés environ, et maintient la nacelle dans cette direction en gaffant plus ou moins en travers à l'avant ou à l'arrière.

248. Si la nacelle est chargée, le gaffeur se place à la naissance de l'avant-bec et gaffe tantôt à un bord, tantôt à l'autre, plus ou moins en travers, selon que c'est nécessaire pour donner à la nacelle la direction convenable.

249. Il peut aussi se placer sur l'arrière, à bâbord si l'on part de la rive droite, à tribord si l'on part de la rive gauche, et mener la nacelle en gaffant comme il est dit n°s 98, 99, 100 et 101.

250. L'instructeur voulant aborder et faire cesser la manœuvre, se conformera à ce qui est dit n°s 209, 210 et 211.

OBSERVATION.

251. Lorsque la nacelle est gouvernée avec une rame non assujettie au nez de l'arrière, les gaffeurs, surtout s'ils ne sont pas très-adroits, fatiguent beaucoup le pilote s'ils poussent en marchant jusqu'à la naissance de l'arrière-bec; dans ce cas, l'instructeur leur recommandera de ne marcher de l'avant vers l'arrière que jusqu'au milieu environ de la nacelle.

ARTICLE IX.

ÉCOLE DE FLOTTILLE.

Composition de la flottille et formation du détachement qui la manœuvre.

252. L'équipement de chaque bateau se compose de
  5 rames,
  4 gaffes à pointes droites,
  1 gaffe à pointe et à crochet,
  1 amarre.

253. Les bateaux de la flottille sont amarrés sur la rive et numérotés d'amont en aval; les quatre premiers bateaux composent la 1re *section;* les quatre suivans composent la 2e *section;* et ainsi de suite.

254. L'équipage de chaque bateau se compose de
  1 chef de bateau,
  1 pilote,
  4 servans.

Il est formé sur deux rangs. Le chef de bateau est à la droite du 1er rang, ayant à sa gauche les deux servans de tribord; le pilote est au 2^d rang, derrière le chef de bateau, ayant à sa gauche les deux servans de bâbord.

255. L'équipage du 1er bateau occupe la droite du détachement, les autres équipages suivent de droite à gauche, dans l'ordre naturel des numéros des bateaux qu'ils doivent servir. (Fig. 1.)

256. Le chef du 1ᵉʳ bateau de chaque section est chef de la section.

Règles générales pour les commandemens.

257. Le chef de la flottille s'embarque habituellement dans le premier bateau et fait avec le porte-voix les commandemens généraux relatifs au mouvement qu'il veut faire exécuter.

258. Les chefs de section répètent ces commandemens avec le porte-voix. Le chef de la première section ne les répète que lorsque le commandant de la flottille n'est pas embarqué dans le premier bateau.

259. L'équipage de chaque bateau n'agit qu'au commandement de son chef; au défaut de chef de bateau le pilote fait les commandemens d'exécution.

260. Si quelques chefs de bateau n'entendaient pas les commandemens généraux, ils feraient exécuter les mouvemens qu'ils verraient faire aux bateaux voisins du chef de flottille.

Embarquement.

261. Le chef de flottille conduit, par le flanc, le détachement qui doit manœuvrer la flottille et le forme en bataille sur la rive, vis-à-vis du centre de la flottille, de manière que les équipages soient placés d'amont en aval dans l'ordre naturel des numéros de leurs bateaux.

262. Le chef de flottille voulant faire embarquer, commande:

Par le flanc droit — A DROITE.
A vos postes — MARCHE.

263. Au commandement de *marche*, chaque équipage est conduit vers son bateau par son chef qui s'embarque le premier; le pilote et les servans s'embarquent après lui, en se conformant à ce qui a été prescrit nᵒˢ 105 et 182.

264. L'embarquement étant terminé, le chef de flottille commande, s'il veut faire manœuvrer à la rame:

1. *Garde à vous.*
2. DRESSEZ VOS RAMES.

265. S'il veut faire manœuvrer à la gaffe, il commande :
1. *Garde à vous.*
2. PRÉPAREZ-VOUS A GAFFER.

266. Le second commandement est répété par les chefs de bateau et exécuté dans chaque bateau.

NOTA. On va supposer que la flottille manœuvre à la rame, et que les rameurs font face à l'arrière. Si elle manœuvrait à la gaffe, les bateaux exécuteraient les mêmes mouvemens. Les chefs de bateau les feraient alors exécuter par les commandemens et les moyens prescrits dans l'*école du bateau à la gaffe*.

La flottille étant amarrée sur la rive, la faire marcher en file en amont.

267. Le chef de flottille commande :
1. *Garde à vous.*
2. *En file en amont.*
3. MARCHE.

268. Au troisième commandement, les chefs de bateau font démarrer, pousser au large et remonter parallèlement à la rive, en laissant un intervalle de 5 toises environ entre leur bateau et celui qui le précède. (Fig. 2.)

269. Si les piquets d'amarrage sont éloignés de moins de 10 toises l'un de l'autre, les chefs de bateau font démarrer et pousser au large successivement. Les bateaux se suivent en file, à 5 toises l'un de l'autre.

270. Les chefs de bateau veillent à ce que leur bateau ne serre jamais sur celui qui précède de manière à gêner les mouvemens du gouvernail de ce dernier.

271. Lorsqu'un bateau s'engrave, ou est arrêté par un autre accident, ceux qui le suivent passent devant lui; il reprend son rang le plutôt possible : il en est de même lorsqu'un bateau dérive accidentellement.

La flottille marchant en file en amont le long d'une rive, la faire aborder à cette rive.

272. Le chef de flottille commande :
1. *Garde à vous.*
2. ABORDEZ.

273. Au second commandement, tous les bateaux s'inclinent vers la rive et abordent en conservant entr'eux l'intervalle de 5 toises.

274. Si le chef de la flottille veut qu'elle aborde en occupant moins d'étendue le long de la rive, il commande :

    1. *Garde à vous.*
    2. ABORDEZ EN MASSE.

275. Au second commandement, le 1er bateau aborde; le 2^{d} serre sur le 1er; lorsqu'il est près de le toucher, son chef le fait aborder et remonter avec l'amarre entre la rive et le 1er bateau, jusqu'à ce que son nez de devant soit à-peu-près à hauteur du milieu du 1er bateau. Le 3e bateau agit de même par rapport au 2^{d}, et ainsi des autres. Plusieurs bateaux peuvent être amarrés au même piquet. (Fig. 3.)

La flottille étant amarrée sur la rive, la faire marcher en file en aval.

276. Le chef de flottille ayant fait dresser les rames, commande :

    1. *Garde à vous.*
    2. *En file en aval.*
    3. MARCHE.

277. Au troisième commandement, le chef du 1er bateau commande : *Démarrez,* et ensuite : *Poussez au large ;* lorsque le bateau est au large, il commande aux rameurs : *En arrière — ramez,* et au pilote : *Tournez à tribord,* ou *à bâbord,* selon que la flottille est amarrée sur la rive droite ou sur la rive gauche : le bateau tourne ainsi et va gagner le *Thalweg* qu'il suit en descendant la rivière.

278. Le 2^{d} bateau exécute les mêmes mouvemens que le 1er; il est poussé au large à temps pour suivre le 1er à la distance de 5 toises ; les autres bateaux sont poussés au large successivement et marchent de même en file.

279. Les chefs de bateau auront soin de conserver la distance entre leur bateau et celui qui le précède : à cet effet, ils peuvent

ralentir sa marche au besoin en faisant sortir de l'eau les rames de l'arrière, ou les 4 rames, ou enfin en faisant ramer en sens contraire ; ils peuvent l'accélérer par le mouvement accéléré des rames.

280. Si un bateau s'engrave, ceux qui le suivent le dépasseront ; il reprendra son rang aussitôt qu'il le pourra.

281. Lorsque le courant est très-rapide et que l'on doit exécuter un passage de pont, ou de tout autre défilé dangereux, le chef de flottille fait mettre plus de 5 toises d'intervalle entre les bateaux ; à cet effet, il commande :

    1. *Garde à vous.*
    2. *A* tant *de toises de distance* — MARCHE.

282. Au second commandement, les chefs de bateau, excepté celui du 1er, font sortir de l'eau les rames de l'arrière ; lorsque le 2^d bateau est près d'avoir la distance prescrite, son chef fait agir les 4 rames ; le 3e et successivement les autres suivent de même le bateau qui les précède, à la distance ordonnée.

283. Lorsque le chef de flottille veut faire reprendre la distance de 5 toises, il commande :

    1. *Garde à vous.*
    2. *Serrez à 5 toises de distance* — MARCHE.

284. Au second commandement, le chef du 1er bateau fait sortir les rames de l'arrière de l'eau ; le 2^d bateau, marchant toujours avec 4 rames, serre sur le 1er, et lorsqu'il est près d'avoir sa distance, son chef fait sortir les rames de l'arrière de l'eau. Chacun des autres bateaux serre de même sur celui qui le précède. Ensuite le chef de flottille commande :

    1ers *rameurs en arrière* — RAMEZ.

La flottille marchant en file en aval, la faire aborder à la rive.

285. Le chef de flottille commande :

    1. *Garde à vous.*
    2. ABORDEZ A LA RIVE DROITE (ou GAUCHE).

286. Au second commandement, le chef du 1er bateau commande au pilote : *Tournez à tribord* (ou *à bâbord*). Lorsque le bateau a fait un *à droite* (ou un *à gauche*) et demi, son chef commande au pilote : *en avant*, et le bateau va aborder à la rive.

287. Le 2^d bateau dépasse le 1er, et va par le même moyen aborder à 5 toises en aval du 1er; et ainsi des autres.

288. Si le chef de la flottille veut qu'elle occupe moins d'étendue le long de la rive, il commande :

1. *Garde à vous.*
2. ABORDEZ EN MASSE A LA RIVE DROITE (ou GAUCHE).

289. Au second commandement, le 1er bateau aborde comme il vient d'être dit, n° 286; le 2^d va aborder en aval du 1er; il est ensuite remonté avec l'amarre, comme il est expliqué n° 275; on remontera de même les autres bateaux aussitôt qu'ils auront abordé.

La flottille étant amarrée sur la rive, traverser la rivière en ligne.

290. Le chef de flottille ayant fait dresser les rames, et les bateaux étant à 5 toises l'un de l'autre, il commande :

1. *Garde à vous.*
2. *Traversez en ligne.*
3. MARCHE.

291. Au commandement de *marche*, chaque bateau exécute ce qui est prescrit n° 168 et suivans; lorsque chaque bateau est près de terre, son chef commande : *haut les rames, dressez vos rames, amarrez.*

292. Le 2^d bateau règle sa marche sur celle du 1er; ces deux bateaux forment la base de l'alignement de la flottille : les autres bateaux marchent alignés sur les deux premiers. Lorsqu'un bateau dépassera l'alignement, son chef fera sortir de l'eau les rames de l'arrière ou les 4 rames; lorsqu'il se trouvera au contraire en arrière de la ligne, son chef fera accélérer la vitesse du mouvement des rames. Les chefs de bateau veilleront aussi à la conservation de l'intervalle qui sépare les bateaux. Lorsqu'un bateau a trop dérivé,

il donne à passer sous un angle moindre que 45 degrés, jusqu'à ce qu'il se soit rapproché à la distance convenable de celui qui le précède en amont; si au contraire il se trouve trop rapproché de celui qui le précède en amont, il reprend sa distance en donnant à passer sous un angle plus grand que 45 degrés.

La flottille traversant la rivière en ligne, faire virer de bord.

293. La flottille traversant de la rive droite (ou gauche) à la rive gauche (ou droite), son chef commande:

1. *Garde à vous.*
2. VIREZ DE BORD.

294. Au second commandement, chaque chef de bateau commande au pilote: *Tournez à bâbord* (ou *à tribord*); lorsque le bateau a exécuté un *à gauche* (ou un *à droite*), de manière à donner à passer sous l'angle de 45 degrés pour regagner la rive droite (ou gauche), son chef commande au pilote: *en avant.*

295. Chaque bateau ayant viré de bord, la flottille traverse en ligne (Fig. 4).

Débarquement.

296. Les bateaux ayant abordé à la rive et étant amarrés, le chef de flottille commande:

1. *Garde à vous.*
2. COUCHEZ VOS RAMES.
3. DÉBARQUEZ.

297. Au troisième commandement, les hommes débarquent dans l'ordre inverse à celui suivant lequel ils se sont embarqués; chaque chef de bateau forme son équipage en bataille sur la rive, vis-à-vis de son bateau.

ARTICLE X.

PASSAGE DES TROUPES.

298. Le bateau d'équipage sera conduit par 5 pontonniers; on peut le faire conduire par 3 pontonniers, mais il traversera la rivière moins rapidement et dérivera davantage.

299. L'équipement de chaque bateau se compose de 5 rames, 4 gaffes à pointes droites, une gaffe à croc, une double amarre (pour remonter le bateau par le halage : une ligne est préférable dans certains cas) et 2 madriers mis sur les supports tournans pour servir de bancs aux hommes d'embarquement.

300. La troupe à passer sera partagée d'avance en pelotons de 25 hommes; chacun de ces pelotons forme le chargement d'un bateau d'équipage.

301. Avant l'embarquement, on fait ordonner aux soldats, par leurs officiers, de détacher leur giberne et de la placer devant le corps; on leur fait recommander d'observer le plus grand silence dans les bateaux, d'y rester immobiles quel que soit le mouvement du bateau, de se lever de dessus les bancs les uns après les autres pour débarquer, en commençant par les hommes qui sont vers l'avant; on leur défendra expressément de faire feu pendant le trajet.

302. Le bateau étant amarré à terre, les pontonniers s'embarquent, excepté le 2^d de bâbord qui reste à terre pour démarrer; le pilote met son gouvernail à l'eau; les trois servans embarqués placent leurs gaffes sur les becs, le fer sous les bancs; le 2^d de tribord place ainsi la gaffe du 2^d de bâbord et la gaffe à croc, et met la rame de ce dernier avec la gaffe, la palette sous le banc : ils dressent ensuite leurs rames.

303. Ces dispositions terminées, on fait embarquer la troupe. Les soldats entrent dans le bateau par la naissance de l'avant-bec, et vont garnir les bancs, de l'arrière à l'avant, en ayant soin de se bien serrer vers l'arrière; ils appuient le dessous de leur sac sur le plat-bord et placent leur fusil entre les jambes : à mesure que les deux rangs d'hommes assis sur les bancs se forment, on fait former un troisième rang intérieur; les hommes de ce troisième rang font face à l'avant et s'asseoient sur les genoux de ceux des deux premiers rangs. S'il n'y avait que 20 hommes, ils

s'asseoiraient tous sur les deux bancs, et le troisième rang n'existerait pas. Le chef de bateau, ou à son défaut le pilote, est chargé de faire placer les hommes à mesure qu'il s'embarquent.

304. Si le bateau s'engrave pendant l'embarquement, à cause du trop peu de profondeur de l'eau contre la rive, on le pousse au large aussitôt qu'il commence à toucher le fond, et, s'il le faut, les hommes font quelques pas dans l'eau pour aller s'embarquer.

305. Les pontonniers conservent libre l'espace nécessaire aux mouvemens des rames et du gouvernail.

306. Au signal du départ, donné par le commandant de la flottille, chaque bateau est poussé au large et dirigé pour aller aborder au point indiqué d'avance au chef du bateau.

307. Lorsque les pontonniers doivent faire usage de la gaffe, ils dressent leurs rames, les couchent, comme il a été dit pour les gaffes, n° 302, la palette sous les bancs, et prennent les gaffes.

308. Aussitôt que le bateau a touché terre et qu'il est amarré sur la rive, les hommes d'embarquement se lèvent successivement, de l'avant à l'arrière, et débarquent par le côté de l'avant-bec.

309. Si le bateau touche le fond avant d'être arrivé à terre, à cause de la pente trop douce de la rive, un pontonnier, d'après l'ordre du chef du bateau, saute à l'eau, et, par son exemple, montre aux soldats qu'ils peuvent débarquer et gagner le bord à gué.

310. Aussitôt après le débarquement, chaque bateau revient au point d'embarquement pour effectuer un nouveau passage, à moins d'ordre contraire donné par le commandant de la flottille.

311. Pour passer la cavalerie avec des bateaux d'équipage de campagne, on fait embarquer six cavaliers par bateau, tenant leurs chevaux par la longe, trois en dehors de chaque bord; trois pontonniers conduisent chaque bateau, les chevaux nageant aux deux bords. On doit aborder à un point où la rive ne soit pas escarpée.

312. Si le trajet est long, les cavaliers soutiennent d'une main les chevaux avec la longe, et de l'autre leur relèvent la tête.

313. Si le courant est rapide, et que les bateaux doivent traverser en dérivant très-peu, on ne passe que trois chevaux à la fois, traînés au bord qui est en aval pendant le trajet. On pourra

aussi, dans le cas d'un courant rapide, en passer six, trois à chaque bord, en dirigeant le bateau de manière à traverser en descendant la rivière; mais le bateau dérivera beaucoup : il est nécessaire de lui donner cette direction pour que les chevaux du bord d'amont ne soient pas entraînés sous le fond du bateau.

Ordre de remplacement des rameurs mis hors de service pendant le trajet.

314. Le bateau passant de la rive droite (ou gauche) à la rive gauche (ou droite), le 1er homme manquant sera remplacé par le 1er rameur de bâbord (ou de tribord).

Le 2^d manquant sera remplacé par le 1er rameur de tribord (ou de bâbord).

Le 3e manquant sera remplacé par le 2^d rameur de bâbord (ou de tribord), et alors le pilote ramera à l'arrière-bec, à bâbord (ou à tribord). Voyez les n°s 220 et 221.

S'il ne restait plus qu'un seul homme pour conduire le bateau, il ramerait à l'arrière-bec contre une cheville et gouvernerait en même temps. Voyez le n° 91.

ARTICLE XI.

NAVIGATION DES TRAINS DE BATEAUX ET RADEAUX.

Formation des trains de bateaux.

315. On forme les trains de bateaux d'équipage comme il suit :

On place 2 ou 3 bateaux l'un à côté de l'autre; on les réunit Pl. XXVIII. à l'avant par des amarres qui embrassent les poupées contiguës, et à l'arrière par d'autres cordages passés dans les anneaux d'embrelage; derrière ces bateaux on en met un 2^d rang, réunis de même entre eux et fixés à ceux du 1er rang par des cordages passés dans les trous des nez : on peut de même en placer un

3ᵉ rang derrière le 2ᵈ, et un 4ᵉ derrière le 3ᵉ. Les bateaux du dernier rang sont tournés en sens contraire des autres : leur avant-bec forme l'arrière du train. On attache une poutrelle contre les poupées des bateaux de chaque rang. (Fig. 1.)

316. Le nombre de bateaux d'un rang dépend de la largeur du *Thalweg* aux endroits où il est le plus resserré, comme sous les arches de ponts, et de la quantité de bateaux dont chaque train est composé; la longueur du train se règle aussi sur les tournans plus ou moins courts du lit de la rivière, et sur le nombre de haleurs lorsque la navigation est ascendante. En général, le train de 4 bateaux aura 2 rangs de 2 bateaux; celui de 6 bateaux aura 3 rangs de 2 bateaux; celui de 9 aura 3 rangs de 3 bateaux; un train de 16 bateaux aurait 4 rangs de 4 bateaux.

Navigation descendante.

317. Les trains descendent la rivière dirigés par des gouvernails en arrière et en avant. On accélère leur marche en ramant sur les côtés.

318. Lorsqu'un train est long, des gaffeurs empêchent les bateaux de s'engraver en les rejetant au besoin vers le *Thalweg*.

319. Si le courant est rapide, et qu'un pont soit dangereux à passer de volée, on mouille une ancre pour arrêter le train en amont du pont; on laisse ensuite descendre le train lentement, soit en filant du cordage d'ancre, soit en dérapant l'ancre.

320. Pour déraper l'ancre, on la soulève avec l'orin, au moyen d'une nacelle, et l'on fait labourer le fond de la rivière par une patte de l'ancre.

321. Lorsque le train a dépassé le pont, on relève l'ancre avec une nacelle.

322. Si le fond est mauvais pour l'ancrage, le train descend au moyen d'une ligne qu'on tient de la rive, et passe sous une arche peu éloignée de cette rive.

323. Le pilote a l'attention d'éviter les bas fonds et de conduire le train dans le *Thalweg*.

324. Lorsque le train doit descendre une rivière peu profonde, dans le lit de laquelle il y a des bancs de sable, on le fait précéder par une nacelle qui plante des balises pour indiquer les en-

droits où il doit passer ; lorsque le passage est étroit, la nacelle plante deux rangs de balises, entre lesquels le train se dirigera : elle met aussi des balises qui montrent le bras qu'il devra suivre, dans le cas où la rivière se partage en plusieurs bras.

Navigation ascendante.

325. On remonte les trains de bateaux à la gaffe, lorsque le courant est peu rapide et qu'il n'existe point de chemin de halage.

326. Lorsque le train doit être remonté par le halage, et qu'il n'est composé que de deux rangs de bateaux, on équipe comme il suit un des bateaux du premier rang auquel la ligne sera fixée :

On met sur le fond du bateau, en avant de la 2de courbe du corps, et contre cette courbe, une semelle qui va d'un bordage à l'autre, et qui est entaillée à son milieu pour recevoir le pied d'un mât ; on place une cale entre cette semelle et la courbe qui la précède. On cloue 2 taquets à deux pieds du petit bout d'une perche ou mât de 15 pieds de hauteur et d'environ 3 pouces de diamètre au gros bout ; on coiffe le haut du mât de 2 nœuds de batelier, faits au milieu de 2 amarres à bateau ; on fait glisser ces nœuds jusqu'aux taquets ; on coiffe ensuite le mât d'une couronne de cordage dans laquelle on fait passer le bout d'une ligne de halage. On dresse le mât ; on place son pied dans l'entaille de la semelle : il est maintenu dressé, non pas verticalement, mais un peu incliné vers l'arrière, par 4 haubans formés par les brins des deux amarres : ceux de l'avant sont passés dans les trous de chevilles pour les rames d'avant, et amarrés à cet endroit du bateau ; ceux de l'arrière sont fixés aux tringles, en arrière et près des 3es crochets de pontage : la couronne est supportée par les haubans. On roule, sur l'avant du bateau, la partie de la ligne sur laquelle tireront les haleurs ; le reste de ce cordage passe dans la couronne, est amarré à un des anneaux d'embrelage d'un des bateaux de l'arrière par une demi-clef gansée, et la partie excédante est roulée sur l'arrière du bateau. On fixe au nez de l'avant, au moyen des trous de ce nez, une bride qui embrasse la ligne en avant du mât. (Fig. 2.)

327. Si le train est composé de plus de deux rangs de bateaux, le mât sera élevé près de la naissance de l'arrière-bec d'un bateau du 1ᵉʳ rang.

328. Pour remonter un train ainsi équipé, le pilote commande :

PRÉPAREZ-VOUS A HALER.

329. Les haleurs, équipés chacun d'une bretelle qui leur embrasse la poitrine et les bras, déploient sur la rive la partie de ligne roulée sur l'avant du train, se placent vers l'extrémité de la ligne, en laissant ce cordage entre eux et la rivière, et attachent les cordons des bretelles à la ligne; le haleur de devant porte une perche à la main pour sonder le chemin de halage lorsqu'il passe dans l'eau. Le pilote et les pontonniers nécessaires se mettent aux gouvernails fixés derrière le train; des gaffeurs se placent sur l'avant du train, du côté de la rive le long de laquelle on le remontera et se préparent à le pousser au large; un pontonnier se tient prêt à filer de la ligne; un autre à allonger ou à raccourcir la bride. Un pontonnier marchera derrière les haleurs et fera sauter la ligne par dessus les objets qui pourraient l'accrocher. Pour faire sauter la ligne, il la saisira avec les deux mains, les ongles en-dessus.

330. Après avoir fait démarrer le train et pousser l'avant un peu au large, le pilote commande :

HALEZ.

331. Les haleurs tendent la ligne et halent en marchant au pas; le pontonnier qui est à la bride l'allonge ou la raccourcit selon qu'il faut donner plus ou moins à passer; le pontonnier qui est à la ligne file de ce cordage quand il est nécessaire d'en développer une plus grande longueur; les gaffeurs empêchent que le train ne touche le bord de la rivière ou ne s'engrave; le pilote et les pontonniers qui sont aux gouvernails dirigent le train.

332. Lorsque le train est considérable, que la ligne a un fort diamètre (un pouce par exemple), et qu'on est forcé d'en déployer une grande longueur pour doubler des bas-fonds, on soutient ce cordage par une ou plusieurs nacelles, qui portent une fourche dressée vers la naissance de leur avant-bec.

333. Pour passer les ponts qui interrompent le chemin de halage, on remonte le train jusque auprès du pont, et on l'amarre à terre; on abandonne la ligne aux haleurs et une nacelle en reporte le bout sur le train, en passant d'amont en aval sous l'arche par laquelle le train doit remonter; on amarre ce bout de la ligne à la poutrelle fixée contre les poupées des bateaux du premier rang : on couche le mât; les haleurs tendent la ligne, on démarre le train, et ils le remontent; on fait aborder le train à la rive au-dessus du pont et l'on dresse le mât. On peut aussi exécuter le passage du pont en remontant le train sur les cordages d'une ou de plusieurs ancres jetées en amont.

334. Le pilote fera le commandement *Accélérez* lorsqu'il voudra faire augmenter l'effort des haleurs; il le fera diminuer par celui de *Ralentissez*; ils s'arrêteront à celui de *Halte*; ils tireront la ligne à eux et la plieront au commandement *Pliez la ligne*.

335. Lorsque le chemin de halage est interrompu et change de rive, le train traverse la rivière par les moyens qu'on va indiquer.

336. Avant que les haleurs arrivent au point où ils seront arrêtés dans leur marche, le pilote fait aborder une nacelle à la rive; ensuite il commande :

ACCÉLÉREZ.

337. Les haleurs, tenant les bricoles à la main et appuyées sur l'épaule, font un grand effort pour lancer le train; le pilote et les pontonniers qui sont aux gouvernails donnent à passer en augmentant graduellement l'angle de passage, de manière qu'il soit de 45 degrés environ au moment où les haleurs sont arrêtés par l'obstacle qui interrompt le chemin de halage; alors le pilote commande :

LACHEZ LA LIGNE.

338. Les haleurs détachent de la ligne les cordons de leurs bretelles; on retire la ligne et on la roule sur le train, qui continue à traverser la rivière et aborde à la rive opposée si la rivière n'est pas trop large.

339. Dans le cas où elle aurait trop de largeur pour que le train atteignît la rive, une nacelle, dans laquelle on a roulé les

deux tiers environ d'un cordage d'ancre dont le reste est sur l'avant du train, part du train, va se rapprocher de la rive en filant du cordage, et mouille l'ancre lorsqu'il est presqu'entièrement déroulé; le train, se retenant sur ce cordage, fait pont volant et se rapproche de la rive. On relèverait l'ancre et on la mouillerait de nouveau, plus près de la rive, si le train n'avait pu traverser entièrement la rivière.

340. Les haleurs passent d'une rive à l'autre dans la nacelle qu'on leur a laissée à cet effet, n° 336.

341. On peut remonter le train jusqu'au point même où les haleurs sont arrêtés dans leur marche, et lui faire traverser la rivière en attachant à l'arrière du train un cordage sur lequel des hommes halent pour lancer le train; ils abandonnent le cordage quand ils ne peuvent plus avancer : le train, que cet effort a lancé et fait tourner de manière à donner à passer, traverse la rivière.

342. Si le train est monté par un nombre d'hommes suffisant, on place sur ses côtés des rameurs, qui aident à le faire passer d'une rive à l'autre. Si l'on fait usage du moyen donné n° 341 pour lancer le train, on ne laisse au cordage attaché à l'arrière que le nombre de haleurs nécessaires; les autres vont sur le train pour se disposer à ramer.

343. On fait encore passer le train comme il suit : après l'avoir arrêté contre la rive, on plie la ligne, détachée du train, dans une nacelle; cette nacelle, dans laquelle s'embarquent les haleurs, est menée sur la rive opposée et remontée le long de cette dernière rive en amont du train; les haleurs retiennent un bout de la ligne, et la nacelle dans laquelle elle est roulée va porter l'autre bout au train, en filant du cordage : le train traverse la rivière, soutenu par la ligne, en faisant pont volant.

344. On ne peut employer ce moyen sur une rivière large et rapide qu'aux endroits où le courant se porte vers la rive sur laquelle est amarré le train : autrement la nacelle ne parviendrait point à apporter le bout de la ligne au train.

345. On pourra employer un plus grand nombre de haleurs pour un train considérable en fixant deux lignes au bateau mâté.

346. Le halage au moyen de chevaux s'exécute d'après les mêmes principes : les volées sont fixées à des commandes amarrées à la ligne; en changeant de rive, on passe les chevaux dans de fortes nacelles propres à leur transport, ou dans des bateaux : il faut que ces embarcations soient assez larges pour que les chevaux y soient placés en travers.

347. Tout ce qui vient d'être dit sur la navigation, tant descendante qu'ascendante, des trains de bateaux, est applicable aux radeaux ou trains de radeaux, ainsi qu'aux bateaux du commerce.

348. Les trains de radeaux exigent un grand nombre de haleurs et de gaffeurs, et ne peuvent remonter les rivières très-rapides.

Instruction pour le pilote.

349. Le pilote reconnaîtra par les indications générales suivantes le *Thalweg*, qu'il doit suivre en descendant la rivière.

350. Si une rive est escarpée et l'autre plate, le *Thalweg* passe plus près de la rive escarpée que de l'autre rive : le plus souvent il rase l'escarpement.

351. Lorsque la rivière est sinueuse, il passe dans le rentrant des sinuosités des rives.

352. Si le temps est calme, on distingue facilement à l'œil le plus fort courant : il suit toujours le *Thalweg*.

353. On reconnaît aisément les bas-fonds, qu'il faut éviter : l'eau y est ordinairement sans courant et moutonne faiblement.

354. Lorsque l'eau est agitée par le vent, les plus fortes vagues montrent les endroits les plus profonds.

355. Si l'eau est claire, sa couleur est plus foncée aux endroits profonds.

356. Lorsque la rivière se partage en bras inégaux, il faut suivre le plus considérable; mais si elle se divise en bras qui offrent à peu près le même volume d'eau, il n'y a que la connaissance des localités qui puisse faire savoir lequel on doit prendre : il faut alors se diriger d'après les renseignemens donnés par les bateliers du pays.

357. Si l'eau bouillonne et s'élève au-dessus du niveau général, il y a un écueil qu'il faut éviter.

358. Si l'eau tournoie et s'abaisse au-dessous du niveau général, cela indique une *eau-morte* ou un *remou*, dont il faut s'éloigner.

359. Autant que possible, le pilote fera précéder le corps flottant qui descend la rivière par une nacelle chargée de placer des balises pour indiquer le chemin qu'on doit suivre.

360. Lorsque le corps flottant remontera la rivière, il côtoira les bas-fonds et changera de rive selon les localités.

361. Lorsqu'un bateau ou autre corps flottant s'échoue, le pilote le fait remettre à flot par un des moyens donnés dans les *Manœuvres de force*.

MANOEUVRES ÉLÉMENTAIRES.

TITRE III.

Pontage, ou manœuvres de construction et de repliement des ponts et des estacades flottantes.

1. Dans toutes les manœuvres de construction de ponts, on compte de la rive de départ pour numéroter les bateaux, ancres, etc.; dans toutes les manœuvres de repliement, les numéros indiquent le rang de ces objets, à partir de la rive qu'on abandonne.

2. On entendra par plat-bord *intérieur*, poupée *intérieure*, etc., d'un bateau, le plat-bord, la poupée, etc., les plus près de la rive de départ pendant la construction du pont, ou les plus près de la rive sur laquelle on replie le pont pendant les manœuvres de repliement. Le mot *extérieur* s'emploira par opposition.

3. Les pontonniers qui devront exécuter une manœuvre de construction ou de repliement, seront rassemblés sur deux rangs et partagés en détachemens placés de la droite à la gauche dans l'ordre de leurs numéros; les sections de chaque détachement subdivisé suivront entre elles le même ordre. Le chef de chaque détachement indiquera toujours d'avance aux pontonniers qui le composent les fonctions qu'ils auront à remplir.

4. Chaque chef ramènera son détachement au lieu du rassemblement, aussitôt que le détachement aura rempli ses fonctions dans la manœuvre.

ARTICLE PREMIER.

CONSTRUCTION PAR BATEAUX SUCCESSIFS, D'UN PONT DE BATEAUX D'ÉQUIPAGE DE CAMPAGNE.

Pl. XXIX.   5. On emploira les objets suivans dans la manœuvre de construction par bateaux successifs d'un pont de 25 bateaux (*pour une rivière de 77 toises*).

DÉSIGNATION DES OBJETS.	QUANTITÉ.	EMPLACEMENT DES OBJETS AVANT LA MANŒUVRE.
Bateaux, ayant chacun deux amarres	25	Amarrés à la rive, en aval de l'emplacement de la 1re culée.
Nacelles..........	4	2 sont amarrées à la rive à 25 ou 30 toises en amont de la 1re culée; les 2 autres en aval de cette culée et en amont des bateaux.
Poutrelles.........	182	à gauche de la 1re culée (on est supposé faire face à la rive opposée); empilées comme il est expliqué n° 97 du titre premier.
Madriers	466	à droite de la 1re culée; empilés comme il est expliqué n° 98 du titre premier.
Corps-morts	2	
Ancres	17	
Cordages d'ancres	21	
Lignes	7	
Amarres..........	2	
Commandes de poutrelles	260	
——— de guindages	106	
——— de billots .	106	
Billots...........	106	Rassemblés par espèces et formant un dépôt de menus objets, peu éloigné de l'emplacement de la 1re culée.
Piquets	20	
Rames à bateau	6	
——— à nacelle	20	
Gaffes à bateau	6	
——— à nacelle	8	
Masses en bois	6	
Pelles et Pioches	«	
Dames...........	2	

CONSTRUCTION D'UN PONT PAR BATEAUX SUCCESSIFS.

6. L'officier commandant la manœuvre emploira 3 officiers, 12 sous-officiers ou caporaux et 104 pontonniers pour jeter un pont de 25 bateaux, sur une rivière de rapidité moyenne. Il les partagera en 7 détachemens, conformément au tableau ci-après :

DÉNOMINATION DES DÉTACHEMENS.	FORCE des DÉTACHEMENS.			FONCTIONS DES DÉTACHEMENS.
	officiers.	sous-officiers.	pontonniers.	
des culées	1	1	8	Placer les corps-morts; planter les piquets d'amarrage pour les bateaux des culées.
des ancres	1	3	12	Jeter les ancres. 1re section, de 1 sous-officier, 4 pontonniers, jette les 1re, 3e, 5e etc. ancres d'amont. 2e ——— 1 ——— 4 ——— 2e, 4e, 6e etc. ——— 3e ——— 1 ——— 4 ——— jette les ancres d'aval.
des bateaux	»	1	12	Amener les bateaux. 1re section, de 4 pontonniers, amène les 1er, 4e, 7e etc. bateaux. 2e ——— 4 ——— 2e, 5e, 8e etc. ——— 3e ——— 4 ——— 3e, 6e, 9e etc. ———
des poutrelles	»	1	10	Apporter les 5 poutrelles de chaque travée.
du brèlage	1	2	16	Recevoir les poutrelles; aider à pousser les bateaux au large; brèler les poutrelles sur les bateaux; fixer les cordages d'ancres et les traversières; couvrir. 1re section, de 2 pontonniers, fixe les traversières. 2e ——— 2 ——— fixe les cordages d'ancres. 3e ——— 10 ——— reçoit les poutrelles; aide à pousser au large; brèle les poutrelles. 4e ——— 2 ——— couvre.
des madriers	»	2	36	Apporter les 18 madriers de chaque pontée.
du guindage	»	2	10	Guinder le pont; égaliser les madriers. 1re section, de 4 pontonniers, apporte les guindages. 2e ——— 4 ——— les brèle. 3e ——— 2 ——— égalise les madriers.
	3	12	104	

7. Lorsque le pont doit avoir plus de 80 toises, il faut, pour construire la partie qui excède, augmenter le nombre de sections des 2e et 3e détachemens, doubler le 4e, renforcer le 6e, et doubler la 1re section du 7e.

8. Lorsque le courant est très-rapide, on augmente le nombre de sections du 2e détachement, on renforce les sections du 3e, ainsi que la 2e section du 5e.

92 MANŒUVRES ÉLÉMENTAIRES. TITRE III. ARTICLE Ier.

9. Les objets portés au tableau du n° 5, seront employés par les détachemens ci-après désignés :

1er DÉTACHEMENT ....
- 2 corps-morts.
- 2 madriers.
- 12 piquets de corps-morts.
- 8 ——— d'amarrage.
- 1 nacelle, *pour aller préparer la 2e culée.*
- 5 rames à nacelle ⎫
- 2 gaffes   idem   ⎬ *équipement de la nacelle.*
- 1 ligne   ⎭
- 4 masses en bois.
- « pelles   ⎫ *le nombre en est déterminé par le chef du*
- « pioches   ⎬ *détachement, d'après la quantité de ter-*
-             ⎭ *rain à mouvoir et sa dureté.*
- 2 dames, *pour affermir la terre rapportée.*

2e DÉTACHEMENT
- 1re SECTION
  - 6 ancres.
  - 6 cordages d'ancres.
  - 1 nacelle et son équipement.
- 2e SECTION
  - 5 ancres.
  - 7 cordages d'ancres, dont 2 pour fixer les bateaux des culées aux piquets d'amarrage d'amont.
  - 1 nacelle et son équipement.
- 3e SECTION
  - 6 ancres.
  - 8 cordages d'ancres, dont 2 pour fixer les bateaux des culées aux piquets d'amarrage d'aval.
  - 1 nacelle et son équipement.

3e DÉTACHEMENT ......
- 25 bateaux et leurs amarres.
- 2 amarres, *pour traversières de la dernière travée.*
- 255 commandes de poutrelles.
- 6 rames à bateau ⎫
- 6 gaffes   idem ⎬ *pour conduire les bateaux.*
- 3 lignes   ⎭

4e DÉTACHEMENT ...... 130 poutrelles, dont 10 de culées.

5e DÉTACHEMENT ...... 5 commandes de poutrelles, *pour la* 1re *culée.*

6e DÉTACHEMENT ...... 464 madriers.

7e DÉTACHEMENT
- 1re SECTION 52 poutrelles, *pour guindages*, dont 4 de culées.
- 2e SECTION
  - 106 commandes de guindages.
  - 106 ——— de billots.
  - 106 billots.
- 3e SECTION 2 masses en bois, *pour égaliser les madriers.*

DÉTAILS DE CONSTRUCTION.

PREMIER DÉTACHEMENT.

Asseoir le corps-mort.

10. Le chef du détachement fait poser le corps-mort à la place qu'il doit occuper, ayant l'attention que sa direction soit bien perpendiculaire à celle qu'on veut donner au pont, ce qu'il juge à l'œil. Il fait ensuite enlever le corps-mort et creuser la rigole dans laquelle il sera enterré, ou égaliser le terrain sur lequel il posera, si on ne doit pas l'enterrer. Le corps-mort sera bien assis dans toute sa longueur et mis de niveau à vue d'œil ; derrière le corps-mort on met de champ un madrier, qui s'élève de 4 pouces 6 lignes (équarrissage des poutrelles) au-dessus du corps-mort.

Planter les piquets de corps-mort et les piquets d'amarrage.

11. Le corps-mort est fixé par 6 piquets : un contre chaque bout ; deux devant le corps-mort et deux derrière le madrier de champ : ces quatre derniers sont à un pied environ des extrémités du corps-mort.

12. Les piquets des bouts sont plantés tous les deux en même temps contre le milieu de la largeur du corps-mort et inclinés sur le corps-mort ; on les enfonce jusqu'à ce que leur tête affleure le dessus du corps-mort, si le terrain le permet, sinon jusqu'au refus. Les piquets devant le corps-mort se plantent ensuite, tous les deux en même temps, inclinés sur le corps-mort : leur tête ne doit rester élevée au-dessus du corps-mort que de 4 pouces au plus. Les piquets derrière le madrier de champ se plantent les derniers, un peu inclinés sur ce madrier : leur tête doit rester élevée de quelques pouces au-dessus du madrier.

13. Pendant qu'on asseoit et qu'on fixe le corps-mort, 4 pontonniers du détachement plantent sur la rive les piquets pour l'amarrage des 2 cordages d'ancres et des 2 traversières du ba-

teau de la 1re culée. Les piquets pour l'amarrage des cordages d'ancres sont plantés l'un à 30 toises au plus en amont, l'autre à 30 toises au plus en aval de la culée; ils sont inclinés du côté opposé à l'emplacement qu'occupera le 1er bateau lorsqu'il sera ponté. Les piquets pour l'amarrage des traversières sont l'un à 5 pieds en amont, l'autre à 5 pieds en aval du corps-mort: ils sont inclinés du côté opposé à la rivière.

14. Chaque piquet est planté par 2 pontonniers : l'un maintient le piquet dans la direction qu'il doit avoir et appuie le pied contre le sabot, l'autre pontonnier frappe sur la tête à petits coups de masse; lorsque le piquet est assez engagé dans le terrain pour que sa direction soit assurée, le pontonnier qui le maintenait prend une pelle, ou une pioche, ou un piquet, qu'il appuie contre le piquet qu'on enfonce, pour continuer à le diriger pendant qu'on frappe sur la tête à grands coups de masse.

15. Le détachement est employé à raccorder le terrain avec le tablier du pont ([1]); ensuite il embarque les objets nécessaires pour préparer la 2e culée, dans une des nacelles placées en aval de la 1re culée, passe avec cette nacelle sur l'autre rive et prépare la 2e culée comme la 1re.

16. Lorsque le dernier bateau sera poussé au large, 3 pontonniers du détachement conduiront la nacelle contre le côté extérieur de ce bateau, pour recevoir le bout des poutrelles de la 2e culée, et la dirigeront pendant qu'on la poussera contre la rive.

DEUXIÈME DÉTACHEMENT.

Mouiller les ancres.

17. Les ancres d'amont sont jetées avec 2 nacelles, et les ancres d'aval avec une autre nacelle. Chaque nacelle est conduite par le

---

[1] Le 1er détachement n'est point chargé des mouvemens de terre lorsqu'ils sont considérables. Ce travail est alors exécuté par des hommes qu'on en charge spécialement.

sous-officier ou caporal et les 4 pontonniers d'une section. Le sous-officier ou caporal gouverne.

18. L'officier, chef du détachement, indiquera aux chefs des 1re et 2e sections les points sur les rives à hauteur desquels ils doivent mouiller les ancres; il leur dira le rang qu'occuperont sous le pont les bateaux pour lesquels chacun d'eux est chargé de mouiller des ancres. Si le pont se construit pendant le jour, l'officier se placera sur le tablier, près du dernier bateau ponté, pour faire le signal convenu auquel l'ancre doit être jetée à l'eau : l'ancre est bien placée lorsque son cordage, étant amarré au bateau, se trouve dans la direction du courant.

1re SECTION.

Mouiller les ancres d'amont.

19. Pour mouiller la 1re ancre d'amont, les pontonniers de la section roulent son cordage dans une nacelle, comme il est expliqué n° 150 du Titre II; ils placent l'ancre sur le nez de l'avant, prête à être mouillée, comme il est dit n° 152 du même titre; ils poussent la nacelle au large et la conduisent à la rame vers l'endroit où l'ancre doit être jetée. Au signal de l'officier, le pilote dresse la nacelle et fait le commandement *mouillez*, qui est exécuté d'après les principes donnés n° 154 du titre précité. La nacelle descendant sur le cordage vient aborder le bateau amené près du dernier ponté; les pontonniers de la section passent le cordage au pontonnier du 5e détachement qui est dans ce bateau pour le recevoir; puis ils remontent la nacelle et vont regagner la rive pour procéder de même au mouillage de la 3e ancre. Ils mouilleront ensuite successivement, et de la même manière, les 5e, 7e, etc., ancres d'amont.

20. Si le courant est rapide et qu'il soit dangereux de remonter immédiatement la nacelle en amont du pont, deux pontonniers débarquent et montent sur le tablier tenant une ligne amarrée à la nacelle; la nacelle descend au moyen de ce cordage en aval du pont; elle est menée à la ligne au-dessous de la culée et remontée jusqu'au dépôt des ancres, en passant sous une des travées voisines de la rive.

2ᵉ SECTION.

21. La section fixe un bout d'un cordage d'ancre au piquet d'amarrage planté en amont de la culée, déploie ce cordage et en donne le bout libre au pontonnier du 5ᵉ détachement placé dans le bateau de la culée pour le recevoir; puis elle procède au mouillage des 2ᵉ, 4ᵉ, etc., ancres d'amont.

3ᵉ SECTION.

22. La section fixe un bout d'un cordage d'ancre au piquet d'amarrage planté en aval de la culée, déploie ce cordage et en donne le bout libre au pontonnier du 5ᵉ détachement placé dans le bateau de la culée pour le recevoir.

Mouiller les ancres d'aval.

23. La 3ᵉ section dispose, comme il suit, 3 cordages d'ancres et 3 ancres dans la nacelle destinée au mouillage des ancres d'aval. Le 1ᵉʳ cordage est roulé sur le fond depuis la naissance de l'arrière-bec jusque vers le milieu de la nacelle, le bout de dessous étendu contre l'un des bordages, son extrémité près du nez de l'avant; l'ancre, dont on a couché le jas contre la verge, est posée sur le cordage, la croisée vers l'avant. Le 2ᵉ cordage est roulé en avant du premier, son bout inférieur étendu le long de l'autre bordage, l'extrémité de ce bout près du nez de l'avant; la 2ᵉ ancre, dont le jas est couché contre la verge, est posée sur ce cordage, la croisée vers l'arrière. La 3ᵉ ancre est placée sur le nez de l'avant, prête à être mouillée; un des bouts du 3ᵉ cordage est amarré à l'organeau de la 3ᵉ ancre et le reste de ce cordage est roulé sur la 2ᵉ ancre, en avant de la croisée.

24. Ces dispositions faites, le sous-officier et 2 pontonniers s'embarquent dans la nacelle; les 2 autres pontonniers, halant de dessus le tablier, la conduisent à la ligne derrière et contre le bateau à ancrer. Les pontonniers embarqués donnent le bout de dessus du cordage de l'ancre placée sur le nez, au pontonnier du 5ᵉ détachement chargé de le recevoir. Dès que ce cordage est amarré au bateau, les pontonniers qui tiennent la ligne filent de la ligne; ceux qui sont embarqués filent du cordage d'ancre, et lorsqu'il n'y a plus que deux ou trois tours de cordage d'ancre

dans la nacelle, ils les jettent à l'eau ainsi que l'ancre; les pontonniers qui tiennent la ligne halent et remontent la nacelle derrière et contre le bateau. Les pontonniers embarqués disposent la 2ᵉ ancre sur le nez de la nacelle, pour la mouiller de la même manière en aval d'un autre bateau. Lorsque les 3 ancres que la nacelle contenait sont mouillées, on la ramène à la ligne contre la rive, et on la charge, comme précédemment, de 3 cordages avec leurs ancres.

TROISIÈME DÉTACHEMENT.

Amener les bateaux.

25. Le sous-officier reste au dépôt des bateaux. Il fait fournir chaque bateau de 10 commandes de poutrelles, mises en paquet sur l'avant-bec, et de 2 amarres, dont une fixée par un nœud de batelier à la poupée intérieure, et l'autre amarrée par 2 demi-clefs à l'anneau d'embrelage intérieur; il fait de plus fixer 2 amarres au côté extérieur du dernier bateau, et ajouter un paquet de 5 commandes sur l'avant de ce bateau.

26. Chaque bateau est conduit par les 4 pontonniers d'une section. Les 2 pontonniers du 1ᵉʳ rang halent sur une ligne amarrée à la poupée intérieure; les 2 pontonniers du 2ᵈ rang, embarqués dans le bateau, le dirigent chacun avec une gaffe ou une rame. La section amène ainsi le 1ᵉʳ bateau contre la rive, à hauteur du corps-mort. Les autres bateaux sont amenés successivement contre le dernier bateau ponté, bord-à-bord et à sa hauteur. Les deux pontonniers embarqués dans le bateau amené, donnent le bout des amarres (ou traversières) aux hommes chargés de les recevoir, détachent la ligne et emportent les gaffes et les rames qui ont servi à conduire le bateau.

QUATRIÈME DÉTACHEMENT.

Apporter les poutrelles.

27. Chaque file du détachement apportera une poutrelle; les pontonniers conserveront toujours leur ordre de bataille.

28. Le sous-officier, chef du détachement, fait poser deux poutrelles à terre, à la droite de la pile de poutrelles, perpendiculai-

rement à la longueur des poutrelles de cette pile, à environ 15 pieds l'une de l'autre : elles serviront de chantiers pour disposer les 5 poutrelles d'une travée avant de les porter au pont.

29. Le détachement prend à la pile 5 poutrelles de culée et les pose sur les deux chantiers, à 2 pieds l'une de l'autre, dépassant d'un pied le chantier de derrière. Les pontonniers du 1er rang se placent à la gauche de leurs poutrelles respectives, à 2 pieds de leur extrémité de devant; ceux du 2^d rang à la droite de leurs poutrelles, à 2 pieds de l'extrémité de derrière.

Le sergent commande :

    1. A BRAS.

    2. FERME.

    3. A L'ÉPAULE.

    4. MARCHE.

Au premier commandement, les pontonniers se baissent et saisissent leurs poutrelles des deux mains.

Au second, ils les soulèvent, se dressent et les posent sur les bras.

Au troisième, ils les mettent sur l'épaule : les pontonniers du 1er rang sur l'épaule droite, ceux du 2^d rang sur l'épaule gauche.

Au quatrième, ils marchent au pas et portent les cinq poutrelles de front.

Le sous-officier marche derrière. Il commande

    HALTE

au moment où les pontonniers du 1er rang arrivent près du corps-mort, et fait aussitôt après le commandement

    A BRAS

auquel les hommes descendent les poutrelles sur les avant-bras, les saisissent avec les deux mains et les font avancer sur le bateau de la culée. Les pontonniers du 1er rang vont saisir le bout de derrière des poutrelles que ceux du 2^d rang abandonnent; ces derniers reculent de 4 pas. Au commandement *au large* — FERME, du chef du cinquième détachement, les pontonniers du 1er rang poussent les poutrelles en avant; au commandement de *halte*, du même chef, fait au moment où leur extrémité de derrière correspond au corps-mort; ils cessent de les pousser et les abandonnent aux pontonniers chargés de les placer. Le chef du quatrième détachement commande :

Par le flanc gauche — MARCHE,

et conduit son peloton au dépôt des poutrelles, par le flanc et sur deux rangs.

30. Les 5 poutrelles de la 2e travée sont placées sur les deux chantiers et portées au pont, comme il vient d'être dit pour celles de la première. Le sous-officier commande *halte*, au moment où les pontonniers du 1er rang arrivent sur le dernier madrier placé, et fait aussitôt après le commandement *à bras*, auquel les hommes font avancer les poutrelles sur le 2^d bateau. Le détachement se conforme à ce qui est dit dans le n° précédent pour pousser le 2e bateau au large, jusqu'à ce que l'extrémité de derrière des poutrelles dépasse le dernier madrier placé, et pour retourner au dépôt des poutrelles.

31. Le détachement apportera de la même manière les poutrelles des autres travées.

32. Il fera avancer les poutrelles de la dernière travée sur la nacelle amenée contre le côté extérieur du dernier bateau, et poussera cette nacelle jusque contre la 2e rive.

33. Le chef du détachement aura l'attention de faire arriver les poutrelles à temps : celles d'une pontée doivent suivre immédiatement le dernier madrier de la pontée précédente. Lorsque les hommes seront fatigués, il les fera changer d'épaule : les pontonniers du 1er rang porteront alors les poutrelles sur l'épaule gauche, et ceux du 2^d rang sur l'épaule droite. Si quelque pontonnier a une épaule plus faible que l'autre, il lui fera occuper un poste qui l'oblige à porter sur la plus forte.

CINQUIÈME DÉTACHEMENT.

1re SECTION.

Fixer les traversières.

34. Les 2 pontonniers de la section reçoivent les traversières (ou amarres) que leur jettent les pontonniers qui ont amené le premier bateau : celui du 1er rang reçoit la traversière d'amont, celui du

2^d rang reçoit la traversière d'aval; ils tendent ces cordages, en embrassent d'un tour les piquets d'amarrage qui sont plantés à 5 pieds en amont et en aval du corps-mort. Au commandement *au large* — FERME, ils filent du cordage autour du piquet; au commandement de *halte*, ils cessent d'en filer; lorsque le bateau est placé, ils embrassent les piquets d'un second tour et amarrent par 2 demi-clefs. Ils entrent ensuite dans le 1er bateau; celui d'amont se place à hauteur des poupées, celui d'aval à hauteur des anneaux d'embrelage; ils reçoivent les traversières du 2^d bateau et font serrer ce bateau contre le premier; le pontonnier d'amont embrasse la poupée extérieure du 1er bateau d'un tour de cordage. Au commandement *au large* — FERME, ils filent du cordage; ils cessent d'en filer à celui de *halte*. Lorsque le bateau est placé, ils tendent les traversières. Le pontonnier d'amont embrasse la poupée d'un second tour de cordage et amarre par 2 demi-clefs; celui d'aval passe deux fois la traversière dans l'anneau d'embrelage extérieur, de dessous en dessus, et amarre par 2 demi-clefs.

Les 2 pontonniers passeront de bateau en bateau, à mesure qu'ils seront amenés, et agiront de la même manière successivement dans tous les bateaux.

2e SECTION.

Fixer les cordages d'ancres.

35. Les 2 pontonniers de la section entrent dans le premier bateau aussitôt qu'il est amené. Ils reçoivent les bouts des cordages d'ancres amarrés aux piquets: le pontonnier du 1er rang reçoit le cordage d'amont, le pontonnier du 2^d rang reçoit celui d'aval.

36. Le pontonnier d'amont tend son cordage, le passe en dehors de la poupée intérieure et embrasse cette poupée d'un tour du cordage. Pendant qu'on poussera le bateau au large, il le mettra à la hauteur indiquée par le chef du détachement, soit en filant du cordage d'ancre, soit en halant sur ce cordage. Il achèvera d'amarrer par le nœud de poupée. Ce pontonnier passera de bateau en bateau, à mesure qu'ils seront amenés, et agira de la même manière dans tous les bateaux.

37. Lorsque le courant est très-rapide, et que le bateau poussé au large se trouve un peu trop en aval, les pontonniers chargés de l'amarrage du cordage d'ancre fixent un bout d'une amarre au cordage d'ancre, le plus loin possible en amont du bateau, et halent sur cette amarre pour remonter le bateau ; l'un des pontonniers retend la partie du cordage d'ancre qui est en aval du point où l'amarre est fixée et fait le nœud de poupée.

38. Le pontonnier d'aval tend son cordage et en passe le bout plié en deux dans l'anneau d'embrelage intérieur, de dessous en dessus. Pendant qu'on poussera le bateau au large, il aidera à le mettre à la hauteur indiquée par le chef du détachement, soit en halant sur le cordage d'ancre, soit en filant de ce cordage. Il achèvera d'amarrer par deux demi-clefs. Ce pontonnier passera de bateau en bateau, à mesure qu'ils seront amenés, et agira comme il suit dans chacun des bateaux qui devront être ancrés en aval : il reçoit le bout du cordage d'ancre, l'introduit de dessous en dessus dans l'anneau d'embrelage intérieur et l'amarre à cet anneau par deux demi-clefs. Aussitôt que l'ancre est mouillée, il défait les demi-clefs, tend le cordage et l'amarre de nouveau.

3ᵉ SECTION.

Recevoir les poutrelles et les assujettir pendant qu'on pousse les bateaux au large.

39. Les 5 pontonniers du premier rang de la section entrent dans le bateau de la culée, aussitôt qu'il est amené, et se placent à hauteur des crochets de pontage. Le pontonnier le plus près de l'avant-bec prend les 10 commandes de poutrelles qui se trouvent en paquet sur ce bec, et en donne 2 à chacun des quatre autres pontonniers ; les cinq pontonniers accrochent une commande par sa boucle à chacun des crochets de pontage.

40. Chaque pontonnier du premier rang reçoit le bout d'une des poutrelles de la culée ; se tenant placé en amont de la poutrelle, il la fait avancer jusqu'à 6 pouces au-delà du bateau, de manière que les entailles pour le logement des commandes de poutrelles soient au-dessus des crochets de pontage ; il fait correspondre au crochet du côté extérieur du bateau la face d'amont

ou la face d'aval de la poutrelle, selon que le chef du détachement ordonne de mettre les poutrelles en aval ou en amont des crochets; il embrasse ensuite la poutrelle et le crochet d'un tour, fait d'amont en aval avec la commande accrochée au côté extérieur du bateau : il tend ce cordage et pèse sur le bout de la poutrelle pendant qu'on pousse le bateau au large. Lorsque le bateau est au large, il défait le tour de commande.

41. Les mêmes pontonniers reçoivent le bout de devant des poutrelles de la 2e travée, aident à faire avancer ces poutrelles jusqu'à 6 pouces au-delà du 2e bateau. Lorsque le 4e détachement cesse de pousser le 2e bateau au large, ils saisissent le bout de derrière des poutrelles de la 2e travée, posent ces poutrelles sur le 1er bateau, en amont ou en aval de celles de la culée, selon que ces dernières sont placées en aval ou en amont des crochets; font avancer les poutrelles de la 2e travée, en poussant le 2e bateau au large, jusqu'à ce que les entailles des poutrelles des deux travées se correspondent; ils serrent l'une contre l'autre les poutrelles accouplées et les brèlent comme il suit :

Brèler les poutrelles sur les bateaux.

42. Chaque pontonnier, placé en amont des deux poutrelles accouplées, saisit la commande fixée au crochet du côté intérieur du bateau; embrasse les poutrelles, à l'endroit des entailles, et le crochet de deux tours de commande, faits d'amont en aval; entoure deux fois tous les brins au-dessus du crochet, et termine par un nœud simple gansé, dont le bout libre pend en amont. Il brèle ensuite les deux poutrelles de la même manière, avec la commande fixée au crochet de l'autre côté du bateau.

43. Aussitôt que les poutrelles sont brèlées sur le 1er bateau, les 5 pontonniers passent dans le 3e, et successivement dans tous les bateaux impairs, pour y opérer comme dans le premier.

Brèler les poutrelles sur le corps-mort.

44. Les 5 pontonniers du second rang de la section se placent en amont des poutrelles de la culée, pour saisir leur bout de derrière lorsque le 4e détachement cesse de pousser le 1er bateau au large; ils font avancer ou reculer ces poutrelles, de manière à

appuyer leur extrémité contre le madrier mis de champ derrière le corps-mort ; ils les placent au-dessus des crochets du corps-mort et les brèlent avec des commandes de poutrelles accrochées par leur boucle à ces crochets. Ils exécutent le brèlage comme il est dit n° 42, mais ils embrassent les poutrelles et les crochets de trois tours de commandes.

45. Ces pontonniers passeront dans le 2^d bateau, et successivement dans tous les bateaux pairs, pour y opérer comme il est dit n°^{s} 39, 40, 41 et 42.

46. Les 5 pontonniers qui brèlent les poutrelles sur l'avant-dernier bateau du pont, passent ensuite dans la nacelle amenée contre le dernier bateau, reçoivent le bout des poutrelles de la 2e culée et soutiennent ces poutrelles pendant qu'on pousse la nacelle jusque contre la 2e rive ; ils placent les poutrelles sur le corps-mort et les brèlent, comme il est expliqué n° 44.

4e SECTION.

Couvrir.

47. Le pontonnier du 1er rang a un pied posé sur chacune des deux poutrelles d'amont et fait face à la 1re rive ; le pontonnier du 2^d rang se tient de la même manière sur les deux poutrelles d'aval. Ils saisissent le 1er madrier aussitôt qu'il est apporté et posé de champ sur les poutrelles, le couchent à plat sur les poutrelles, l'appuient contre les piquets plantés derrière le madrier mis de champ derrière le corps-mort, de manière qu'il dépasse la poutrelle extrême d'amont, ou la poutrelle extrême d'aval, d'une largeur de poutrelle (4 pouces 6 lignes) de plus que la poutrelle extrême d'aval ou d'amont, selon que les poutrelles de la seconde travée devront être placées en amont ou en aval de celles de la première. Ils posent les madriers suivans l'un à côté de l'autre, alignés par leurs extrémités et bien serrés. Lorsqu'il y a déjà 8 ou 10 madriers de placés, ils couchent chaque madrier qu'on apporte à quelques pouces de distance du dernier posé, et le poussent avec force pour reserrer les madriers précédens. Ils couvrent ainsi jusqu'à 18 pouces environ du 1er bateau.

48. Aussitôt que les poutrelles de la 2ᵉ travée sont brêlées avec les commandes du côté intérieur du 1ᵉʳ bateau, les deux pontonniers de la section continuent à couvrir jusqu'à 18 pouces environ du 2ᵈ bateau. Ils ont soin que les madriers qui couvrent le 1ᵉʳ bateau, dépassent également les poutrelles extérieures accouplées sur ce bateau. Ils continuent ainsi à couvrir successivement les poutrelles des autres travées.

49. Le chef du détachement commande *au large* — FERME, lorsque tout est disposé pour pousser un bateau au large; il commande *halte*, aussitôt que le bout de derrière des poutrelles dépasse le dernier madrier placé. Il veille à ce que les poutrelles des différentes travées soient mises alternativement en amont et en aval des crochets des deux bateaux qui les supportent. Un des sous-officiers surveille les détails d'exécution dans les bateaux impairs; l'autre sous-officier exerce la même surveillance dans les bateaux pairs.

SIXIÈME DÉTACHEMENT.

Apporter les madriers.

50. Chaque madrier est apporté par 2 hommes de la même file du détachement; ils le tiennent sous le bras droit, à un pied environ de ses extrémités, et marchent l'un derrière l'autre par la droite du pont. Quand le pontonnier qui marche devant est arrivé à 6 pas environ du dernier madrier placé, il oblique à gauche; l'autre pontonnier continue à marcher en avant; ils posent le madrier sur champ, en travers des poutrelles et en avant du dernier placé, l'abandonnent lorsqu'il a été saisi par les pontonniers chargés de couvrir, et s'en retournent en file par la gauche du pont.

51. Le sous-officier, chef du détachement, veille à ce que les hommes portent les madriers l'un derrière l'autre, comme on vient de le prescrire, et à ce qu'ils s'en retournent au dépôt des madriers sans perdre de temps. Le second sous-officier reste au dépôt des madriers et les fait partir à temps : le premier madrier de chaque pontée doit suivre de près les poutrelles. Lors-

que le dernier madrier de la pontée part du dépôt, ce sous-officier en avertit le chef du 4ᵉ détachement. Il fait suivre les poutrelles de la 1ʳᵉ culée, de 12 madriers; celles des travées suivantes, de 18; celles de la 2ᵉ culée, de 20: les 19ᵉ et 20ᵉ madriers de cette culée seront portés avec les 17ᵉ et 18ᵉ.

SEPTIÈME DÉTACHEMENT.

1ʳᵉ SECTION.

Apporter les guindages.

52. Les 2 pontonniers de la file de droite de la section apportent les guindages de la droite du pont; les 2 pontonniers de la 2ᵉ file apportent ceux de la gauche.

53. Chaque guindage est porté sur l'épaule par 2 pontonniers qui le saisissent à 2 pieds environ de ses extrémités; l'un porte sur l'épaule droite, l'autre sur l'épaule gauche.

54. Le pontonnier qui marchera derrière se charge le premier; lorsque celui de devant sera chargé, le pontonnier de derrière commandera *marche*. Quand le guindage est arrivé à hauteur de la place qu'il occupera au pont, le pontonnier de derrière commande *halte*; celui de devant se décharge le premier.

55. Les 2 pontonniers qui ont apporté le guindage le placent au-dessus de la poutrelle extrême, à laquelle il doit correspondre entièrement et vont chercher le guindage de la travée suivante.

2ᵉ SECTION.

Brêler les guindages.

56. Les 2 pontonniers de la file de droite de la section brêlent les guindages de la droite du pont, les 2 pontonniers de la 2ᵉ file brêlent ceux de la gauche.

57. Ils s'assurent que le 1ᵉʳ guindage correspond bien à la poutrelle extrême du tablier, et ils le brêlent comme il suit. Le pontonnier du 1ᵉʳ rang fait passer un bout d'une commande de guindage entre le 2ᵉ et le 3ᵉ madrier, en dedans du guindage; le pontonnier du 2ᵈ rang saisit ce bout de la com-

mande, en embrasse le dessous de la poutrelle, le fait repasser entre les mêmes madriers, en dehors du guindage; le pontonnier du 1er rang prend ce bout, fait glisser la commande de manière que son milieu soit sous le milieu de la poutrelle, entrelace les deux bouts de la commande au-dessus du guindage et fait passer les bouts excédans entre les madriers; il prend un billot, le passe entre le dessus du guindage et la commande, et brèle en tournant ce billot jusqu'à ce que la commande soit bien tendue et que le billot se trouve dans la direction de la longueur du guindage. Le pontonnier du 2^d rang passe un bout d'une commande de billot entre deux madriers et sous le guindage, à un pied de distance de la commande de guindage, ramène les deux bouts de la commande de billot au-dessus du guindage, les croise et fait un nœud simple sous le long bout du billot, les ramène au-dessus du billot et fait un nœud droit gansé; ils brèlent de même le guindage au milieu de la portée des poutrelles de la culée, et vont ensuite exécuter un brèlage semblable au milieu de la largeur du 1er bateau: la commande de guindage de ce dernier brèlage embrasse les deux poutrelles accouplées et les deux guindages qui leur correspondent; la commande de billot passe sous les deux guindages accouplés. Ils continuent ainsi à brèler les guindages au milieu de l'intervalle entre les bateaux et au milieu de la largeur des bateaux.

58. Le chef du détachement fait commencer à placer les guindages aussitôt que le 3e bateau du pont est poussé au large. Il s'assure qu'on les pose exactement au-dessus des poutrelles extrêmes, et qu'on tend bien les commandes de guindages, sans pourtant les forcer.

3e SECTION.

Égaliser les madriers.

59. Les 2 pontonniers de la section, armés chacun d'une masse en bois, égalisent les madriers, à mesure qu'ils sont assujettis par les guindages.

60. Ils commencent par égaliser les madriers qui couvrent les bateaux, en leur faisant dépasser également les guindages exté-

rieurs. A cet effet, le pontonnier du 1er rang de la section frappe contre le bout d'amont des madriers qui dépassent trop en amont; le pontonnier du 2^d rang frappe contre le bout d'aval des madriers qui dépassent trop en aval: le pontonnier d'aval est subordonné au pontonnier d'amont, qui lui indique les madriers qu'il doit frapper et le fait cesser lorsqu'ils sont assez remontés. Ils alignent ensuite les autres madriers de la travée sur ceux qui couvrent les bateaux.

61. Le sous-officier, chef du détachement, fait placer et brèler les guindages d'amont et surveille l'alignement des madriers. Le 2^d sous-officier fait placer et brèler les guindages d'aval.

ENSEMBLE DE LA MANOEUVRE.

62. Les pontonniers étant en bataille sur la rive, et formés par détachemens, comme il est expliqué n° 6, le chef de la manœuvre commande:

1. *Garde à vous.*
2. *Par bateaux successifs.* — CONSTRUISEZ LE PONT.

63. Au second commandement, chaque chef de détachement conduit son détachement où l'appellent ses fonctions.

64. Le commandant de la manœuvre indique au chef du 1er détachement la place que le corps-mort de la 1re culée doit occuper sur la 1re rive, et le point de la rive opposée où le pont doit aboutir. Le 1er détachement prépare la 1re culée, n° 10 et suivans; les 2e et 3e sections du 2^d détachement fixent les cordages d'ancres pour le 1er bateau aux piquets d'amarrage, n°s 21 et 22; la 1re section du 3e détachement amène le 1er bateau, n° 26; la 1re section du 5e reçoit les traversières, n° 34, et la 2e section du même détachement reçoit les cordages d'ancres, n° 35 et suivans. Le 4e détachement apporte les poutrelles de la 1re travée, n° 29. Ce détachement et les pontonniers du 1er rang de la 3e section du 5e font avancer les poutrelles sur le bateau; les pontonniers du 1er rang du 4e détachement et ceux du 1er rang de la 3e section du 5e, poussent le bateau au large, n°s 29 et 40; les pontonniers du 2^d rang de la 3e section du 5e détachement achèvent de pousser le bateau au large et brèlent les poutrelles sur le corps-

mort, n° 44 : aussitôt que le bateau a été placé à la hauteur et à la distance convenable, les 1re et 2e sections du 5e détachement ont amarré les traversières et les cordages d'ancres, n°s 54, 36 et 38. Le 6e détachement apporte les madriers, n° 50, et la 4e section du 5e couvre jusqu'à 18 pouces environ du bateau, n° 47. — La 1re section du 2^d détachement mouille la 1re ancre d'amont, n°s 19 et 20 ; et la 2e section du 3e amène le 2^d bateau ; les 1re et 2e sections du 5e reçoivent les traversières et le cordage d'ancre. Le 4e détachement apporte les poutrelles de la 2e travée, n° 30. Ce détachement et la 3e section du 5e, font avancer les poutrelles sur le 2^d bateau ; les pontonniers du 1er rang du 4e détachement et ceux du 2^d rang de la 3e section du 5e poussent le 2^d bateau au large ; les pontonniers du 1er rang de la 3e section du 5e détachement achèvent de pousser le bateau au large, accouplent les poutrelles des deux travées et les brêlent, n°s 41 et 42 : aussitôt que le 2^d bateau a été placé à la hauteur et à la distance convenables, les 1re et 2e sections du 5e détachement ont amarré les traversières et le cordage d'ancre. Le 6e détachement apporte les madriers, et la 4e section du 5e couvre jusqu'à 18 pouces environ du 2^d bateau. — Le pontage des autres bateaux s'exécute de la même manière. Lorsque le 3e bateau est poussé au large, le 7e détachement commence à apporter et à brêler les guindages, n° 52 et suivans.

65. On jette une ancre d'amont de 2 en 2, 3 en 3, ou 4 en 4 bateaux, selon la rapidité du courant. Chaque bateau devant avoir un cordage d'ancre d'amont au moment où on le pousse au large, le même cordage d'ancre sert pour 2, ou 3, ou 4 bateaux. Ainsi, par exemple, si on ne jette qu'une ancre d'amont pour 3 bateaux, le cordage de la 1re ancre servira à placer les 2e, 3e et 4e bateaux, et restera amarré au 4e bateau ; le cordage de la 2e ancre servira à placer les 5e, 6e et 7e bateaux, et restera fixé au 7e ; et ainsi de suite. On n'ancrera en aval que des bateaux ancrés aussi en amont.

ARTICLE II.

REPLIEMENT PAR BATEAUX SUCCESSIFS D'UN PONT DE BATEAUX D'ÉQUIPAGE DE CAMPAGNE.

66. On emploira les objets suivans au repliement du pont construit dans l'article précédent.

DÉSIGNATION DES OBJETS.	QUANTITÉ.	EMPLACEMENT DES OBJETS AVANT LA MANŒUVRE.
Nacelles.........	4	Amarrées à la rive sur laquelle on repliera le pont, ou 2ᵉ rive, en aval du pont.
Rames à bateau....	6	
—— à nacelle....	20	
Gaffes à bateau.....	6	
—— à nacelle....	8	Rassemblés par espèces et formant un dépôt de menus objets, peu éloigné de la culée de la rive sur laquelle on repliera le pont, ou 2ᵉ culée.
Lignes...........	7	
Commandes.......	2	
Masses en bois.....	2	
Leviers..........	2	

67. L'officier commandant la manœuvre emploira 2 officiers, 10 sous-officiers ou caporaux et 93 pontonniers au repliement d'un pont de 25 bateaux, tendu sur une rivière de rapidité moyenne. Il les partagera en 7 détachemens, conformément au tableau ci-après :

NUMÉROS DES DÉTACHEMENS.	DÉNOMINATION DES DÉTACHEMENS.	FORCE des DÉTACHEMENS.			FONCTIONS DES DÉTACHEMENS.
		officiers.	sous-officiers.	pontonniers.	
1er	des culées	»	1	6	Arracher les piquets d'amarrage, lever les corps-mort.
2^e	du guindage	»	1	6	Débrêler les guindages, les emporter. 1re section, de 2 pontonniers, débrêle les guindages. 2e ——— 4 ——— les emporte.
3^e	des madriers	»	2	36	Emporter les madriers.
4^e	du brêlage	1	1	11	Découvrir, débrêler les poutrelles, agir aux traversières, démarrer les cordages d'ancres. 1re section, de 2 pontonniers, découvre. 2e ——— 5 ——— débrêle les poutrelles. 3e ——— 2 ——— agit aux traversières. 4e ——— 2 ——— démarre les cordages d'ancres d'amont.
5^e	des poutrelles	»	1	10	Emporter les poutrelles.
6^e	des ancres	1	3	12	Lever les ancres. 1re section, de 1 sous-officier, 4 pontonniers, } lèvent les ancres d'amont. 2e ——— 1 ——— 4 ——— 3e ——— 1 ——— 4 ——— lève les ancres d'aval.
7^e	des bateaux	»	1	12	Emmener les bateaux. 1re section, de 4 pontonniers, emmène les 1er, 4e, 7e etc. bateaux. 2e ——— 4 ——— 2e, 5e, 8e etc. ——— 3e ——— 4 ——— 3e, 6e, 9e etc. ———
		2	10	93	

68. Lorsque le pont a plus de 80 toises, il faut, pour replier la partie qui excède, doubler la 2e section du 2e détachement, renforcer le 3e, doubler le 5e, augmenter le nombre de sections des 6e et 7e.

69. Lorsque le courant est très-rapide, on renforce la 4e section du 4e détachement, ainsi que les sections du 7e.

REPLIEMENT D'UN PONT PAR BATEAUX SUCCESSIFS.   111

70. Les objets portés au tableau du n° 66 seront employés par les détachemens ci-après désignés :

1er DÉTACHEMENT
{
1 nacelle, pour soutenir les poutrelles de la 1re culée pendant qu'on les ramène et transporter sur la 2e rive les piquets, le corps-mort et le madrier de cette culée.
5 rames à nacelle }
2 gaffes   idem   } équipement de la nacelle.
1 ligne   }
2 masses en bois }
2 leviers,   } pour arracher les piquets.
2 commandes   }
}

6e DÉTACHEMENT
{ 1re SECTION   1 nacelle et son équipement.
  2e SECTION   ——— idem ———
  3e SECTION   ——— idem ———
}

7e DÉTACHEMENT
{ 1re SECTION {
    2 rames à bateau }
    2 gaffes   idem } pour conduire les bateaux dépontés.
    1 ligne   }
  }
  2e SECTION   les mêmes objets que la 1re section.
  3e SECTION   ——— idem ———
}

DÉTAILS DE REPLIEMENT.

PREMIER DÉTACHEMENT.

71. Le détachement va placer sa nacelle sous les poutrelles de la 1re culée, contre la rive, pour supporter le bout de ces poutrelles et les empêcher de toucher l'eau lorsqu'on les ramène.

Arracher les piquets d'amarrage.

72. Chaque piquet d'amarrage est arraché par un pontonnier. Il l'ébranle en frappant dans tous les sens contre sa tête à coups de masse, et le soulève pour le dégager de son trou élargi. S'il ne peut le sortir ainsi, il prend une commande par son milieu et coiffe le piquet d'un nœud de batelier qu'il fait glisser jusqu'à

terre; il couche sa masse près du piquet, pose la pince du levier sur la masse et appuie le petit bout du levier à terre, embrasse le levier avec les 2 brins de la commande et réunit ces brins par un nœud droit gansé : il soulève avec effort le petit bout du levier.

Lever le corps-mort.

73. Aussitôt qu'on a ôté les poutrelles de la 1re culée, le détachement lève le madrier de champ et le corps-mort; il arrache les piquets de corps-mort par les moyens donnés dans le précédent numéro.

74. Le détachement ayant terminé sur la 1re rive passe sur la 2e dans une nacelle, emportant les piquets, le corps-mort et le madrier, et va déposer ces objets à l'endroit désigné pour être le dépôt des mêmes objets. Il opérera comme sur la 1re rive, pour arracher les piquets d'amarrage de la 2e rive, lever le madrier de champ et le corps-mort de la 2e culée.

DEUXIÈME DÉTACHEMENT.

1re SECTION.

Débrèler les guindages.

75. Le pontonnier du 1er rang débrèle les guindages d'amont; celui du 2^d rang débrèle les guindages d'aval.

76. Pour débrèler les guindages, le pontonnier dénoue la commande de billot, ôte le billot, sa commande et la commande de guindage.

77. Les 2 pontonniers porteront les commandes et les billots à l'endroit désigné pour être le dépôt des menus objets.

2e SECTION.

Emporter les guindages.

78. Les 2 pontonniers de la file de droite de la section, emportent les guindages de la droite du pont; ceux de la 2e file emportent les guindages de la gauche du pont (1). Avant d'emporter

---

(1) *La droite* et *la gauche* du pont se rapportent à *la droite* et *la gauche* d'un homme placé sur la 2e rive et faisant face à la 1re.

REPLIEMENT D'UN PONT PAR BATEAUX SUCCESSIFS.   113

les guindages de la 1re culée, ils font avancer les guindages de la 2e travée vers le 3e bateau, jusqu'à ce que leur extrémité soit à 3 pieds environ du bateau de la culée.

79. Les guindages sont portés au dépôt des poutrelles, comme il est expliqué n°s 53 et 54.

80. Le sous-officier, chef du détachement, veille à ce que les hommes de la 1re section rapportent soigneusement les commandes et billots au dépôt des menus objets. Il fait placer les guindages à la pile de poutrelles, ayant l'attention de faire mettre à part ceux des culées.

TROISIÈME DÉTACHEMENT.

Emporter les madriers.

81. Chaque madrier est emporté par les 2 pontonniers d'une même file. Le madrier étant mis sur champ, par la 1re section du 4e détachement, est saisi à un pied environ de ses extrémités par les deux pontonniers chargés de l'emporter, qui le soulèvent, le mettent sous le bras droit et vont, en marchant en file par la gauche du pont, le placer au dépôt des madriers.

82. Tous les pontonniers du détachement vont en file par la droite du pont chercher les madriers, et les emportent en file par sa gauche.

83. Le sous-officier, chef du détachement, s'assure que les hommes emportent les madriers, comme on vient de le prescrire et sans perdre de temps. Le 2d sous-officier reste au dépôt des madriers, et les fait empiler, comme il est expliqué n° 98 du titre 1er.

QUATRIÈME DÉTACHEMENT.

1re SECTION.

Découvrir.

84. Les 2 pontonniers de cette section sont placés comme il est dit n° 47, faisant face à la 2e rive. Ils éloignent successivement chaque madrier d'environ 3 pouces de celui qui le suit et le mettent sur champ, pour que les pontonniers chargés de l'emporter puissent le saisir facilement. Ils découvrent ainsi entière-

8

ment les poutrelles de chaque travée, aussitôt que les poutrelles de la travée précédente sont emportées.

2e SECTION.

Débrêler les poutrelles.

85. Quand le corps-mort de la 1re culée est découvert, chacun des pontonniers de la section se place en amont d'une des poutrelles de la culée et détache la commande qui brèle la poutrelle sur le corps-mort. Le pontonnier qui a débrêlé la poutrelle d'amont, reçoit la commande de chacun des autres pontonniers, forme un paquet des 5 commandes et le jette sur l'avant du bateau de la culée. Les 5 pontonniers de la section passent dans le 1er bateau, aussitôt qu'il est découvert : chaque pontonnier, placé en amont de deux poutrelles accouplées, détache les deux commandes qui brèlent ces poutrelles sur le bateau. Les 5 pontonniers élèvent les poutrelles de la 1re travée, afin que le 5e détachement les saisisse. Le pontonnier qui est le plus en amont reçoit deux commandes de poutrelles de chacun des autres pontonniers de la section; il forme un paquet des 10 commandes et le jette sur l'avant du bateau. La section passe ensuite successivement dans les autres bateaux et sur la 2e rive, pour y opérer de la même manière.

3e SECTION.

Agir aux traversières pour ramener les bateaux.

86. Le pontonnier du 1er rang agit aux traversières d'amont, celui du 2^d rang agit aux traversières d'aval.

87. Ils détachent des piquets d'amarrage les traversières de la culée et les jettent dans le 1er bateau ; ils passent ensuite dans le 2^d bateau et démarrent les traversières qui vont du 1er bateau au 2^d. Au commandement *ramenez le bateau* — FERME, du chef du détachement, ils tirent sur ces traversières pour ramener le 1er bateau contre le 2^d. Lorsqu'une section du 7e détachement est prête à emmener le 1er bateau, ils jettent les traversières dans

ce bateau. Ils passent ensuite dans le 3e bateau, et successivement dans tous les autres, pour y agir de la même manière.

4e SECTION.

Démarrer les cordages d'ancres d'amont.

88. Les pontonniers de la section entrent dans le bateau de la 1re culée et démarrent le cordage d'ancre d'amont ; aussitôt que ce bateau est ramené contre le 2^d, ils donnent le bout du cordage aux pontonniers de la 1re section du 6e détachement. Ils passent ensuite sur l'arrière du 2^d bateau, reçoivent le bout de la ligne qui leur est jeté de la nacelle de cette section, halent sur ce cordage pour arrêter la nacelle en aval du pont, conduisent la nacelle derrière et contre le bateau auquel le cordage de la 1re ancre d'amont est amarré, abandonnent la ligne et vont sur l'avant de ce bateau ; dès qu'il est ramené, ils démarrent son cordage d'ancre d'amont, en donnent le bout aux pontonniers de la nacelle et passent sur l'arrière du bateau suivant, pour y recevoir le bout de la ligne jeté de la nacelle qui vient de relever la 1re ancre et mener cette nacelle derrière le bateau auquel le cordage de la 2e ancre d'amont est amarré. Ils continueront à agir de la même manière pour chacun des bateaux ancrés en amont.

89. Si la force du courant exige que chaque bateau soit retenu par un cordage d'amont, pour empêcher qu'il ne dérive lorsqu'on le ramène, les pontonniers de la section après avoir démarré le cordage fixé au bateau ramené, le passent dans le bateau suivant et l'amarrent à ce bateau ; lorsque ce dernier bateau est ramené, ils fixent le cordage au bateau suivant ; ils passent ainsi le cordage de bateau en bateau, jusqu'à ce qu'ils arrivent à un bateau ancré en amont.

90. Le sous-officier veille à ce que les 4 sections du détachement se conforment rigoureusement à ce qu'on vient de leur prescrire.

91. L'officier, chef du détachement, commande *ferme* lorsque tout est bien disposé pour ramener les poutrelles de la

1re culée. Il fait ramener les bateaux par le commandement : *ramenez le bateau* — FERME.

CINQUIÈME DÉTACHEMENT.

Emporter les poutrelles.

92. Le sous-officier conduit son détachement sur 2 rangs, par le flanc, et par la droite du pont, jusqu'à l'extrémité de la partie couverte du tablier, où il se forme en ligne; les pontonniers du détachement s'avancent par file au-delà du premier madrier, sur la poutrelle qui leur correspond dans la 2e travée; ils se baissent et saisissent les poutrelles de la 1re culée au moment où elles sont élevées par la 2e section du 4e détachement. Au commandement de *ferme*, du chef du 4e détachement, ils tirent sur les poutrelles, en avançant sur la partie couverte du tablier, jusqu'à ce que leur extrémité du côté de la 1re rive pose sur le premier madrier : alors le chef du 5e détachement commande *halte*; le pontonnier du 2^d rang charge sur l'épaule le bout de la poutrelle qu'il soutient; celui du 1er rang recule, passe de l'autre côté de la poutrelle, va se placer à 2 pieds environ de son autre extrémité et charge la poutrelle sur l'épaule; les 10 pontonniers étant chargés, le sous-officier commande *marche*, et le détachement porte les poutrelles de front à l'endroit où l'on doit les empiler sur la 2e rive.

93. Le sous-officier conduit de nouveau son détachement pour faire emporter les poutrelles de la 2e travée, de la même manière que celles de la culée; avec cette différence qu'au commandement *ramenez le bateau* — FERME, du chef du 4e détachement, les pontonniers supportent à bras le bout des poutrelles en avançant sur la partie couverte du tablier, sans tirer sur les poutrelles; et qu'au commandement de *halte*, ils font effort en les traînant jusqu'à ce que leur extrémité du côté de la 1re rive pose sur le premier madrier. Le détachement emporte les poutrelles de toutes les autres travées comme celles de la 2e.

94. Le sous-officier marche devant les poutrelles. Il les fait empiler comme il est expliqué n° 97 du titre 1er.

SIXIÈME DÉTACHEMENT.

Lever les ancres.

95. Chacune des 3 sections du détachement emploie une nacelle pour lever les ancres. Les 1re et 2e sections lèvent les ancres d'amont, la 3e section lève les ancres d'aval.

1re SECTION.

Lever les ancres d'amont.

96. La nacelle de la section est conduite, à la ligne, par les 2^{ds} rameurs, derrière le bateau de la 1re culée. Aussitôt que ce 1er bateau est ramené contre le 2^d, elle est remontée le long du 1er bateau ; les 2^{ds} rameurs s'embarquent dans la nacelle ; ils reçoivent le bout du cordage d'ancre amarré à la rive, halent sur ce cordage, qu'ils appuient dans l'échancrure du nez de l'avant ; les 1ers rameurs roulent le cordage dans la nacelle, sur l'arrière du corps. Lorsque la nacelle est près du piquet d'amarrage, les 2^{ds} rameurs sautent à terre ; l'un tient l'amarre, l'autre détache le cordage du piquet ; dès que le cordage d'ancre est entièrement roulé, les 2^{ds} rameurs s'embarquent, et la section conduit la nacelle, à la rame, vers le bateau qui se trouve à l'extrémité du pont, du côté de la 1re rive. Lorsque la nacelle approche de ce bateau, le 2^d rameur du bord opposé à la 1re rive couche sa rame et plie le bout libre de la ligne ; au moment où la nacelle arrive près du bateau, il jette le bout de la ligne à la 4e section du 4e détachement, qui conduit la nacelle derrière le bateau auquel le cordage de la 1re ancre d'amont est amarré. Aussitôt que ce bateau est ramené, la section remonte la nacelle le long du bateau, les 2^{ds} rameurs reçoivent le bout du cordage de la 1re ancre, halent sur ce cordage, qu'ils appuient dans l'échancrure du nez de l'avant ; les 1ers rameurs roulent le cordage dans la nacelle, en avant du 1er cordage ; le pilote dirige la nacelle suivant le fil de l'eau ; lorsque l'ancre dérape, les 1ers rameurs se préparent à

ramer, les 2^{ds} continuent de soulever l'ancre et la rentrent dans la nacelle, à bâbord si l'on replie le pont sur la rive droite, à tribord si on le replie sur la rive gauche. Le pilote fait ramer les 1ers rameurs, si la force du courant l'exige, pour ralentir la vitesse de la dérive, et dirige la nacelle de manière qu'elle vienne passer près de l'extrémité du pont. Le 2^d rameur du bord opposé à la 1re rive abandonne l'ancre lorsque la nacelle approche du pont, plie le bout libre de la ligne et le jette à la 4e section du 4e détachement, au moment où la nacelle arrive près de l'extrémité du pont. Les 2^{ds} rameurs achèvent de rentrer l'ancre dans la nacelle, si elle n'y est déjà, détachent le cordage de l'organeau, couchent le jas le long de la verge et posent l'ancre sur son cordage. La nacelle menée à la ligne, par la 4e section du 4e détachement, derrière le bateau auquel est amarré le cordage de la 2e ancre, lèvera de même la 2e ancre : son cordage sera roulé en avant de celui de la 1re; la 3e ancre sera levée de la même manière et son cordage roulé sur les 2 premières ancres.

97. Lorsque la 3e ancre est levée et que la nacelle est remontée jusqu'au pont, les 2^{ds} rameurs débarquent sur le pont et conduisent la nacelle, à la ligne, jusqu'à la 2e rive, en aval de la culée; les pontonniers mettent à terre les 3 ancres et les cordages, et se disposent à aller lever les 7e, 8e et 9e ancres d'amont.

2e SECTION.

98. La nacelle de la section est conduite, à la ligne, par les 2^{ds} rameurs, derrière le bateau auquel le cordage de la 4e ancre d'amont est amarré.

99. Lorsque la 1re section a levé 3 ancres d'amont, la 2e section lève les 3 suivantes, par les mêmes moyens que la 1re section. Les deux sections alternent ainsi pour lever toutes les ancres d'amont.

3e SECTION.

100. La section descend sa nacelle jusqu'à hauteur du piquet d'amarrage auquel est fixé le cordage d'ancre d'aval du bateau de

la 1re culée; les 2^{ds} rameurs détachent le cordage du piquet, portent son bout dans la nacelle, remontent la nacelle sur ce cordage que les 1ers rameurs roulent sur l'arrière; lorsque la nacelle est arrivée derrière et contre le bateau de la culée, les 2^{ds} rameurs passent dans ce bateau, tenant la ligne amarrée à la nacelle, détachent le cordage d'ancre de l'anneau d'embrelage et conduisent la nacelle, à la ligne, derrière et contre le bateau auquel le cordage de la 1re ancre d'aval est amarré : ils s'embarquent dans la nacelle et saisissent le cordage d'ancre.

Lever les ancres d'aval.

101. Aussitôt qu'on découvre le bateau auquel est fixé le cordage d'ancre, la nacelle de la section descend sur ce cordage; les 2^{ds} rameurs le maintiennent sur le milieu du nez de l'avant, et les 1ers rameurs entre les deux chevilles du nez de l'arrière; ils halent sur le cordage et soulèvent l'ancre; les 1ers rameurs la rentrent dans le bateau par l'arrière-bec, détachent le cordage de l'ancre, couchent le jas le long de la verge et posent l'ancre sur l'arrière de la nacelle. Les 2^{ds} rameurs halent sur le cordage d'ancre pour remonter la nacelle et les 1ers le roulent sur l'ancre; lorsque la nacelle est arrivée derrière et contre le bateau, les 2^{ds} rameurs passent dans le bateau, tenant la ligne; ils détachent le cordage de l'anneau d'embrelage et conduisent la nacelle, à la ligne, derrière le bateau auquel le cordage de la 2e ancre d'aval est amarré. La 2e ancre sera levée de la même manière et placée dans la nacelle en avant de la 1re; la 3e ancre sera placée sur les cordages des 2 premières.

102. Lorsque la section a levé 3 ancres, les 2^{ds} rameurs conduisent la nacelle, à la ligne, jusqu'à la 2e rive. Les 1ers et 2^{ds} rameurs débarquent les cordages et les ancres, et la section va lever 3 autres ancres de la même manière.

SEPTIÈME DÉTACHEMENT.

Emmener les bateaux.

103. Chaque bateau déponté est emmené et conduit au dépôt

des bateaux par les 4 pontonniers d'une section : les 2 pontonniers du 1er rang halent sur une ligne amarrée à la poupée extérieure ; les 2 pontonniers du 2^d rang dirigent le bateau, chacun avec une gaffe ou une rame.

104. Les pontonniers du 2^d rang de la 1re section entrent dans le bateau de la 1re culée, aussitôt qu'il est ramené contre le 2^d bateau ; ils reçoivent des pontonniers du 1er rang le bout d'une ligne qu'ils amarrent à la poupée extérieure ; les pontonniers du 1er rang, halant de dessus le pont, mènent le bateau à la 2e rive et le descendent le long de cette rive, jusqu'à la distance de la culée prescrite par le chef du détachement. Les pontonniers embarqués jettent les amarres aux haleurs, détachent la ligne et débarquent, emportant les rames, les gaffes et les commandes de poutrelles qui étaient dans le bateau ; le pontonnier chargé des commandes va les porter au dépôt des menus objets ; les 2 haleurs amarrent l'avant et l'arrière du bateau à la rive, et emportent la ligne.

105. Les 3 sections du détachement se succèdent dans l'ordre de leurs numéros, pour emmener les bateaux dépontés, conformément à ce qui vient d'être expliqué.

106. Le chef du détachement reste au dépôt des bateaux et fait amarrer l'avant et l'arrière des bateaux à la rive ou aux poupées et anneaux d'embrelage des autres bateaux. Les 1ers bateaux dépontés sont mis en file, bout à bout, contre la rive, d'aval en amont ; on forme ensuite une 2e file de bateaux en dehors de la 1re ; puis une 3e en dehors de la 2e, et ainsi de suite. La longueur et le nombre des files de bateaux dépendent de la force du courant et du nombre de bateaux à amarrer.

107. Si la rive n'était pas garnie de piquets d'amarrage, le chef du détachement en ferait planter un rang, par la 3e section, à une distance de longueur de bateau l'un de l'autre.

ENSEMBLE DE LA MANOEUVRE.

108. Les pontonniers étant en bataille sur la 2e rive et formés

par détachemens, comme il est expliqué n° 67, le chef de la manœuvre commande :

1. *Garde à vous.*
2. *Par bateaux successifs* — REPLIEZ LE PONT.

109. Au second commandement, chaque chef de détachement conduit son détachement où l'appellent ses fonctions.

110. Le 1er détachement place sa nacelle sous les poutrelles de la 1re culée, n° 71; la 1re section du 2^d détachement débrèle les guindages, n°s 75 et 76, et la 2e section du même détachement les emporte, n° 78 et 79; la 3e section du 4e ôte les traversières de la culée, n° 87; la 1re section du même détachement découvre entièrement les poutrelles de la 1re culée, n° 84, et le 3e emporte les madriers, n°s 81 et 82; la 2e section du 4e détache les commandes qui brèlent les poutrelles sur le corps-mort; elle détache ensuite les commandes qui brèlent les poutrelles sur le 1er bateau, n° 85; le 5e détachement emporte les poutrelles de la culée, n° 92. Le 1er détachement a arraché les piquets d'amarrage plantés sur la 1re rive, aussitôt que les cordages en ont été détachés; il lève le madrier de champ et le corps-mort, arrache les piquets de corps-mort, charge tous ces objets dans sa nacelle et la conduit sur la 2e rive, n°s 72, 73 et 74. — La 1re section du 4e détachement découvre entièrement les poutrelles de la 2e travée, et le 3e détachement emporte les madriers; la 2e section du 4e détache les commandes qui brèlent les poutrelles sur le 2^d bateau, n° 85; la 3e section du même détachement ramène le 1er bateau, n° 87, et le 5e emporte les poutrelles de la 2e travée, n° 93; la 1re section du 7e détachement emmène le 1er bateau, n°s 103 et 104. — Le repliement du pont continue de la même manière. Le 6e détachement agit comme il est expliqué n° 95 et suivans, pour ôter les cordages d'ancres des bateaux des culées et lever les ancres d'amont et d'aval: il est aidé, pour lever les ancres d'amont, par la 4e section du 4e détachement, n° 88.

ARTICLE III.

CONSTRUCTION PAR PORTIÈRES D'UN PONT DE BATEAUX D'ÉQUIPAGE DE CAMPAGNE (¹).

Pl. XXX.   111. On emploira les objets suivans dans la construction d'un pont de 32 bateaux, par portières de 3 bateaux (*pour une rivière de 76 toises*).

DÉSIGNATION DES OBJETS.	QUANTITÉ	EMPLACEMENT DES OBJETS AVANT LA MANŒUVRE.
Bateaux, ayant chacun deux amarres	32	Amarrés à la rive, en aval de l'emplacement de la 1ʳᵉ culée. 30 bateaux formeront 10 portières, les 2 autres seront pour les culées. Les 2 bateaux des culées sur un rang, à 5 toises environ de la 1ʳᵉ culée; les 18 bateaux des 6 premières portières à construire par rangs de 2 bateaux et d'un seul, alternativement; les autres bateaux rassemblés selon les localités.
Nacelles	4	3 sont amarrées à la rive, à 25 ou 30 toises en amont de l'emplacement de la 1ʳᵉ culée; une est en aval de la culée et en amont des bateaux.
Poutrelles	154	Empilées, comme il est dit n° 5, à hauteur du centre du dépôt des bateaux qui formeront les 6 premières portières.
Faux-guindages.....	22	Près des poutrelles.
Madriers..........	460	Empilés, comme il est dit n° 5, près des poutrelles.
Corps-morts,......	2	
Ancres	20	
Cordages d'ancres ...	24	
Amarres	2	
Commandes de poutrelles	330	
—— de guindages	68	
—— de billots .	68	
Billots	68	
Colliers de guindages et leurs coins......	44	
Piquets..........	20	Rassemblés par espèces et formant un dépôt de menus objets, peu éloigné de l'emplacement de la 1ʳᵉ culée.
Clous...........	66	
Rames à bateau	17	
—— à nacelle	20	
Gaffes à bateau	14	
—— à nacelle	8	
Lignes	9	
Masses en bois	24	
Marteaux à panne fendue	14	
Vrilles	14	
Pelles et Pioches ...	«	
Dames	2	

(1) Il entre dans un pont par portières de 2 bateaux la moitié en sus du nombre de bateaux nécessaires pour construire le pont par bateaux successifs, et les ⅔ seulement en sus lorsque les portières sont de 3 bateaux. Il faudrait moins de bateaux pour construire le pont par portières de 4 bateaux que par portières de 3 bateaux ; mais, comme les portières de 4 bateaux sont trop difficiles à manœuvrer sur un courant rapide, on construira ordinairement le pont par portières de 3 bateaux.

CONSTRUCTION D'UN PONT PAR PORTIÈRES.

112. L'officier commandant la manœuvre emploira 3 officiers, 11 sous-officiers ou caporaux et 100 pontonniers, pour construire un pont de 32 bateaux, par portières de 3 bateaux, sur une rivière de rapidité moyenne. Il les partagera en 5 détachemens, conformément au tableau ci-après :

DÉNOMINATION DES DÉTACHEMENS.	FORCE des DÉTACHEMENS.			FONCTIONS DES DÉTACHEMENS.
	officiers.	sous-officiers.	pontonniers.	
des culées	1	1	12	Placer les corps-morts, planter les piquets d'amarrage ; ponter les bateaux des culées.
des portières	1	2	24	Construire des portières. 1re section, de 1 sous-officier, 12 pontonniers, construit les 5e, 7e et 9e portières. 2e ——— 1 ——— 12 ——— 6e, 8e et 10e. ———
des ancres	»	4	16	Jeter les ancres. 1re section, de 1 sous-officier, 4 pontonniers, jette les 1e, 4e, 7e etc. ancres d'amont. 2e ——— 1 ——— 4 ——— 2e, 5e, 8e etc. 3e ——— 1 ——— 4 ——— 3e, 6e, 9e etc. 4e ——— 1 ——— 4 ——— jette les ancres d'aval.
du halage des portières	»	2	24	Amener les portières ; en construire deux d'abord : les 1re et 2e. 1re section, de 6 pontonniers, amène les 1re, 5e et 9e portières. 2e ——— 6 ——— 2e, 6e et 10e ——— 3e ——— 6 ——— 3e, 7e ——— 4e ——— 6 ——— 4e, 8e ———
de l'assemblage des portières.	1	2	24	Assembler les portières ; en construire deux d'abord : les 3e et 4e. 1re section, de 8 pontonniers, fixe les cordages d'ancres. 2e ——— 8 ——— fixe les traversières. 3e ——— 8 ——— place et fixe les faux-guindages.
	3	11	100	

113. Lorsque le pont doit être composé de plus de 10 portières, on augmente le nombre de sections des 2e, 3e et 4e détachemens.

124 MANŒUVRES ÉLÉMENTAIRES. TITRE III. ARTICLE III.

114. Lorsque le courant est très-rapide, on augmente le nombre de sections du 3ᵉ détachement, et l'on renforce les sections du 4ᵉ, ainsi que la 1ʳᵉ section du 5ᵉ.

115. Les objets portés au tableau du n° 111 seront employés par les détachemens ci-après désignés :

1ᵉʳ DÉTACHEMENT
- 2 bateaux et leurs 4 amarres, *dont un pour chaque culée.*
- 14 poutrelles de culées.
- 2 faux-guindages.
- 40 madriers.
- 2 corps-mort.
- 30 commandes de poutrelles.
- 8 ———— de guindages.
- 8 ———— de billots.
- 8 billots.
- 2 amarres, *pour traversières de la 2ᵉ culée.*
- 4 colliers de guindages et leurs 8 coins.
- 8 piquets d'amarrage.
- 12 ———— de corps-mort.
- 6 clous.
- 5 rames à bateau.
- 2 gaffes *idem*
- 1 ligne.
- 4 masses en bois.
- 2 marteaux.
- 2 vrilles.
- « pelles.
- « pioches.
- 2 dames.

2ᵉ DÉTACHEMENT
- 3 bateaux et leurs 6 amarres.
- 14 poutrelles.
- 2 faux-guindages.
- 42 madriers.
- 30 commandes de poutrelles.
- 6 ———— de guindages.
- 6 ———— de billots.
- 6 billots.
- 4 colliers de guindage et leurs 8 coins.
- 6 clous.

} *objets qui composent chacune des 6 portières construites par le détachement.*

- 2 masses en bois.
- 2 marteaux.
- 2 vrilles.

} *outils employés par chacune des 2 sections pour construire les portières.*

CONSTRUCTION D'UN PONT PAR PORTIÈRES.

3ᵉ DÉTACHEMENT
- 1ʳᵉ SECTION
  - 4 ancres.
  - 5 cordages d'ancres, dont 1 pour la 1ʳᵉ culée.
  - 1 nacelle.
  - 5 rames à nacelle ⎫
  - 2 gaffes   idem   ⎬ équipement de la nacelle.
  - 1 ligne   ⎭
- 2ᵉ SECTION
  - 3 ancres.
  - 4 cordages d'ancres, dont 1 pour la 2ᵉ culée.
  - 1 nacelle et son équipement.
- 3ᵉ SECTION
  - 3 ancres.
  - 3 cordages d'ancres.
  - 1 nacelle et son équipement.
- 4ᵉ SECTION
  - 10 ancres.
  - 12 cordages d'ancres, dont 2 pour les culées.
  - 1 nacelle et son équipement.

4ᵉ DÉTACHEMENT ....
- Voyez, au 2ᵈ détachement, les objets qui composent 2 portières et les outils nécessaires pour les construire.
- 3 rames à bateau ⎫ pour chacune des 4 sec-
- 3 gaffes   idem ⎬ tions qui amènent les
- 1 ligne   ⎭ portières.

5ᵉ DÉTACHEMENT ....
- Voyez, au 2ᵈ détachement, les objets qui composent 2 portières et les outils nécessaires pour les construire.
- 8 masses en bois, *pour serrer les colliers.*

DÉTAILS DE CONSTRUCTION.

PREMIER DÉTACHEMENT.

Construire une culée.

116. Le détachement place le corps-mort de la 1ʳᵉ culée et plante les piquets d'amarrage, comme il est dit, n° 10 et suivans.

117. Le sous-officier rassemble ensuite le détachement, numérote par file les 12 servans qui le composent, et leur indique les fonctions qu'ils auront à remplir pour ponter le bateau de la 1ʳᵉ culée. Les 1ᵉʳˢ servans amèneront le bateau, agiront aux cordages d'ancres et aux traversières, couvriront, cloueront le dernier madrier, égaliseront les madriers; les 10 autres servans apporteront les poutrelles, les feront avancer sur le bateau, pousseront le ba-

teau au large, brèleront les poutrelles, apporteront les madriers :
2 hommes en apportent 2 à la fois. Les 2es et 3es servans apporteront les guindages et les brèleront; les 6es apporteront les fauxguindages, les colliers et leurs coins.

118. Les 1ers servans ayant amené le bateau contre la rive, à hauteur du corps-mort, reçoivent les bouts des cordages d'ancres d'amont et d'aval, tendent ces cordages, amarrent celui d'amont à la poupée intérieure et celui d'aval à l'anneau d'embrelage intérieur ; ils débarquent tenant les traversières qu'ils vont fixer aux piquets d'amarrage. Les 10 autres servans apportent les 5 poutrelles de la culée et les font avancer sur le bateau; les 5 servans qui marchaient devant entrent dans le bateau, font avancer les poutrelles jusqu'à 6 pouces au-delà de son plat-bord extérieur, les mettent au-dessus des crochets de pontage, les embrassent d'un tour des commandes de poutrelles du côté extérieur, tendent ces cordages et pèsent sur le bout des poutrelles; les 5 autres servans poussent le bateau au large, au commandement du chef du détachement. Lorsque le bateau est poussé au large, les 1ers servans fixent les traversières aux piquets; ils passent ensuite dans le bateau, que le chef du détachement leur fait mettre à la hauteur convenable, au moyen des cordages d'ancres; les 10 autres servans brèlent les poutrelles sur le corps-mort, n° 44, et sur le bateau, n° 42, en embrassant chaque poutrelle de 3 tours de commandes; puis ils apportent des madriers. Les 1ers servans couvrent jusqu'à l'extrémité des poutrelles, ayant soin que les madriers dépassent la poutrelle extrême d'amont de 4 pouces 6 lignes de plus que celle d'aval, et que le dernier madrier, qu'ils clouent sur les poutrelles extrêmes et sur celle du milieu, arase exactement le bout des poutrelles. Pendant qu'on couvre, les 6es servans apportent 2 colliers qu'ils placent, à l'aide des 1ers servans, après le madrier qui précède l'avant-dernier, embrassant les poutrelles extrêmes, le crochet ouvert du côté intérieur de ces poutrelles. Ils ferment ces colliers, les soulèvent par la bride et ne les abandonnent que lorsqu'ils sont serrés entre 2 madriers. Les 2es et 3es servans apportent les 2 guindages, les placent au-dessus des poutrelles extrêmes et les brèlent près du corps-mort et au milieu de la distance entre le corps-mort et le

bateau; les 6es servans apportent les deux faux-guindages et les placent au-dessus des guindages, arasant le bout qui dépasse le bateau. Ils embrassent les poutrelles extrêmes du tablier; les guindages et faux-guindages avec les colliers; placent les 2 coins de chaque collier entre le collier et le dessus du faux-guindage, sans faire serrer ces coins. Les 1ers servans égalisent les madriers.

119. Lorsque la 1re culée est couverte, les 6es servans amènent le bateau de la 2e culée en aval et près de la 1re, et l'amarrent à la rive. Le sous-officier fait charger dans ce bateau 20 madriers, rangés à plat dans le corps du bateau; 7 poutrelles, formant sur les madriers une pile de 2 rangs au milieu de la largeur du bateau (4 poutrelles au 1er rang et 3 au rang supérieur); un corps-mort, 6 piquets de corps-mort, 4 piquets d'amarrage, 2 cordages d'ancres, 2 traversières (outre les 2 amarres du bateau), 15 commandes de poutrelles, 4 commandes de guindages, 4 billots et leurs commandes, 2 colliers de guindages et leurs 4 coins, 3 clous; et de plus, les outils qui ont servi à établir la 1re culée. Le détachement conduit le bateau sur la rive opposée, le décharge, prépare l'emplacement du corps-mort, et plante les piquets d'amarrage. Lorsque la dernière portière est amenée au pont, le chef du détachement fait asseoir le corps-mort, de manière qu'il y ait 19 pieds (longueur des poutrelles de culées), depuis le tablier de cette portière jusqu'au madrier mis de champ derrière le corps-mort, et fait terminer la 2e culée, comme la 1re.

DEUXIÈME DÉTACHEMENT.

120. La 1re section construira les 5e, 7e et 9e portières.
La 2e ——————— les 6e, 8e et 10e ———

Construire une portière.

121. Le sous-officier, chef de chaque section, numérote par file les 12 servans qui composent sa section, et leur indique les fonctions qu'ils auront à remplir pour construire une portière. Les 1ers servans agissent aux croisières, couvrent, amènent le

3ᵉ bateau, clouent les madriers extrêmes, égalisent les madriers; les 10 autres servans apportent les poutrelles, poussent au large, brêlent les poutrelles et apportent les madriers : 2 hommes apporteront 2 madriers à la fois. Les 2ᵉˢ, 3ᵉˢ, 4ᵉˢ et 5ᵉˢ servans apportent les guindages et les brêlent; les 6ᵉˢ apportent les faux-guindages, les colliers et leurs coins.

122. Pour procéder à la construction d'une portière, les 1ᵉʳˢ servans entrent dans le 1ᵉʳ bateau et détachent de ce bateau les amarres du 2ᵈ bateau; le servant d'aval va porter le bout de son amarre à celui d'amont, qui embrasse avec ce cordage les poupées contiguës des 2 bateaux; le servant d'amont donne au servant d'aval le bout de l'amarre d'amont, que ce servant porte à hauteur des anneaux d'embrelage. Les 10 autres servans apportent les poutrelles de la première travée et les font avancer sur les bateaux; les 5 servans qui marchaient devant, entrent dans le 2ᵈ bateau, font avancer les poutrelles jusqu'à 6 pouces au-delà de son plat-bord extérieur, les mettent au-dessus des crochets de pontage, les embrassent d'un tour des commandes de poutrelles du côté extérieur, tendent ces cordages et pèsent sur le bout des poutrelles. Au commandement *au large* — FERME, du chef de section, les 5 servans restés à terre poussent le 2ᵈ bateau au large et entrent dans le 1ᵉʳ; ils cessent de pousser au commandement de *halte*, fait par le chef de section au moment où l'extrémité de derrière des poutrelles est à 6 pouces en deçà du plat-bord intérieur du 1ᵉʳ bateau; pendant qu'on pousse le 2ᵉ bateau au large, le 1ᵉʳ servant placé sur l'avant du 1ᵉʳ bateau, tend convenablement sa croisière, pour empêcher le 2ᵉ bateau de dériver. Lorsque ce bateau est au large et en place, les 1ᵉʳˢ servans amarrent les croisières à la poupée et à l'anneau d'embrelage; les 5 servans qui agissent aux poutrelles dans le 1ᵉʳ bateau, placent les poutrelles au-dessus des crochets et les brêlent sur les 2 côtés de ce bateau, en les embrassant de 3 tours de commandes; les 5 servans entrés dans le 2ᵈ bateau, défont le tour de commande qui embrasse les poutrelles, mettent les poutrelles en amont ou en aval des crochets, selon que le numéro du rang de la portière est pair ou impair, et vont chercher des madriers. Aussitôt que les poutrelles sont brêlées sur le 1ᵉʳ bateau, les servans

CONSTRUCTION D'UN PONT PAR PORTIÈRES.

qui les ont brêlées, vont chercher des madriers. Les 1ers servans couvrent jusqu'à 18 pouces environ du 2^d bateau, ayant soin que le 1er madrier, qu'ils clouent sur les poutrelles extrêmes et sur celle du milieu, arase exactement le bout des poutrelles, et que les madriers dépassent la poutrelle extrême d'aval de 4 pouces 6 lignes de plus ou de moins que celle d'amont, selon que les poutrelles de la 2e travée devront être en aval ou en amont de celles de la 1re. Ils amènent le 3e bateau à côté du 2^d, passent dans le 2^d, et mettent les amarres du 3e en croisières, comme il a été dit. Pendant que l'on couvre, les 6es servans apportent 2 colliers qu'ils placent, à l'aide des 1ers servans, après le 2^d madrier, embrassant les poutrelles extrêmes, le crochet ouvert du côté intérieur de ces poutrelles. Ils ferment ces colliers, les soulèvent par la bride, et ne les abandonnent que lorsqu'ils sont serrés entre le 2^d et le 3e madrier. Les 10 servans qui ont apporté les poutrelles de la 1re travée, vont chercher celles de la 2e et les font avancer sur le 3e bateau; les 5 servans qui marchaient devant passent dans ce bateau, les font avancer jusqu'à 6 pouces au-delà de son plat-bord extérieur, les mettent au-dessus des crochets, les embrassent d'un tour des commandes du côté extérieur, tendent ces cordages et pèsent sur le bout des poutrelles. Au commandement *au large* — FERME, du chef de section, les 5 servans qui supportent le bout de derrière des poutrelles, poussent le 3e bateau au large; au commandement de *halte*, fait au moment où l'extrémité de derrière des poutrelles est à 6 pouces environ en-deçà du 2^d bateau, ils cessent de pousser, descendent dans le 2^d bateau, achèvent de pousser le 3e au large et brêlent les poutrelles des deux travées sur le 2^d bateau, en les embrassant de 2 tours de commandes; les 5 servans entrés dans le 3e bateau brêlent les poutrelles sur ce bateau, en les embrassant de 3 tours de commandes. Ces 10 servans ayant terminé le brêlage vont chercher des madriers. Les 1ers servans, après avoir tendu et amarré les croisières, couvrent, jusqu'à l'extrémité des poutrelles, que le dernier madrier doit araser exactement; ils clouent le dernier madrier, comme le premier. Pendant que l'on couvre, les 6es servans placent, à l'aide des 1ers, 2 colliers après le madrier qui précède l'avant-dernier, comme ils l'ont fait après le 2^d madrier. Les 2es, 3es, 4^{es}

9

et 5es servans apportent les guindages; ils les posent au-dessus des poutrelles extrêmes, en les faisant entrer dans les colliers qu'ils ouvrent et qu'ils referment ensuite; les 2es, 3es et 4es servans brèlent les guindages, avec des commandes, au milieu de la largeur du 2^{d} bateau et au milieu de l'intervalle entre les bateaux; les 5es servans placent les coins des deux premiers colliers dans l'ouverture des colliers, sur les guindages de la 1re travée. Les 6es servans apportent les 2 faux-guindages; ils ouvrent les 2es colliers, placent les faux-guindages sur les guindages de la 2e travée, dans les colliers, et font correspondre l'extrémité des faux-guindages à celle des guindages; ils referment les colliers et mettent leurs coins sur les faux-guindages, dans l'ouverture des colliers. Les 1ers servans égalisent les madriers.

123. Lorsqu'une section a terminé une portière, elle la remonte le long de la rive et la fait serrer sur celle qui la précède, sans laisser d'intervalle.

TROISIÈME DÉTACHEMENT.

1re SECTION.

Mouiller les ancres d'amont.

124. La section fixe un bout d'un cordage d'ancre au piquet d'amarrage planté sur la 1re rive en amont de la culée, déploie ce cordage et en donne le bout libre aux pontonniers du 1er détachement qui ont amené le bateau de la culée; elle procède ensuite au mouillage des ancres d'amont des 1re, 4e, 7e, et 10e portières. Le chef de la section fait mouiller les ancres à temps, pour que chaque portière reçoive son cordage d'ancre aussitôt qu'elle est amenée au pont. Le mouillage des ancres s'exécute d'après les principes donnés n°s 19 et 20. C'est au signal de l'officier chef du 5e détachement qu'elles seront jetées à l'eau. Le 2^{d} bateau de chaque portière sera ancré en amont.

2e SECTION.

125. La section est chargée de l'ancrage d'amont des 2e, 5e et 8e portières. Elle fixe ensuite un bout d'un cordage d'ancre

CONSTRUCTION D'UN PONT PAR PORTIÈRES.   131

au piquet d'amarrage planté sur la 2ᵉ rive en amont de la culée, déploie ce cordage et en donne le bout libre aux pontonniers qui ont amené le bateau de cette culée.

3ᵉ SECTION.

126. La section mouille les ancres d'amont des 3ᵉ, 6ᵉ et 9ᵉ portières.

4ᵉ SECTION.

Mouiller les ancres d'aval.

127. La section fixe un bout d'un cordage d'ancre au piquet d'amarrage planté sur la 1ʳᵉ rive en aval de la 1ʳᵉ culée, déploie ce cordage et en donne le bout libre aux pontonniers qui ont amené le bateau de la culée. Elle ancre en aval le 2ᵈ bateau de chaque portière, comme il est expliqué nᵒˢ 23 et 24. Elle fixe un bout d'un cordage d'ancre au piquet d'amarrage planté sur la 2ᵉ rive en aval de la 2ᵉ culée, déploie ce cordage et en donne le bout libre aux pontonniers qui ont amené le bateau de la culée.

QUATRIÈME DÉTACHEMENT.

128. Les 1ʳᵉ et 2ᵉ sections réunies construisent la 1ʳᵉ portière, sous les ordres du sous-officier chef du détachement, et les 3ᵉ et 4ᵉ sections, sous les ordres du 2ᵈ sous-officier, construisent la 2ᵉ portière, conformément à ce qui est dit n° 121 et suivans.

Amener les portières.

129. Chaque portière est amenée par les 6 pontonniers d'une section. Les 3 pontonniers du 1ᵉʳ rang halent sur une ligne amarrée à la poupée intérieure du 2ᵈ bateau; les 3 pontonniers

du 2^d rang dirigent la portière, chacun avec une gaffe ou une rame. La portière étant arrivée à l'extrémité de la partie déjà assemblée du pont, reçoit son cordage d'ancre d'amont, à l'aide duquel la section la remonte à côté et à hauteur de la dernière placée. Lorsque les pontonniers du 5e détachement chargés de fixer le cordage d'ancre et les traversières ont saisi ces cordages, la section emporte ses agrès et va chercher une autre portière.

130. Les 4 sections se succèdent, dans l'ordre de leurs numéros, pour amener les portières.

131. Le sous-officier, chef du détachement, reste au dépôt des portières; il s'assure que chaque portière est munie de 2 traversières fixées à la poupée et à l'anneau d'embrelage du bord intérieur (le plus près de la rive) du 1er bateau. Il veille à ce que les portières soient amenées au pont dans l'ordre de leurs numéros. Le 2^d sous-officier surveille le halage des portières.

CINQUIÈME DÉTACHEMENT.

132. Le détachement construit d'abord à la fois les 3e et 4e portières du pont, comme il est dit n° 121 et suivans.

1re SECTION.

133. Les 3 pontonniers du 1er rang des 3 premières files agissent aux cordages d'ancres d'amont des 1re, 3e, 5e, etc. portières; ceux du 2^d rang des mêmes files agissent aux cordages d'amont des 2e, 4e, 6e, etc. portières; les 2 pontonniers de la 4e file agissent aux cordages d'ancres d'aval.

Fixer les cordages d'ancres d'amont.

134. Les 3 pontonniers chargés de fixer les cordages d'ancres d'amont des 1re, 3e, etc. portières, passent sur la 1re portière aussitôt qu'elle est amenée près de la culée. Ils halent sur le cordage d'ancre de cette portière, pour aider à la placer à hauteur de la culée, vont embrasser la poupée intérieure du 2^d bateau de la portière d'un tour du cordage d'ancre, et tendent la retraite de ce

cordage. Pendant qu'on unit la 1re portière à la culée, ils mettent et maintiennent cette portière dans l'alignement du pont. Ensuite ils achèvent d'amarrer le cordage d'ancre à la poupée. Ils passent sur la 3e portière, aussitôt qu'elle est amenée, et successivement sur les autres portières impaires, pour y opérer de la même manière.

135. Les 3 pontonniers chargés de fixer les cordages d'ancres d'amont des 2e, 4e, etc. portières, agissent, pour ces portières, comme il vient d'être dit, n° 134.

Fixer les cordages d'ancres d'aval.

136. Les 2 pontonniers chargés de fixer les cordages d'ancres d'aval des portières, amarrent le cordage d'ancre d'aval de la 1re portière à l'anneau d'embrelage du bord intérieur du 2^d bateau de cette portière. Lorsque l'ancre est mouillée, ils démarrent le cordage, le tendent et l'amarrent de nouveau. Ils agissent de même successivement pour toutes les portières.

2e SECTION.

Fixer les traversières.

137. Les pontonniers des 1re et 2e files de la section agissent à la traversière de droite et à la traversière de gauche des 1re, 3e, 5e, etc. portières; ceux des 3e et 4e files agissent aux traversières de droite et de gauche des 2e, 4e, 6e, etc. portières.

138. Les pontonniers des 1re et 2e files saisissent les traversières de la 1re portière aussitôt qu'elle est amenée près de la culée; ils entrent dans le bateau de la culée, halent sur les traversières pour amener la portière contre la culée, sans les serrer l'une contre l'autre. Lorsque les faux-guindages sont assujettis par les colliers, ils amarrent les traversières à la poupée et à l'anneau d'embrelage du bord extérieur du bateau de la culée, comme il est dit n° 34. Ils agissent de la même manière pour fixer les traversières de la 3e portière, et successivement de toutes les portières impaires.

139. Les pontonniers des 3e et 4e files de la section agissent

comme il vient d'être dit, n° 138, pour fixer les traversières de la 2ᵉ portière, et successivement de toutes les portières paires.

3ᵉ SECTION.

Placer et fixer les faux-guindages.

140. Les pontonniers des 1ʳᵉ et 2ᵉ files de la section placent et fixent les faux-guindages de droite et de gauche des 1ʳᵉ, 3ᵉ et autres jonctions impaires des portières; les pontonniers des 3ᵉ et 4ᵉ files placent et fixent les faux-guindages de droite et de gauche des 2ᵉ, 4ᵉ et autres jonctions paires.

141. Pour placer et fixer un faux-guindage, les 2 pontonniers ôtent les coins qui sont dans les colliers, ouvrent les colliers, font avancer le faux-guindage jusqu'à ce que son milieu corresponde à la jonction des portières, et referment les colliers. Ils placent les 2 coins d'un collier sur le faux-guindage, dans l'ouverture du collier, le coin supérieur dépassant le collier également à droite et à gauche, le gros bout de ce coin tourné du côté de la jonction; ils s'arment chacun d'une masse en bois; l'un frappe à petits coups contre le gros bout du coin inférieur, l'autre appuie sa masse contre le gros bout du coin supérieur, et frappe au besoin contre ce coin pour le maintenir dans le collier, comme il y a été placé: ils cessent de frapper lorsque le collier serre bien. Ils agissent de même pour serrer l'autre collier.

142. Les 2 sous-officiers dirigent les opérations des 3 sections du détachement: l'un fait fixer les cordages d'ancres et les traversières des portières impaires, ainsi que les faux-guindages des jonctions impaires; l'autre fait fixer les cordages d'ancres et les traversières des portières paires, ainsi que les faux-guindages des jonctions paires.

143. L'officier, chef du détachement, dirige l'ancrage et l'assemblage des portières. Il veille à ce qu'on place les portières l'une contre l'autre, sans les serrer.

ENSEMBLE DE LA MANOEUVRE.

144. Les pontonniers étant en bataille sur la rive et formés par détachemens, comme il est expliqué n° 112, le chef de la manœuvre commande :

1. *Garde à vous.*
2. *Par portières de 3 bateaux* — CONSTRUISEZ LE PONT.

145. Au second commandement, chaque chef de détachement conduit son détachement où l'appellent ses fonctions.

146. Le 1er détachement construit les culées, n° 116 et suivans; les 2e, 4e, et 5e détachemens construisent des portières, n° 120 et suivans, 128 et 132; le 4e apprête les ancres et leurs cordages. Dès que les 4e et 5e ont terminé leurs portières, le 4e amène successivement les portières, n° 129 et suivans, et le 5e les assemble, n° 133 et suivans. Le 3e mouille les ancres d'amont et d'aval, n° 124 et suivans.

147. On mouillerait 2 ancres d'amont pour chaque portière placée dans un fort courant.

148. On construirait d'après les mêmes principes un pont par portières de 2 ou de 4 bateaux.

ARTICLE IV.

REPLIEMENT PAR PORTIÈRES D'UN PONT DE BATEAUX D'ÉQUIPAGE DE CAMPAGNE CONSTRUIT PAR PORTIÈRES.

149. On emploira les objets suivans au repliement du pont construit dans l'article précédent.

DÉSIGNATION DES OBJETS.	QUANTITÉ	EMPLACEMENT DES OBJETS AVANT LA MANŒUVRE.
Nacelles	5	Amarrées à la rive sur laquelle on repliera le pont, ou 2e rive, en aval du pont.
Rames à bateau	17	Rassemblés par espèces et formant un dépôt de menus objets, peu éloigné de la culée de la rive sur laquelle on repliera le pont, ou 2e culée.
——— à nacelle	25	
Gaffes à bateau	14	
——— à nacelle	10	
Lignes	10	
Masses en bois	6	
Marteaux à panne fendue	2	
Haches	2	
Leviers	2	
Commandes	2	

150. L'officier commandant la manœuvre emploira 3 officiers, 9 sous-officiers ou caporaux et 64 pontonniers, au repliement par portières d'un pont composé de 10 portières, tendu sur une rivière de rapidité moyenne. Il les partagera en 4 détachemens, conformément au tableau ci-après :

Dénomination des détachemens.	Force des détachemens.			Fonctions des détachemens.
	officiers.	sous-officiers.	pontonniers.	
des culées	1	1	12	Replier les culées.
de la séparation des portières	1	1	8	Séparer les portières. 1re section, de 4 pontonniers, ôte les faux-guindages. 2e ———— 2 ———— démarre les cordages d'ancres d'amont. 3e ———— 2 ———— démarre les traversières.
des ancres	1	5	20	Lever les ancres. 1re section, de 1 sous-officier, 4 pontonniers, ⎫ 2e ———— 1 ———— 4 ———— ⎬ lèvent les ancres d'amont. 3e ———— 1 ———— 4 ———— ⎭ 4e ———— 1 ———— 4 ———— ⎫ lèvent les ancres d'aval. 5e ———— 1 ———— 4 ———— ⎭
du halage des portières	»	2	24	Emmener les portières. 1re section, de 6 pontonniers, emmène les 1re, 5e et 9e portières. 2e ———— 6 ———— 2e, 6e et 10e ———— 3e ———— 6 ———— 3e et 7e ———— 4e ———— 6 ———— 4e et 8e ————
	3	9	64	

151. Lorsque le pont est composé de plus de 10 portières, on augmente le nombre de sections des 3e et 4e détachemens.

152. Lorsque le courant est très-rapide, on renforce la 2e section du 2e détachement, ainsi que les sections du 4e.

153. Les objets portés au tableau du n° 149 seront employés par les détachemens ci-après désignés :

1ᵉʳ DÉTACHEMENT
- 5 rames à bateau ⎫
- 2 gaffes idem   ⎬ pour mener le bateau de la 1ʳᵉ culée sur la 2ᵉ rive.
- 1 ligne   ⎭
- 2 haches   ⎫ pour déclouer les madriers
- 2 marteaux ⎭ extrêmes des culées.
- 2 masses en bois ⎫
- 2 leviers   ⎬ pour arracher les piquets.
- 2 commandes   ⎭

2ᵉ DÉTACHEMENT. 1ʳᵉ SECTION   4 masses en bois.

3ᵉ DÉTACHEMENT { 1ʳᵉ SECTION
- 1 nacelle.
- 5 rames à nacelle ⎫
- 2 gaffes idem   ⎬ équipement de la nacelle.
- 1 ligne   ⎭

Les 2ᵉ, 3ᵉ, 4ᵉ et 5ᵉ sections emploient les mêmes objets que la 1ʳᵉ.

4ᵉ DÉTACHEMENT { 1ʳᵉ SECTION
- 3 rames à bateau
- 3 gaffes idem
- 1 ligne.

Les 2ᵉ, 3ᵉ et 4ᵉ sections emploient les mêmes objets que la 1ʳᵉ.

DÉTAILS DE REPLIEMENT.

PREMIER DÉTACHEMENT.

Replier les culées.

154. Le sous-officier numérote par file les 12 servans du détachement et leur indique les fonctions qu'ils ont à remplir pour replier les culées. Les 1ᵉʳˢ servans découvrent, agissent aux traversières et ôtent les cordages d'ancres ; les 2ᵉˢ et 3ᵉˢ débrèlent les guindages et les emportent ; les 2ᵉˢ, 3ᵉˢ, 4ᵉˢ, 5ᵉˢ et 6ᵉˢ emportent les madriers, débrèlent les poutrelles et les emportent ; les 6ᵉˢ emportent les faux-guindages, les colliers et leurs coins.

155. Le détachement replie la 1ʳᵉ culée sur la 1ʳᵉ rive ; il charge ensuite les madriers et les poutrelles dans le bateau, comme il est

prescrit n° 119. Il charge aussi les cordages d'ancres, le corps-mort et les piquets dans le bateau, et le conduit sur la 2ᵉ rive. Il repliera la 2ᵉ culée, aussitôt que la dernière portière sera emmenée. Ces différentes opérations s'exécutent d'après les principes de repliement d'une portière, nᵒˢ 180 et 181.

DEUXIÈME DÉTACHEMENT.

1ʳᵉ SECTION.

Oter les faux-guindages.

156. Les 4 pontonniers de la section ôtent les faux-guindages des jonctions des portières : les 2 pontonniers de la 1ʳᵉ file ôtent les faux-guindages de la droite du pont; les 2 pontonniers de la 2ᵉ file ôtent ceux de la gauche. Ils commencent par la jonction de la 1ʳᵉ culée, et continuent sans interruption jusqu'à l'autre culée.

157. Pour ôter un faux-guindage, ils frappent à coups de masse contre le petit bout des coins inférieurs des colliers, ouvrent les colliers, font glisser le faux-guindage sur le guindage de la portière qui est du côté de la 2ᵉ rive, jusqu'à ce que le faux-guindage affleure le bout de ce guindage, referment les colliers et logent les coins de chaque collier entre la bride du collier et le guindage ou le faux-guindage.

2ᵉ SECTION.

Démarrer les cordages d'ancres d'amont.

158. Les 2 pontonniers de la section démarrent le cordage d'ancre d'amont de la 1ʳᵉ portière, et vont l'amarrer à la poupée intérieure du 1ᵉʳ bateau de la 2ᵉ portière. Aussitôt que la 1ʳᵉ portière est ôtée du pont, ils démarrent ce cordage et en donnent le bout libre à la nacelle chargée de lever la 1ʳᵉ ancre d'amont. Ils se placent ensuite sur l'extrémité du tablier de la 2ᵉ portière, pour recevoir le bout de ligne jeté de la nacelle qui vient de lever l'ancre, et conduire cette nacelle, à la ligne, derrière

le 1er bateau de la 3e portière; lorsqu'une section du 4e détachement est prête à emmener la 2e portière, ils démarrent le cordage d'amont de cette portière et vont l'amarrer à la poupée intérieure du 1er bateau de la 3e portière; quand la 2e portière est emmenée, ils donnent le bout libre de ce cordage à la nacelle, et continuent d'agir ainsi pour tous les cordages d'ancres d'amont.

3e SECTION.

Démarrer les traversières.

159. Le pontonnier du 1er rang de la section démarre les traversières d'amont; celui du 2^d rang démarre les traversières d'aval.

160. Les 2 pontonniers de la section entrent dans le 1er bateau de la 1re portière, démarrent les traversières qui unissent la 1re portière à la 1re culée et les jettent dans le bateau de la culée; ils passent ensuite dans le 1er bateau de la 2e portière; lorsque le cordage d'ancre d'amont de la 1re portière est démarré et passé sur la 2e, ils démarrent les traversières qui unissent la 1re portière à la 2e et jettent ces traversières dans le 3e bateau de la 1re portière. Ils agissent de la même manière pour démarrer successivement les traversières de toutes les jonctions des portières.

TROISIÈME DÉTACHEMENT.

1re SECTION.

Lever les ancres d'amont.

161. La section va se placer dans une nacelle derrière le 1er bateau de la 2e portière. Aussitôt que la 1re portière est ôtée du pont, la section remonte sa nacelle le long du côté extérieur de la 2e portière, reçoit le cordage d'ancre de la 1re portière et lève l'ancre, conformément aux principes donnés n° 96. Dès que la 2e portière est ôtée du pont, la section lève l'ancre de cette portière; elle lève de même l'ancre de la 3e portière; va ensuite déposer les trois ancres et leurs cordages sur la 2e rive, et vient

se placer derrière le bateau de la 2ᵉ culée, pour lever l'ancre de la 10ᵉ portière, quand cette portière sera emmenée.

2ᵉ SECTION.

162. La section va se placer dans une nacelle derrière le 1ᵉʳ bateau de la 5ᵉ portière, et lève, par les moyens du n° précédent, les ancres d'amont des 4ᵉ, 5ᵉ et 6ᵉ portières.

3ᵉ SECTION.

163. La section va se placer dans une nacelle derrière le 1ᵉʳ bateau de la 8ᵉ portière, et lève les ancres d'amont des 7ᵉ, 8ᵉ et 9ᵉ portières.

164. Les 1ʳᵉ, 2ᵉ et 3ᵉ sections se succèdent ainsi pour lever chacune 3 ancres d'amont.

4ᵉ SECTION.

Lever les ancres d'aval.

165. La section, se conformant aux principes donnés n°ˢ 101 et 102, lève la 1ʳᵉ ancre d'aval; aussitôt après elle lève les 2ᵉ et 3ᵉ, et va déposer sur la 2ᵉ rive les 3 ancres et leurs cordages. Elle lève ensuite les 7ᵉ, 8ᵉ et 9ᵉ ancres d'aval.

5ᵉ SECTION.

166. La section lève les 4ᵉ, 5ᵉ et 6ᵉ ancres d'aval, va les déposer sur la rive, et lève ensuite la 10ᵉ ancre d'aval.

167. Les 4ᵉ et 5ᵉ sections alternent ainsi pour lever chacune 3 ancres d'aval.

QUATRIÈME DÉTACHEMENT.

Emmener les portières.

168. Chaque portière est emmenée et conduite au dépôt des portières par les 6 pontonniers d'une section. Les 3 pontonniers du 1ᵉʳ rang halent sur une ligne amarrée à la poupée extérieure

du 2^d bateau de la portière; les 3 pontonniers du 2^d rang dirigent la portière, chacun avec une gaffe ou une rame.

169. Les 4 sections du détachement se succèdent, dans l'ordre de leurs numéros, pour emmener les portières.

170. Le sous-officier, chef du détachement, reste au dépôt des portières. Il fait amarrer la 1re portière à la 2e rive, de manière à laisser entre cette portière et la 2e culée l'espace nécessaire pour placer les autres portières du pont. Le 2^d sous-officier surveille le halage des portières.

ENSEMBLE DE LA MANOEUVRE.

171. Les pontonniers étant en bataille sur la 2e rive, et formés par détachemens, comme il est expliqué n° 150, le chef de la manœuvre commande :

1. *Garde à vous,*
2. *Par portières de 3 bateaux* — REPLIEZ LE PONT.

172. Au second commandement, chaque chef de détachement conduit son détachement où l'appellent ses fonctions.

173. Le 1er détachement replie la 1re culée, n°s 154 et 155; le 2e sépare les portières, n° 156 et suivans; le 3e lève les ancres, n° 161 et suivans; le 4e emmène successivement les portières et les conduit à la rive, n° 168 et suivans : enfin, le 1er détachement replie la 2e culée.

174. On peut replier le pont plus promptement, comme il suit :

175. On place 4 rames et 2 gaffes dans chacun des 2 bateaux extrêmes de toutes les portières, et 2 bouées dans chaque bateau du milieu.

176. On forme 12 détachemens, dont 2, composés chacun d'un officier, un sous-officier et 12 pontonniers, replieront les culées, et les 10 autres, composés chacun d'un sous-officier et

8 pontonniers, sépareront et emmèneront les 10 portières : ce qui fait pour les 12 détachemens, 2 officiers, 12 sous-officiers ou caporaux et 104 pontonniers.

177. Les détachemens des culées replient les culées ; le détachement de chaque portière attache une bouée à l'extrémité des cordages d'ancres d'amont et d'aval de la portière, ôte les faux-guindages et démarre les traversières, de manière à isoler la portière. Le détachement de la 1re portière démarre les cordages d'ancres de cette portière, jette à l'eau le cordage d'amont et sa bouée, hale sur le cordage d'aval pour dégager la portière, jette le cordage d'aval et sa bouée à l'eau, et conduit la portière à la rame vers l'endroit désigné : 2 pontonniers rament à l'avant de chacun des 2 bateaux extrêmes, un pontonnier rame à l'arrière de chacun de ces mêmes bateaux, au bord opposé au bateau du centre, 2 pontonniers gouvernent la portière. La 2e portière suivra la 1re, la 3e suivra la 2e, et ainsi de suite. On lèvera ensuite les ancres, au moyen des bouées qui servent à les faire retrouver.

178. Le pont étant replié par portières, des détachemens, composés d'un sous-officier et 12 pontonniers, replient les portières.

Replier une portière.

179. Le sous-officier numérote par file les 12 servans qui composent son détachement, et leur indique les fonctions qu'ils auront à remplir. Les 1ers servans découvrent et agissent aux croisières ; les 2es, 3es, 4es et 5es débrèlent les guindages et les emportent ; les 2es, 3es, 4es, 5es et 6es emportent les madriers, débrèlent les poutrelles et les emportent ; les 6es emportent les faux-guindages, les colliers et leurs coins.

180. Les 6es servans ôtent les colliers qui embrassent les faux-guindages et emportent ces 2 faux-guindages, ces 2 colliers et leurs 4 coins ; ils ôtent ensuite et emportent les 2 autres colliers et leurs 4 coins ; les 2es, 3es, 4es et 5es servans débrèlent les guindages et les emportent, ainsi que les billots, leurs commandes et les

commandes de guindages; les 1ers servans découvrent entièrement les poutrelles de la 1re travée. Les madriers devant être emportés deux par deux, les 1ers servans découvrent comme on va l'expliquer : ils dressent un madrier sur champ, le renversent sur le suivant, éloignent ces 2 madriers de 4 pouces environ de celui qui les suit et les dressent sur champ. Pour déclouer les madriers extrêmes, ils introduisent le tranchant d'une hache entre ces madriers et les poutrelles sur lesquelles ils sont cloués. Les 2es, 3es, 4es, 5es, et 6es servans emportent les madriers : 2 servans emportent 2 madriers à la fois. Les 1ers servans entrent dans le 2^{d} bateau et démarrent les croisières de la 1re travée; les 2e, 3e, 4e, 5e et 6e servans du 1er rang entrent dans le 1er bateau, détachent les commandes qui brèlent les poutrelles sur le côté intérieur de ce bateau; ils détachent aussi les commandes du côté extérieur, en laissant les poutrelles embrassées d'un tour des commandes de ce côté du bateau; ils tendront ces commandes et pèseront sur le bout des poutrelles lorsqu'on ramènera le 1er bateau; les 2e, 3e, 4e, 5e et 6e servans du 2^{d} rang entrent dans le 2^{d} bateau, débrèlent les poutrelles, montent sur les poutrelles de la 2e travée, élèvent le bout de celles de la 1re; au commandement *ramenez le bateau* — FERME, du chef du détachement, ils tirent sur les poutrelles en avançant vers le 3e bateau; au commandement de HALTE, fait par le même chef, au moment où le 1er bateau est ramené près du 2^{d}, ils s'arrêtent; les servans qui tendent les commandes de poutrelles dans le 1er bateau achèvent de débrèler les poutrelles; les 2es, 3es, 4es, 5es et 6es servans emportent les poutrelles; les 1ers servans mettent les croisières en traversières, et amarrent le 1er bateau contre le 2^{d} avec ces cordages. Ils découvrent entièrement les poutrelles de la 2e travée; les autres servans emportent les madriers. Les servans du détachement agissent comme précédemment pour ramener les 2 premiers bateaux réunis contre le 3e et achever de replier la portière. Les 1ers servans rassemblent en paquet les commandes de poutrelles de chaque bateau, et les jettent sur la rive; ils ôtent au moyen de marteaux les clous qui sont restés fixés au premier et au dernier madrier.

181. Le chef du détachement veille à ce que les différentes opérations qu'on vient de prescrire s'exécutent d'après les prin-

cipes de repliement d'un pont par bateaux successifs. Il fait rassembler avec soin les menus objets, et les fait porter au dépôt lorsque la portière est repliée.

ARTICLE V.

MANŒUVRE POUR OUVRIR ET FERMER UNE PORTIÈRE D'UN PONT CONSTRUIT PAR PORTIÈRES.

182. Un sous-officier fera exécuter cette manœuvre par 14 pontonniers. Ils emploiront :

1 ligne,
2 rames à bateau,
4 masses en bois.

183. Le sous-officier numérote par file les 14 servans et leur indique les fonctions qu'ils auront à remplir. Les 1ers, 2es, 3es et 4es servans ôtent et replacent les faux-guindages ; ils agissent aux cordages d'ancres : les 1ers, 2es et 3es au cordage d'ancre d'amont, les 4es à celui d'aval. Les 5es et 6es agissent aux traversières et à la ligne ; les 7es gouvernent.

On suppose que c'est la 2e portière d'un pont par portières de 3 bateaux, qu'on veut ouvrir et placer derrière la 3e.

Ouvrir la portière.

184. Le sous-officier ayant conduit son détachement sur la 2e portière, commande :

PRÉPAREZ-VOUS A OUVRIR LA PORTIÈRE.

185. Les 1ers, 2es, 3es et 4es servans ôtent les coins des colliers des 4 faux-guindages placés aux jonctions de la 2e portière avec les portières voisines, et poussent ces faux-guindages sur les guindages de ces dernières portières ; les 1ers, 2es et 3es servans démarrent le cordage d'ancre d'amont de la 2e portière et le tendent de dessus le milieu du tablier de cette portière ; les 4es démarrent le cor-

dage d'ancre d'aval et le tendent de dessus l'arrière du 2^d bateau de la portière. Les 5es et 6es servans démarrent les 4 traversières des jonctions de la 2e portière avec les portières voisines; le servant qui a démarré la traversière d'amont de la jonction de la 2e portière avec la 3e, amarre un bout d'une ligne à la poupée extérieure du 3e bateau de la 2e, et laisse la ligne sur l'avant de ce bateau : les 4 servans restent sur l'avant et l'arrière des bateaux extrêmes de la 2e portière. Les 7es servans placent un gouvernail à chacun de ces 2 bateaux.

186. Ces dispositions faites, le sous-officier commande :

OUVREZ LA PORTIÈRE.

187. Les 1ers, 2es et 3es servans filent du cordage d'ancre d'amont; les 4es halent sur le cordage d'ancre d'aval; les 5es et 6es poussent au besoin contre les 1re et 3e portières pour desserrer la 2e et la dégager; lorsque la portière est presque entièrement dégagée, les 5es et 6es servans passent sur la 3e portière, celui qui a amarré la ligne emportant le bout libre de ce cordage; ils filent de la ligne. Quand la portière est descendue en aval du pont, les 1ers, 2es et 3es servans cessent de filer du cordage d'ancre d'amont, et se rapprochent du 1er bateau de la portière; les 7es gouvernent de manière que les bateaux de la portière donnent à passer du côté de la 2e rive. Lorsque la 2e portière est arrivée derrière la 3e, ils dirigent les bateaux suivant le courant; les 5es et 6es halent sur la ligne, et les 1ers, 2es et 3es sur le cordage d'ancre d'amont, pour remonter la 2e portière et la placer près de la 3e; ils amarrent la ligne à l'anneau d'embrelage extérieur du 3e bateau de la 3e portière et le cordage d'ancre à la poupée intérieure du 1er bateau de la 2e portière.

Fermer la portière.

188. Le sous-officier voulant faire fermer la portière, commande :

FERMEZ LA PORTIÈRE.

189. Les 1ers, 2es et 3es servans démarrent le cordage d'ancre d'amont et se rapprochent du 3e bateau de la portière en filant

du cordage, les 5es et 6es démarrent la ligne et filent de ce cordage, les 7es gouvernent de manière que les bateaux de la portière donnent à passer du côté de la 1re rive. Lorsque la portière est près d'arriver dans la direction de la coupure du pont, les 1ers, 2es et 3es servans se portent avec le cordage d'ancre sur le milieu du tablier de la portière, et les 7es dirigent les bateaux suivant le courant. Les 1ers, 2es et 3es servans halent sur le cordage d'ancre et remontent ainsi la portière; les 4es filent du cordage d'ancre d'aval; les 5es et 6es jettent la ligne, aussitôt qu'ils le peuvent, sur l'avant du 3e bateau de la 2e portière, et vont sur l'avant et l'arrière des bateaux extrêmes de cette portière pour la diriger de manière à la faire entrer dans la coupure. Lorsque la portière est placée, les 1ers, 2es et 3es servans amarrent le cordage d'ancre d'amont, les 4es tendent et amarrent le cordage d'ancre d'aval, les 5es et 6es fixent les traversières; enfin, les 1ers, 2es, 3es et 4es placent et fixent les faux-guindages.

ARTICLE VI.

CONSTRUCTION PAR PARTIES D'UN PONT DE BATEAUX D'ÉQUIPAGE DE CAMPAGNE (¹).

Pl. XXXI. 190. On emploira les objets suivans dans la construction d'un pont de 25 bateaux, par parties de 3 bateaux (*pour une rivière de 77 toises*).

DÉSIGNATION DES OBJETS.	QUANTITÉ	EMPLACEMENT DES OBJETS AVANT LA MANŒUVRE.
Bateaux, ayant chacun deux amarres	25	Amarrés à la rive, en aval de l'emplacement de la 1re culée. 24 bateaux formeront 8 parties, l'autre sera pour la 1re culée. Le bateau de la culée à 5 toises environ de la culée; les 18 bateaux des 6 premières parties à construire par rangs de 2 bateaux et d'un seul, alternativement; les autres bateaux rassemblés selon les localités.
Nacelles	4	Placées comme il est dit au tableau du n° 5.
Poutrelles	182	Empilées, comme il est dit n° 5, à hauteur du centre du dépôt des bateaux qui formeront les 6 premières parties.
Madriers	466	Empilés, comme il est dit n° 5, près des poutrelles.
Corps-morts	2	
Ancres	16	
Cordages d'ancres	18	
Amarres	2	
Commandes de poutrelles	260	
—— de guindages	106	
—— de billots	106	
Billots	106	Rassemblés par espèces et formant un dépôt de menus objets, peu éloigné de l'emplacement de la 1re culée.
Piquets	18	
Rames à bateau	12	
—— à nacelle	20	
Gaffes à bateau	12	
—— à nacelle	8	
Lignes	8	
Masses en bois	16	
Pelles et Pioches	"	
Dames	2	

(¹) On ne peut composer les parties de moins de 3 bateaux; des parties de 4 bateaux étant trop difficiles à manœuvrer sur un courant rapide, on construira ordinairement le pont par parties de 3 bateaux.

CONSTRUCTION D'UN PONT PAR PARTIES.

191. L'officier commandant la manœuvre emploira 3 officiers, 10 sous-officiers ou caporaux et 96 pontonniers, pour construire un pont de 25 bateaux, par parties de 3 bateaux, sur une rivière de rapidité moyenne. Il les partagera en 5 détachemens, conformément au tableau ci-après.

DÉNOMINATION DES DÉTACHEMENS.	FORCE des DÉTACHEMENS.			FONCTIONS DES DÉTACHEMENS.
	officiers.	sous-officiers.	pontonniers.	
des culées	1	1	12	Construire la 1re culée, préparer la 2e.
des parties	1	2	24	Construire des parties. 1re section, de 1 sous-officier, 12 pontonniers, construit les 5e et 7e parties. 2e ——— 1 ——— 12 ——— 6e et 8e ———
des ancres	»	3	12	Jeter les ancres. 1re section, de 1 sous-officier, 4 pontonniers, jette les 1re, 3e, 5e et 7e ancres d'amont. 2e ——— 1 ——— 4 ——— 2e, 4e, 6e et 8e ——— 3e ——— 1 ——— 4 ——— jette les ancres d'aval.
du halage des parties.	»	2	24	Amener les parties; en construire deux d'abord: les 1re et 2e. 1re section, de 6 pontonniers, amène les 1re et 5e parties. 2e ——— 6 ——— 2e et 6e ——— 3e ——— 6 ——— 3e et 7e ——— 4e ——— 6 ——— 4e et 8e ———
de l'assemblage des parties.	1	2	24	Pousser les parties au large; établir les travées de jonction. Construire d'abord les 3e et 4e parties. 1re section, de 6 pontonniers, fixe les cordages d'ancres. 2e ——— 4 ——— fixe les traversières; couvre. 3e ——— 10 ——— pousse au large; brêle les poutrelles. 4e ——— 4 ——— brêle les guindages; égalise les madriers des travées de jonction.
	3	10	96	

192. Lorsque le pont doit être composé de plus de 8 parties, on augmente le nombre de sections des 2e, 3e et 4e détachemens.

193. Lorsque le courant est très-rapide, on augmente le nombre de sections du 3e détachement, et l'on renforce les sections du 4e, ainsi que la 1re section du 5e.

150 MANŒUVRES ÉLÉMENTAIRES. TITRE III. ARTICLE VI.

194. Les objets portés au tableau du n° 190 seront employés par les détachemens ci-après désignés :

1ᵉʳ DÉTACHEMENT
- 1 bateau et ses 2 amarres, *pour la 1ʳᵉ culée.*
- 14 poutrelles.
- 40 madriers.
- 15 commandes de poutrelles, *pour la 1ʳᵉ culée.*
- 8 ———— de guindages. ⎫ *pour les 2 pre-*
- 8 ———— de billots. ⎬ *mières tra-*
- 8 billots. ⎭ *vées.*
- 2 corps-morts.
- 12 piquets de corps-morts.
- 6 ———— d'amarrage : *4 pour la 1ʳᵉ culée, 2 pour les traversières de la 2ᵉ.*
- 1 nacelle, *pour aller préparer la 2ᵉ culée.*
- 5 rames à nacelle ⎫
- 2 gaffes idem ⎬ *équipement de la nacelle.*
- 1 ligne ⎭
- 4 masses en bois.
- « pelles.
- « pioches.
- 2 dames.

2ᵉ DÉTACHEMENT
- 3 bateaux et leurs 6 amarres.
- 21 poutrelles.
- 54 madriers.
- 30 commandes de poutrelles.
- 12 ———— de guindages.
- 12 ———— de billots.
- 12 billots.
- 2 masses en bois.

Pour chaque partie, excepté la 8ᵉ. On emploie pour cette partie : 48 madriers, 35 commandes de poutrelles, dont 5 pour la 2ᵉ culée, 14 commandes de guindages, 14 de billots, 14 billots et 2 traversières pour la 2ᵉ culée.

3ᵉ DÉTACHEMENT
- 1ʳᵉ SECTION
  - 4 ancres.
  - 5 cordages d'ancres.
  - 1 nacelle et son équipement.
- 2ᵉ SECTION. La 2ᵉ section emploie les mêmes objets que la 1ʳᵉ, moins un cordage d'ancre.
- 3ᵉ SECTION
  - 8 ancres.
  - 9 cordages d'ancres.
  - 1 nacelle et son équipement.

CONSTRUCTION D'UN PONT PAR PARTIES.

4ᵉ DÉTACHEMENT . . . . . . {Voyez, au 2ᵉ détachement, les objets employés à la construction de 2 parties. 3 rames à bateau / 3 gaffes idem / 1 ligne } *pour chacune des 4 sections qui amènent les parties.*

5ᵉ DÉTACHEMENT . . . . . . Voyez, au 2ᵉ détachement, les objets employés à la construction de 2 parties.

DÉTAILS DE CONSTRUCTION.

PREMIER DÉTACHEMENT.

Construire une culée.

195. Le détachement place le corps-mort de la 1ʳᵉ culée, et plante les piquets d'amarrage, comme il est dit n° 10 et suivans.

196. Le sous-officier rassemble ensuite le détachement, numérote par file les 12 servans qui le composent, et leur indique les fonctions qu'ils auront à remplir pour ponter le bateau de la 1ʳᵉ culée. Les 1ᵉʳˢ servans amèneront le bateau, agiront aux cordages d'ancres et aux traversières, couvriront et égaliseront les madriers ; les 10 autres servans apporteront les poutrelles, les feront avancer sur le bateau, pousseront le bateau au large, brêleront les poutrelles et apporteront les madriers : 2 hommes apporteront 2 madriers à la fois.

197. Ces opérations s'exécutent par les moyens prescrits n° 118. Les poutrelles sont placées en aval des crochets de pontage du bateau, et brêlées sur le bateau par un tour des commandes du côté extérieur seulement ; elles sont couvertes de madriers jusqu'à 18 pouces environ du bateau.

Les 2ᵉˢ, 3ᵉˢ, 4ᵉˢ, 5ᵉˢ et 6ᵉˢ servans placent ensuite 26 madriers, en piles de 4 de hauteur, sur les premiers madriers qui couvrent les poutrelles de la culée, dans le même sens que ces madriers ; ils apportent 4 guindages, et en placent 2, dont un de culée, de chaque côté du tablier, posant sur les plats-bords du bateau et sur la rive ; ils apportent 5 poutrelles, posent leur bout de devant sur le bateau, à côté et en amont des poutrelles du tablier de la culée, arasant le bout de ces poutrelles, et leur bout de derrière sur les piles de madriers. Les 1ers servans placent sur l'avant du bateau, 8 commandes de guindages, 8 commandes de billots et 8 billots.

198. Le sous-officier fait charger dans une nacelle, un corps-mort, 6 piquets de corps-mort, 2 piquets d'amarrage et un madrier, ainsi que les masses, pelles, pioches et dames qui ont servi à préparer la 1re culée. Le détachement conduit la nacelle à la rive opposée et prépare la 2e culée.

DEUXIÈME DÉTACHEMENT.

199. La 1re section construira les 5e et 7e parties.
La 2e —————————— les 6e et 8e ———

Construire une partie.

200. Le sous-officier, chef de chaque section, numérote par file les 12 servans qui composent sa section, et leur indique les fonctions qu'ils ont à remplir pour construire une partie. Les 1ers servans agissent aux croisières, couvrent, amènent le 3e bateau, égalisent les madriers; les 10 autres servans apportent les poutrelles, poussent au large, brêlent les poutrelles et apportent les madriers : 2 hommes apporteront 2 madriers à la fois.

201. Ces opérations s'exécutent par les moyens prescrits n° 122. Dans les parties qui occuperont au pont un rang impair, les poutrelles de la 1re travée sont en aval des crochets de pontage du 1er bateau, et celles de la 2e travée sont en amont des crochets du 3e bateau; dans les parties paires, les poutrelles de la 1re travée sont en amont des crochets du 1er bateau, et celles de la 2e sont en aval des crochets du 3e bateau. Les poutrelles sont brêlées sur le 1er bateau, par un tour des commandes du côté intérieur seulement, et sur le 3e bateau par un tour des commandes du côté extérieur; elles sont couvertes de madriers depuis 18 pouces

du 1er bateau jusqu'à 18 pouces du 3e : pour faciliter le transport des madriers et poutrelles, on a posé 4 madriers, éloignés l'un de l'autre, sur les poutrelles, au-dessus du 1er bateau.

Les 2es, 3es, 4es, 5es et 6es servans apportent ensuite 22 madriers, et les placent en piles de 4 de hauteur au-dessus du 2e bateau, sur les madriers du tablier, et dans le sens de la longueur de ces madriers. Ils apportent 6 guindages, en mettent 3 de chaque côté sur les bateaux, en dehors du tablier, 2 supportés par les plats-bords des 2e et 3e bateaux, et le 3e par les plats-bords des 1er et 2e bateaux; ils apportent 5 poutrelles, les posent sur le tablier de la 2e travée de la partie, leur bout de devant contre le bout des poutrelles de la 2e travée, du côté des crochets du 3e bateau, arasant le bout de ces poutrelles, et leur bout de derrière sur les piles de madriers. Les 1ers servans enlèvent les 4 madriers posés au-dessus du 1er bateau, et les réunissent à ceux qui sont empilés; ils mettent sur l'avant du 1er bateau 12 commandes de guindages, 12 commandes de billots, et 12 billots.

Le nombre de madriers empilés sur la 8e partie est de 20; les poutrelles et guindages de la travée de jonction sont des poutrelles de culées; les objets placés sur l'avant du 1er bateau de cette partie sont : 2 traversières, 5 commandes de poutrelles, 14 de guindages, 14 de billots et 14 billots.

202. Lorsqu'une section a terminé une partie, elle se conforme à ce qui est dit n° 123.

TROISIÈME DÉTACHEMENT.

1re SECTION.

Mouiller les ancres d'amont.

203. La section fixe le cordage d'ancre d'amont du bateau de la 1re culée au piquet d'amarrage, et procède au mouillage d'une ancre d'amont pour chacune des 1re, 3e, 5e et 7e parties, d'après les principes du n° 124.

2ᵉ SECTION.

204. La section mouille une ancre d'amont pour chacune des 2ᵉ, 4ᵉ, 6ᵉ et 8ᵉ parties.

3ᵉ SECTION.

Mouiller les ancres d'aval.

205. La section fixe le cordage d'ancre d'aval du bateau de la 1ʳᵉ culée au piquet d'amarrage. Elle ancre en aval le 2ᵈ bateau de chaque partie. Ces opérations s'exécutent comme il est expliqué n° 127.

QUATRIÈME DÉTACHEMENT.

206. Les 1ʳᵉ et 2ᵉ sections réunies construisent la 1ʳᵉ partie, et les 3ᵉ et 4ᵉ sections construisent la 2ᵉ, comme il est expliqué n°ˢ 200 et 201.

Amener les parties.

207. Les 4 sections du détachement amènent les parties, en se conformant aux principes donnés n° 129 et suivans.

CINQUIÈME DÉTACHEMENT.

208. Le détachement construit d'abord les 3ᵉ et 4ᵉ parties, comme il est expliqué n°ˢ 200 et 201.

1ʳᵉ SECTION.

209. Les 4 pontonniers des 1ʳᵉ et 2ᵉ files agissent aux cordages d'ancres d'amont; les 2 pontonniers de la 3ᵉ file agissent aux cordages d'aval.

Fixer les cordages d'ancres d'amont.

210. Les 4 pontonniers chargés de fixer les cordages d'amont passent sur la partie amenée, halent sur son cordage d'ancre

Construction d'un pont par parties. 155

d'amont pour aider à la placer à hauteur de la partie précédente, vont embrasser la poupée intérieure du 2^d bateau de la partie d'un tour de cordage d'ancre et tendent la retraite de ce cordage. Pendant qu'on pousse la partie au large, ils la mettent dans l'alignement du pont, et achèvent d'amarrer le cordage d'ancre à la poupée. Ils apportent des madriers pour couvrir les poutrelles de la travée de jonction.

Fixer les cordages d'ancres d'aval.

211. Les 2 pontonniers chargés de fixer les cordages d'ancres d'aval se conforment à ce qui est dit n° 136. Ils apportent des madriers pour couvrir la travée de jonction.

2e SECTION.

Fixer les traversières. Couvrir.

212. Les 2 pontonniers de la 1re file de la section agissent à la traversière de droite de chaque partie; les 2 pontonniers de la 2e file agissent à la traversière de gauche. Lorsqu'une partie est amenée, ils saisissent le bout libre des traversières et agissent avec ces cordages comme dans la construction du pont par bateaux successifs, n° 34.

Les pontonniers de la 1re file et ceux de la 2e alternent pour couvrir les travées de jonction. Ils aident à placer les guindages.

3e SECTION.

Pousser les parties au large, brêler les poutrelles des travées de jonction, placer les guindages.

213. Les 10 pontonniers de la section font avancer les poutrelles de la travée de jonction sur le 1er bateau de la partie à mettre au large; les cinq pontonniers du 1er rang entrent dans ce bateau, défont le tour de commande qui embrasse les pou-

trelles de la 1re travée de la partie, font avancer les poutrelles de la travée de jonction jusqu'à 6 pouces au-delà du plat-bord extérieur du bateau; accouplent les poutrelles des 2 travées, et les embrassent d'un tour des commandes du côté extérieur du bateau, tendent ces commandes et pèsent sur le bout des poutrelles. Au commandement *au large* — FERME, du chef du détachement, les cinq pontonniers du 2^d rang poussent la partie au large au moyen des poutrelles; ils cessent de pousser au commandement de *halte*, fait par le chef du détachement au moment où l'extrémité de derrière des poutrelles de la travée de jonction est à 6 pouces environ en deçà du plat-bord intérieur du bateau qui précède la partie; ils descendent dans ce bateau, défont le tour de commande qui embrasse les poutrelles de la travée qui précède la travée de jonction, achèvent de pousser la partie au large, accouplent les poutrelles et les brèlent en les embrassant de 2 tours de commandes. Les pontonniers du 1er rang brèlent de même les poutrelles accouplées sur le 1er bateau de la partie. Les pontonniers de la section ayant terminé le brèlage, apportent des madriers pour couvrir les poutrelles de la travée de jonction : 2 hommes apportent 2 madriers à la fois. Lorsque la travée est couverte, ils mettent les guindages en place, en les faisant correspondre aux poutrelles extrêmes.

4e SECTION.

Brèler les guindages, égaliser les madriers.

214. Les 4 pontonniers de la section brèlent les guindages à mesure qu'ils sont mis en place, en se conformant à ce qui a été prescrit, n°s 56 et 57. Ils égalisent les madriers de chaque travée de jonction après avoir brèlé ses guindages.

ENSEMBLE DE LA MANOEUVRE.

215. Les pontonniers étant en bataille sur la rive, et formés par détachemens, comme il est expliqué n° 191, le chef de la manœuvre commande :

 1. *Garde à vous.*
 2. *Par parties de 3 bateaux* — CONSTRUISEZ LE PONT.

216. Au second commandement, chaque chef de détachement conduit son détachement où l'appellent ses fonctions.

217. Le 1er détachement construit la 1re culée, n° 195 et suivans, et va ensuite préparer la 2e, n° 198; les 2e, 4e et 5e détachemens construisent les 6 premières parties, n°s 200, 201, 206 et 208; le 3e se prépare à mouiller les ancres. Aussitôt que les 4e et 5e détachemens ont terminé leurs parties, le 4e amène successivement les parties, n° 207; le 5e les pousse au large et les assemble, n° 209 et suivans. Le 3e détachement mouille les ancres, n° 203 et suivans.

218. On mouillerait deux ancres d'amont pour chaque partie placée dans un fort courant.

ARTICLE VII.

REPLIEMENT PAR PARTIES D'UN PONT DE BATEAUX D'ÉQUI-
PAGE DE CAMPAGNE CONSTRUIT PAR BATEAUX SUCCES-
SIFS OU PAR PARTIES (¹).

219. On emploira les objets suivans au repliement d'un pont de 25 bateaux, par parties de 3 bateaux.

DÉSIGNATION DES OBJETS.	QUANTITÉ	EMPLACEMENT DES OBJETS AVANT LA MANŒUVRE.
Nacelles	6	Amarrées à la rive, en aval de la 2ᵉ culée.
Rames à bateau	12	
—— à nacelle	30	
Gaffes à bateau	12	
—— à nacelle	12	Rassemblés par espèces et formant un dépôt de menu objets, peu éloigné de la 2ᵉ culée.
Lignes	10	
Masses en bois	2	
Leviers	2	
Commandes	2	

220. L'officier commandant la manœuvre emploira 3 officiers 10 sous-officiers ou caporaux et 84 pontonniers, au repliement par parties d'un pont de 25 bateaux, tendu sur une rivière d

---

(¹) On repliera ordinairement le pont par parties de 3 bateaux ; des parties de plus de 3 b
teaux seraient trop difficiles à manœuvrer sur un courant rapide.

REPLIEMENT D'UN PONT PAR PARTIES.

rapidité moyenne. Il les partagera en 4 détachemens, conformément au tableau ci-après :

Dénomination des détachemens.	Force des détachemens.			Fonctions des détachemens.
	officiers.	sous-officiers.	pontonniers.	
des culées	1	1	12	Replier les culées.
de la séparation des parties	1	2	28	Séparer les parties. 1re section, de 12 pontonniers, débrèle et ôte les guindages; emporte des madriers des travées de séparation. 2e ——— 4 ——— découvre, agit aux traversières. 3e ——— 10 ——— emporte des madriers des travées de séparation; débrèle et ramène les poutrelles. 4e ——— 2 ——— démarre les cordages d'ancres d'amont.
des ancres	1	5	20	Lever les ancres. 1re section, de 1 sous-officier, 4 pontonniers, 2e ——— 1 ——— 4 ——— lèvent les ancres d'amont. 3e ——— 1 ——— 4 ——— 4e ——— 1 ——— 4 ——— lèvent les ancres d'aval. 5e ——— 1 ——— 4 ———
du halage des parties	»	2	24	Emmener les parties. 1re section, de 6 pontonniers, emmène les 1re et 5e parties. 2e ——— 6 ——————— 2e et 6e ——— 3e ——— 6 ——————— 3e et 7e ——— 4e ——— 6 ——————— 4e et 8e ———
	3	10	84	

221. Lorsque le pont est composé de plus de 25 bateaux, on augmente le nombre de sections des 3e et 4e détachemens.

222. Lorsque le courant est très-rapide, on renforce la 4e section du 2e détachement, ainsi que les sections du 4e.

160 MANŒUVRES ÉLÉMENTAIRES. TITRE III. ARTICLE VII.

223. Les objets portés au tableau du n° 219 seront employés par les détachemens ci-après désignés :

1er DÉTACHEMENT . . . . . .
{
1 nacelle, *pour transporter sur la* 2e *rive les piquets, le corps-mort, etc., de la* 1re *culée.*
5 rames à nacelle ⎫
2 gaffes   idem   ⎬ *équipement de la nacelle.*
1 ligne ⎭
2 masses en bois ⎫
2 leviers ⎬ *pour arracher les piquets.*
2 commandes ⎭
}

3e DÉTACHEMENT . . . . . .
{
1 nacelle ⎫
5 rames à nacelle ⎬ *pour chacune des* 5 *sections.*
2 gaffes   idem ⎭
1 ligne
}

4e DÉTACHEMENT . . . . . .
{
3 rames à bateau ⎫
3 gaffes   idem   ⎬ *pour chacune des* 4 *sections.*
1 ligne. ⎭
}

DÉTAILS DE REPLIEMENT.

PREMIER DÉTACHEMENT.

Replier les culées.

224. Le détachement place sa nacelle sous les poutrelles de la 1re culée, pour supporter le bout de ces poutrelles et les empêcher de toucher l'eau lorsqu'on les ramène sur la 1re partie. Il arrache les piquets d'amarrage, lève le madrier de champ et le corps-mort, arrache les piquets de corps-mort, charge tous ces objets dans la nacelle et la conduit sur la 2e rive.

225. Le sous-officier rassemble le détachement, numérote par file les 12 servans qui le composent, et leur indique les fonctions qu'ils auront à remplir pour replier la 2e culée aussitôt que la dernière partie sera emmenée. Les 1ers servans découvrent, agissent aux traversières et ôtent les cordages d'ancres; les 10 autres servans emportent les poutrelles, les madriers et les guindages, et débrèlent les poutrelles fixées sur le corps-mort. Ces différentes

opérations s'exécutent d'après les principes de repliement d'une portière, n°s 180 et 181.

DEUXIÈME DÉTACHEMENT.

1re SECTION.

Oter les guindages.

226. Les pontonniers de la section débrèlent les 6 guindages des 1re, 2e et 3e travées, et déposent sur l'avant du 3e bateau les billots, les commandes de guindages et les commandes de billots; ils placent 3 de ces guindages de chaque côté du tablier, sur les plats-bords des 1er, 2e et 3e bateaux, qui sont les 3 bateaux de la 1re partie : les 4 guindages des 1re et 2e travée sont mis sur les plats-bords des 1er et 2e bateaux, et les 2 guindages de la 3e travée sur les plats-bords des 2e et 3e bateaux. Ils emportent ensuite, 2 par 2, des madriers de la 1re travée, qui est la 1re travée de séparation, et les mettent en piles de 4 de hauteur sur les madriers qui couvrent le 2e bateau. Lorsque les poutrelles de cette travée sont entièrement découvertes, ils débrèlent les 6 guindages des 4e, 5e et 6e travées, et déposent sur l'avant du 6e bateau les billots et les commandes de guindages et de billots; ils placent ces guindages en dehors du tablier, 3 de chaque côté, sur les plats-bords des 4e, 5e et 6e bateaux, qui sont les 3 bateaux de la 2e partie : les 4 guindages des 4e et 5e travées sont mis sur les plats-bords des 4e et 5e bateaux, et les 2 guindages de la 6e travée sur les plats-bords des 5e et 6e bateaux. Ils emportent ensuite des madriers de la 4e travée, qui est la 2e travée de séparation, et les mettent en piles de 4 de hauteur sur les madriers qui couvrent le 5e bateau. Lorsque les poutrelles de cette travée sont entièrement découvertes, ils débrèlent les guindages des 7e, 8e et 9e travées, et continuent d'agir de la même manière jusqu'à la 2e culée. Ils jettent sur l'avant du bateau de cette culée les billots, les commandes de guindages et de billots des 2 dernières travées, et posent un bout des guindages de ces travées sur les plats-bords du bateau de la culée et l'autre bout sur la rive. Enfin, ils

empilent ceux des madriers de la dernière travée de séparation qu'ils emportent, sur les madriers de la 2e culée qui sont les plus près du corps-mort.

2e SECTION.

Découvrir les travées de séparation et agir aux traversières.

227. Les 2 pontonniers de la 1re file découvrent les poutrelles des travées de séparation impaires, et agissent aux traversières de droite de chaque partie; les 2 pontonniers de la 2e file découvrent les poutrelles des travées de séparation paires, et agissent aux traversières de gauche.

228. Les pontonniers de la section détachent des piquets d'amarrage les traversières de la 1re culée et les jettent dans le 1er bateau. Les 2 pontonniers de la 1re file découvrent entièrement les poutrelles de la 1re travée, comme il est expliqué, n° 180.

229. Lorsque les guindages de la 4e travée sont ôtés, les 2 pontonniers de la 2e file découvrent entièrement les poutrelles de cette travée, qui est la 2e travée de séparation. Les 4 pontonniers de la section entrent dans le 1er bateau de la 2e partie, et démarrent les traversières de la 2e travée de séparation; au commandement *ramenez la partie* — FERME, du chef du détachement, ils tirent sur les traversières; ils cessent de tirer sur ces cordages au commandement de *halte*, fait au moment où la 1re partie est ramenée près de la 2e; lorsque le cordage d'ancre d'amont de la 1re partie est démarré et passé sur la 2e, ils jettent les traversières dans le 3e bateau de la 1re partie. La section agit successivement de la même manière à toutes les travées de séparation.

3e SECTION.

Ramener les poutrelles de la 1re culée.

230. La section emporte, 2 par 2, des madriers de la 1re travée, et les met en piles de 4 de hauteur sur les madriers qui couvrent le 2e bateau. Lorsque les poutrelles de la 1re travée sont découvertes, les 5 pontonniers du 1er rang de la section détachent

REPLIEMENT D'UN PONT PAR PARTIES.

les commandes qui brêlent ces poutrelles sur le corps-mort. Le pontonnier qui a débrêlé la poutrelle d'amont réunit les 5 commandes en paquet qu'il jette sur l'avant du 1er bateau. Les 5 pontonniers du 2^d rang entrent dans le 1er bateau, débrêlent les poutrelles, en commençant par le côté intérieur, éloignent les poutrelles de la 1re travée de celles de la 2e, et rebrêlent ces dernières poutrelles, en les embrassant d'un tour des commandes du côté extérieur ; ils montent sur les poutrelles de la 2e travée et soulèvent celles de la 1re ; au commandement *ramenez les poutrelles* — FERME, du chef du détachement, ils tirent sur les poutrelles pour les ramener sur la 1re partie ; ils cessent de tirer au commandement de *halte*, du même chef, fait au moment où elles ne dépassent plus les poutrelles de la 1re travée de cette partie.

Ramener les poutrelles des travées de séparation.

231. La section emporte, 2 par 2, et place sur le 2^d bateau de la 2e partie, des madriers de la travée de séparation des 1re et 2e parties. Lorsque les poutrelles de cette travée sont entièrement découvertes, les 5 pontonniers du 1er rang entrent dans le 3e bateau de la 1re partie, débrêlent les poutrelles, en commençant par le côté extérieur du bateau, éloignent les poutrelles de la travée de séparation de celles de la 2e travée de la 1re partie, et rebrêlent ces dernières poutrelles, en les embrassant d'un tour des commandes du côté intérieur du bateau ; les 5 pontonniers du 2^d rang entrent dans le 1er bateau de la 2e partie, débrêlent les poutrelles, en commençant par le côté intérieur du bateau, éloignent les poutrelles de la travée de séparation de celles de la 1re travée de la 2e partie, rebrêlent ces dernières poutrelles, en les embrassant d'un tour des commandes du côté extérieur du bateau ; ils montent sur les poutrelles de la 1re travée de la 2e partie, soulèvent celles de la travée de séparation, et avancent sur le tablier de la 2e partie pendant qu'on ramène la 1re partie ; au commandement de *halte*, fait par le chef du détachement, au moment où la 1re partie est contre la 2e, ils tirent sur les poutrelles pour les ramener sur la 2e partie, jusqu'à ce qu'elles

ne dépassent plus les poutrelles de la 1re travée de cette partie. La section agit de la même manière pour toutes les séparations de parties. Elle empile ceux des madriers de la dernière travée de séparation qu'elle emporte, sur les madriers de la 2e culée qui sont les plus près du corps-mort.

4e SECTION.

Démarrer les cordages d'ancres d'amont.

232. Les 2 pontonniers de la section se conforment à ce qui est dit, n° 158, en appliquant aux parties ce qui est prescrit pour les portières.

233. Un des sous-officiers du détachement dirige particulièrement le placement des guindages d'amont sur l'avant des bateaux, et les opérations des pontonniers du 1er rang de la 3e section pour débrèler les poutrelles des travées de séparation. L'autre sous-officiers dirige le placement des guindages d'aval, et les opérations des pontonniers du 2d rang de la 3e section, pour débrèler et ramener les poutrelles des travées de séparation.

234. L'officier, chef du détachement, fait ramener les poutrelles de la 1re culée par le commandement *ferme*; il commande *halte* lorsqu'elles sont ramenées sur la 1re partie. Quand tout est disposé pour ramener une partie, il commande *ramenez la partie — FERME*; il commande *halte* lorsqu'elle est ramenée.

TROISIÈME DÉTACHEMENT.

1re SECTION.

Lever les ancres d'amont.

235. La section lève les ancres d'amont des 1re, 2e et 3e parties, comme il est indiqué pour le repliement du pont par portières, n° 161.

2ᵉ SECTION.

236. La section lève les ancres d'amont des 4ᵉ, 5ᵉ et 6ᵉ parties, par les moyens indiqués n° 162.

3ᵉ SECTION.

237. La section lève les ancres d'amont des 7ᵉ et 8ᵉ parties, comme il est dit n° 163.

4ᵉ SECTION.

Lever les ancres d'aval.

238. La section lève les ancres d'aval des 1ʳᵉ, 2ᵉ, 3ᵉ, 7ᵉ et 8ᵉ parties, comme il est expliqué n° 165. Elle lève l'ancre de chaque partie aussitôt que l'on commence à découvrir les poutrelles de la travée de séparation de cette partie avec la partie suivante.

5ᵉ SECTION.

239. La section lève les ancres d'aval des 4ᵉ, 5ᵉ et 6ᵉ parties, en se conformant aux mêmes principes que la 4ᵉ section.

QUATRIÈME DÉTACHEMENT.

Emmener les parties.

240. Chaque partie est emmenée et conduite au dépôt des parties, comme il est expliqué pour les portières, n°ˢ 168 et 169.

241. Le sous-officier, chef du détachement, fait amarrer les parties à la 2ᵉ rive, dans l'ordre indiqué n° 170. Le 2ᵈ sous-officier surveille le halage des parties.

ENSEMBLE DE LA MANOEUVRE.

242. Les pontonniers étant en bataille sur la 2ᵉ rive et formés par détachemens, comme il est expliqué n° 220, le chef de la manœuvre commande :

1. *Garde à vous.*
2. *Par parties de 3 bateaux* — REPLIEZ LE PONT.

243. Au second commandement, chaque chef de détachement conduit son détachement où l'appellent ses fonctions.

244. Le 1er détachement place sa nacelle sous les poutrelles de la 1re culée, n° 224; la 1re section du 2e détachement débrèle les guindages des 3 premières travées, et les place sur les bateaux de la 1re partie, n° 226; la 2e section détache les traversières de la 1re culée et découvre les poutrelles de cette culée, n°s 227 et 228; les 1re et 3e sections emportent les madriers et les empilent sur le 2^d bateau de la 1re partie; la 3e section débrèle les poutrelles de la culée et les ramène sur la 1re partie, n° 230. Le 1er détachement arrache les piquets d'amarrage, lève le madrier de champ et le corps-mort, arrache les piquets de corps-mort, charge tous ces objets dans sa nacelle et la conduit sur la 2e rive. — Lorsque les poutrelles de la 1re culée sont découvertes, la 1re section du 2e détachement débrèle les guindages des 4e, 5e et 6e travées, et place ces guindages sur les bateaux de la 2e partie; la 2e section découvre les poutrelles de la 4e travée, qui est la 2e travée de séparation; les 1re et 3e sections emportent les madriers et les empilent sur le 2^d bateau de la 2e partie; la 3e section débrèle les poutrelles de la 2e travée de séparation, n° 231; la 2e section ramène la 1re partie, n° 229, et la 3e section ramène les poutrelles de la travée de séparation, n° 231. La 1re section du 4e détachement emmène la 1re partie, n° 240. — Le repliement du pont continue de la même manière. Les ancres d'amont et d'aval sont successivement levées par le 3e détachement, aidé, pour celles d'amont, par la 4e section du 2e, n°s 232, 235 et suivans.

245. Le pont étant replié par parties, on fera replier les parties par des détachemens composés d'un sous-officier ou caporal et 12 pontonniers.

246. Le sous-officier numérote les 12 servans par file, et leur indique les fonctions qu'ils ont à remplir. Les 1ers servans découvrent et agissent aux croisières; les 10 autres servans emportent les poutrelles, les madriers et les guindages, et débrèlent les poutrelles fixées sur les bateaux. Le repliement des parties s'exécutera d'une manière analogue au repliement des portières, n°s 180 et 181.

ARTICLE VIII.

PONT DE BATEAUX D'ÉQUIPAGE DE CAMPAGNE JETÉ PAR CONVERSION.

247. On construit le pont d'avance, par bateaux successifs, le long de la 1re rive: les poutrelles du tablier sont entièrement couvertes de madriers; les guindages des travées extrêmes ne sont pas brêlés.

248. On emploira les objets suivans pour jeter par conversion Pl. XXXII. un pont de 25 bateaux, sur une rivière de 77 toises et de rapidité moyenne.

DÉSIGNATION DES OBJETS.	QUANTITÉ	EMPLACEMENT DES OBJETS AVANT LA MANŒUVRE.
Pont de 25 bateaux ..	1	Tendu et amarré le long de la 1re rive; le 1er bateau à 5 toises environ en amont de l'emplacement de la 1re culée.
Nacelles	4	En aval de l'emplacement de la 1re culée.
Poutrelles de culées..	14	Au dépôt des poutrelles.
Madriers..........	28	Au dépôt des madriers.
Corps - morts	2	
Ancres............	12	
Cinquenelles	4	
Cordages d'ancres ..	12	
Commandes de poutrelles	10	
—— de guindages	20	
—— de billots .	120	
Billots	20	
Piquets de corps-morts	12	
—— d'amarrage ...	1	Rassemblés par espèces et formant un dépôt de menus objets.
Pieux.............	4	
Palans	4	
Rames à nacelle	20	
Gaffes à bateau	32	
—— à nacelle	8	
Lignes	7	
Masses en bois	6	
Moutons à bras.....	2	
Pelles et Pioches ...	«	
Dames	4	

249. L'officier commandant la manœuvre emploira 3 officiers, 8 sous-officiers ou caporaux et 84 pontonniers, pour jeter le pont par conversion. Il les partagera en 5 détachemens, conformément au tableau ci-après :

NUMÉROS DES DÉTACHEMENS.	DÉNOMINATION DES DÉTACHEMENS.	FORCE des DÉTACHEMENS.			FONCTIONS DES DÉTACHEMENS.
		officiers.	sous-officiers.	pontonniers.	
1er	des cinquenelles et de la 1re culée	1	2	24	Planter les pieux sur la 1re rive; tendre les cinquenelles. Agi aux cinquenelles pendant la conversion. Construire la 1^r culée.
2^e	de la 2e culée	1	2	24	Disposer les matériaux pour la 2e culée. Pousser le pont a large et diriger son mouvement de conversion. Planter le pieux sur la 2e rive et construire la 2e culée.
3^e	des ancres	1	2	24	Disposer sur les bateaux les ancres d'amont, prêtes à être moui lées. Mouiller les ancres d'amont et diriger avec leurs co dages le mouvement de conversion du pont. Mouiller l ancres d'aval.
4^e	de la ligne	»	1	4	Disposer une ligne pour soutenir l'aile marchante. Agir à cordage pendant la conversion.
5^e	du pivot	»	1	8	Empêcher que l'aile pivotante ne touche la rive.
		3	8	84	

PONT JETÉ PAR CONVERSION. 169

250. Les objets portés au tableau du n° 248 seront employés par les détachemens ci-après désignés :

1ᵉʳ DÉTACHEMENT......
- 7 poutrelles de culées.
- 14 madriers.
- 4 cinquenelles.
- 5 commandes de poutrelles.
- 10 ———— de guindages.
- 110 ———— de billots, *dont* 100 *pour fixer les cinquenelles aux bateaux.*
- 10 billots.
- 1 corps-mort.
- 6 piquets de corps-mort.
- 2 pieux.
- 2 palans.
- 1 nacelle, *pour aider à placer les poutrelles de la* 1ʳᵉ *culée.*
- 5 rames à nacelle ⎫
- 2 gaffes   *idem* ⎬ *équipement de la nacelle.*
- 1 ligne   ⎭
- 2 masses en bois.
- 1 mouton à bras.
- « pelles.
- « pioches.
- 2 dames.

2ᵉ DÉTACHEMENT......
- 7 poutrelles de culées.
- 14 madriers.
- 5 commandes de poutrelles.
- 10 ———— de guindages.
- 10 ———— de billots.
- 10 billots.
- 1 corps-mort.
- 6 piquets de corps-mort.
- 2 pieux.
- 2 palans.
- 1 nacelle et son équipement.
- 24 gaffes à bateau, *pour pousser le pont au large et diriger son mouvement.*
- 2 masses en bois.
- 1 mouton à bras.
- « pelles.
- « pioches.
- 2 dames.

3ᵉ DÉTACHEMENT . . . . . . {
   12 ancres.
   12 cordages d'ancres.
   2 nacelles avec leur équipement, *pour mouiller les ancres d'aval.*

4ᵉ DÉTACHEMENT . . . . . . {
   1 ligne de 120 toises, *formée de 3 lignes ordinaires attachées bout à bout.*
   1 piquet d'amarrage.
   2 masses en bois.

5ᵉ DÉTACHEMENT . . . . . . 8 gaffes à bateau.

DÉTAILS DE LA MANOEUVRE.

PREMIER DÉTACHEMENT.

Planter les pieux sur la 1ʳᵉ rive. Tendre les cinquenelles.

251. Le détachement plante 2 pieux sur la 1ʳᵉ rive, avec le mouton à bras, à l'emplacement de la 1ʳᵉ culée, éloignés l'un de l'autre, d'amont en aval, de 26 pieds environ. Il déploie deux cinquenelles de longueur double, l'une sur l'avant des bateaux du pont, derrière et contre les poupées, l'autre sur l'arrière des bateaux, au-dessus des crochets d'embrelage, amarre ces cordages au dernier bateau (celui de l'extrémité d'amont), en embrassant les becs de ce bateau d'un tour des cinquenelles, tend les cinquenelles, au moyen de palans, fixe ces cordages aux poupées et aux anneaux d'embrelage de tous les bateaux avec des commandes de billots, et attache les palans aux pieux. Le détachement saisit ensuite les garans des palans.

Agir aux cinquenelles pendant la conversion.

252. Pendant la conversion, le détachement tire sur les garans des palans, de manière à mettre le premier bateau du pont à la distance à laquelle il doit être de la 1ʳᵉ rive.

Construire la 1re culée.

253. Lorsque le pont a fait un quart de conversion et que le 1er bateau est à la distance convenable de la 1re rive, le détachement amarre les garans et fixe les cinquenelles aux pieux. Il place le corps-mort, amène une nacelle contre la rive, entre le corps-mort et le 1er bateau, fait avancer 5 poutrelles sur ce bateau, au moyen de la nacelle, et achève de ponter la 1re culée.

254. Chaque sous-officier dirige les pontonniers qui agissent à l'une des cinquenelles.

255. L'officier surveille et dirige l'ensemble des opérations de son détachement.

DEUXIÈME DÉTACHEMENT.

Disposer les matériaux pour la 2e culée.

256. Le détachement attache un palan au bout d'amont de chaque cinquenelle. Il place sur le tablier de l'avant-dernière travée du pont 13 madriers et 7 poutrelles de culées, et sur l'avant du dernier bateau 10 commandes de guindages, 10 de billots et 10 billots; il amarre à l'arrière de ce bateau une nacelle équipée de 5 rames, 2 gaffes et 1 ligne, dans laquelle il a chargé un corps-mort, 6 piquets de corps-mort, 1 madrier, 5 commandes de poutrelles, 2 pieux, 1 mouton à bras, 2 masses en bois, des pelles, des pioches et 2 dames.

Pousser le pont au large et diriger son mouvement de conversion.

257. Le détachement démarre le pont, pousse la partie d'amont au large avec des gaffes et dirige le mouvement de conversion du pont, en poussant à la gaffe, si la profondeur de la rivière le permet, de manière que le pont converse sans trop se courber.

Planter les pieux sur la 2e rive et construire la 2e culée.

258. Lorsque le pont a fait un quart de conversion, le détachement passe, au moyen de la nacelle, sur la 2e rive, avec les

bouts des cinquenelles et les palans; il place le corps-mort, plante les deux pieux, comme il est expliqué n° 251, attache les palans aux pieux et manœuvre aux palans pour tendre les cinquenelles, et pour rapprocher le pont de la rive, si cela est nécessaire. Il ponte ensuite la 2e culée.

TROISIÈME DÉTACHEMENT.

Disposer sur les bateaux les ancres d'amont, prêtes à être mouillées.

259. Huit ancres d'amont sont placées, chacune par 3 pontonniers, sur le nez de l'avant des bateaux du pont, la 1re à une distance du 1er bateau moindre que la longueur des cordages d'ancres, les autres réparties sur les bateaux en amont de la 1re ancre; 4 à 5 toises de chaque cordage d'ancre sont roulées sur l'avant du bateau, derrière l'ancre, et le reste du cordage est étendu sur le tablier du pont, le bout libre porté vers le 1er bateau. Les 3 pontonniers qui ont ainsi disposé une ancre et son cordage se tiennent prêts à mouiller l'ancre.

Mouiller les ancres d'amont et diriger avec leurs cordages le mouvement de conversion du pont.

260. Les ancres sont jetées à l'eau l'une après l'autre, à mesure que la conversion s'effectue, en commençant par la plus rapprochée du pivot. Les 3 pontonniers qui ont mouillé une ancre se rapprochent du pivot en tendant plus ou moins le cordage d'ancre, de manière à diriger le pont, qui doit rester, autant que possible, en ligne droite pendant la conversion. Lorsque ces pontonniers ne peuvent pas tendre le cordage assez fortement, ils en embrassent la poupée d'un bateau et filent de ce cordage autour de la poupée. Ils arrêtent le mouvement du pont aussitôt que le quart de conversion est terminé. Les pontonniers mettent successivement les cordages d'ancres dans la direction du courant et les amarrent aux bateaux auxquels ils cor-

respondent. Ils filent ensuite tous en même temps la quantité de cordage nécessaire pour que le pont se trouve à hauteur de l'emplacement des culées.

Mouiller les ancres d'aval.

261. Les 2 sous-officiers et 8 hommes du détachement vont ensuite mouiller 4 ancres d'aval.

262. L'officier, chef du détachement, fait jeter successivement les ancres d'amont pendant la conversion, de manière qu'elles soient à peu près à même hauteur et également espacées sur toute la largeur de la rivière. Il veille à ce que les cordages d'ancres d'amont soient mis dans la direction du courant, et il fait descendre le pont à hauteur de l'emplacement des culées.

QUATRIÈME DÉTACHEMENT.

Disposer une ligne pour soutenir l'aile marchante. Agir à ce cordage pendant la conversion.

263. Le détachement plante un piquet d'amarrage sur la rive à hauteur du dernier bateau du pont; il porte une ligne de 120 toises sur l'avant-bec de l'avant-dernier bateau du pont, amarre un bout de cette ligne au piquet (ou mieux, à un arbre, s'il s'en trouve un convenablement placé sur la rive) et embrasse une poupée de ce bateau d'un tour du cordage. Pendant la conversion, il file de la ligne autour de la poupée, de manière à soutenir l'aile marchante, et à l'empêcher de prendre une trop grande vitesse. La conversion terminée, il ôte la ligne.

CINQUIÈME DÉTACHEMENT.

Empêcher que l'aile pivotante ne touche la rive.

264. Le détachement, armé de gaffes, agit à l'aile pivotante pendant la conversion, pour empêcher que le pont ne touche la

rive. Lorsque la conversion est faite, ce détachement aide à ponter la 1re culée.

ENSEMBLE DE LA MANOEUVRE.

265. Les objets nécessaires à la manœuvre étant disposés comme il est dit n° 248, et les pontonniers partagés en 5 détachemens, conformément au tableau du n° 249, le chef de la manœuvre commande :

1. *Garde à vous.*
2. PRÉPAREZ LE PONT POUR LA CONVERSION.

266. Au second commandement, chaque détachement fait les dispositions qui doivent précéder l'exécution du mouvement de conversion, en se conformant à ce qui a été prescrit dans les détails de la manœuvre.

267. Ces dispositions terminées, le chef de la manœuvre commande :

1. *Garde à vous.*
2. *Par conversion* — JETEZ LE PONT.

268. Au second commandement, tous les détachemens agissent à la fois. Le 2e démarre le pont, pousse sa partie d'amont au large et dirige son mouvement de conversion, n° 257. Le 1er agit aux palans fixés aux pieux de la 1re rive, de manière à rapprocher le pont de cette rive, s'il venait à trop s'en éloigner, n° 252. Le 3e mouille successivement les ancres d'amont et dirige avec leurs cordages le mouvement de conversion du pont, n° 260. Le 4e soutient l'aile marchante avec la ligne, n° 263. Le 5e empêche que l'aile pivotante ne touche la 1re rive.

269. Lorsque le pont a exécuté un quart de conversion, le chef de la manœuvre le fait placer à la hauteur de l'emplacement des culées, au moyen des cordages d'ancres d'amont, n° 260, et à la distance convenable des rives, au moyen des palans, n° 258 ; les 1er et 5e détachemens unissent le pont à la 1re rive ; le

Pont jeté par conversion.

2ᵉ l'unit à la 2ᵉ rive : enfin, le 3ᵉ détachement mouille les ancres d'aval.

270. Sur une rivière très-large et très-rapide, le chef de la manœuvre ferait mouiller quelques ancres d'amont de dessus l'aile marchante, avant que le pont eût exécuté un demi-quart de conversion. On soutiendrait d'abord l'aile marchante avec leurs cordages que l'on abandonnerait lorsqu'on les aurait filés entièrement : des bouées, mises d'avance à l'extrémité de ces cordages, serviraient à les faire retrouver. De plus, on soutiendrait le pont vers son milieu avec une ou plusieurs lignes.

ARTICLE IX.

PONT DE BATEAUX D'ÉQUIPAGE DE CAMPAGNE REPLIÉ PAR CONVERSION.

Pl. XXXIII. 271. On emploira les objets suivans au repliement par conversion d'un pont de 25 bateaux, sur une rivière de rapidité moyenne.

DÉSIGNATION DES OBJETS.	QUANTITÉ.	EMPLACEMENT DES OBJETS AVANT LA MANŒUVRE.
Nacelles	4	En amont de la culée du pivot.
Rames à nacelle	20	
Gaffes à nacelle	8	
——— à bateau	36	
Lignes	4	
Cordages d'ancres . . .	4	
Commandes de billots.	100	Rassemblés par espèces et formant un dépôt de menus objets, peu éloigné de la culée du pivot.
——— de guindages	4	
Bouées	12	
Pieux	2	
Palans	2	
Mouton à bras.	1	
Masses en bois	4	
Leviers	4	

272. L'officier commandant la manœuvre emploira 3 officiers, 8 sous-officiers ou caporaux et 84 pontonniers, pour replier le pont par conversion. Il les partagera en 4 détachemens, conformément au tableau ci-après :

DÉNOMINATION DES DÉTACHEMENS.	FORCE des DÉTACHEMENS.			FONCTIONS DES DÉTACHEMENS.
	officiers.	sous-officiers.	pontonniers.	
de la culée du pivot	1	1	12	Replier la culée du pivot. Empêcher que l'aile pivotante ne touche la rive.
de la culée opposée au pivot	1	1	24	Replier la culée opposée au pivot. Diriger le mouvement de conversion du pont.
des ancres	1	4	24	Prolonger la moitié des cordages d'ancres d'amont ; attacher des bouées à tous les cordages d'ancres. Agir aux cordages d'ancres d'amont pendant la conversion. Lever les ancres.
des cinquenelles	»	2	24	Planter les pieux et tendre les cinquenelles. Agir au palan de la cinquenelle d'amont pendant la conversion.
	3	8	84	

273. Les objets portés au tableau du n° 271 seront employés par les détachemens ci-après désignés :

178   MANŒUVRES ÉLÉMENTAIRES. TITRE III. ARTICLE IX.

1er DÉTACHEMENT ....
- 1 nacelle.
- 5 rames à nacelle ⎫
- 2 gaffes *idem*   ⎬ équipement de la nacelle.
- 1 ligne   ⎭
- 12 gaffes à bateau.
- 2 masses en bois   ⎫
- 2 leviers   ⎬ *pour arracher les piquets.*
- 2 commandes de guindages ⎭

2e DÉTACHEMENT ....
- Il emploie les mêmes objets que le 1er; et de plus
- 12 gaffes à bateau.

3e DÉTACHEMENT ....
- 4 cordages d'ancres, *pour prolonger 4 cordages d'ancres d'amont.* (*On suppose que le pont a 8 ancres d'amont.*)
- 12 bouées, *pour faire retrouver les 8 ancres d'amont et les 4 d'aval.*
- 4 nacelles et leur équipement, *pour lever les ancres.* (*Les 2 nacelles employées par les 1er et 2e détachemens sont comprises dans ces 4 nacelles.*)

4e DÉTACHEMENT ....
- 4 cinquenelles.
- 100 commandes de billots, *pour fixer les cinquenelles aux bateaux.*
- 2 palans.
- 2 pieux.
- 1 mouton à bras.

DÉTAILS DE LA MANOEUVRE.

PREMIER DÉTACHEMENT.

Replier la culée du pivot.

274. Le détachement replie sur la rive le tablier de la culée du pivot, en faisant usage d'une nacelle qu'il place sous les poutrelles pour les soutenir et les empêcher de tomber à l'eau lorsqu'on les ramène.

Empêcher que l'aile pivotante ne touche la rive.

275. pendant la conversion, les 12 pontonniers du détachement, armés de gaffes et placés sur le tablier du pont, empêchent que l'aile pivotante ne touche la rive.

276. Après la conversion, le détachement enlève le madrier de champ, le corps-mort, ses piquets et les piquets d'amarrage.

DEUXIÈME DÉTACHEMENT.

Replier la culée opposée au pivot.

277. Le détachement replie sur le pont le tablier de la culée opposée au pivot, en se servant, comme le premier détachement, d'une nacelle; il charge, dans la nacelle, le madrier de champ, le corps-mort et les piquets de cette culée, et amarre la nacelle à l'arrière du bateau de l'extrémité opposée au pivot.

Diriger le mouvement de conversion du pont.

278. Pendant la conversion, le détachement dirige le mouvement du pont avec des gaffes, autant que la profondeur de la rivière le permet.

TROISIÈME DÉTACHEMENT.

Prolonger la moitié des cordages d'ancres d'amont; attacher des bouées à tous les cordages d'ancres.

279. Le détachement prolonge, de deux en deux, les cordages d'amont, en amarrant de nouveaux cordages à leur extrémité; il roule la retraite des cordages d'amont; attache une bouée à l'extrémité de chacun des cordages d'amont et d'aval, et jette à l'eau les bouées et la retraite des cordages d'aval.

Agir aux cordages d'ancres d'amont pendant la conversion.

280 Pendant la conversion, 3 hommes filent chaque cordage d'amont autour d'une poupée; ils tendent plus ou moins la retraite pour que le pont converse sans trop se courber : lorsqu'ils ont filé presque toute la retraite du cordage d'ancre, ils jettent la bouée à l'eau, ainsi que le bout du cordage.

Lever les ancres.

281. Après la conversion, les 4 sous-officiers et 16 pontonniers du détachement vont avec 4 nacelles lever les ancres, dont les bouées servent à faire retrouver les cordages.

QUATRIÈME DÉTACHEMENT.

Planter les pieux et tendre les cinquenelles.

282. Le détachement plante 2 pieux, avec le mouton à bras, sur la rive contre laquelle on repliera le pont, l'un dans la direction des anneaux d'embrelage, l'autre dans la direction des poupées des bateaux du pont. Il déploie deux cinquenelles de longueur double sur l'avant et sur l'arrière des bateaux, amarre ces cordages aux becs du bateau voisin de l'autre rive, comme il est expliqué n° 251 ; tend les cinquenelles au moyen de palans attachés aux pieux; fixe ces cordages aux poupées et aux anneaux d'embrelage de tous les bateaux, avec des commandes de billots, amarre au pieu d'aval le bout bien tendu de la cinquenelle d'aval, ainsi que le garant du palan attaché à ce pieu, saisit le garant de l'autre palan et se tient prêt à filer de ce garant.

Agir au palan de la cinquenelle d'amont pendant la conversion.

283. Pendant la conversion, le détachement file lentement du garant du palan de la cinquenelle d'amont.

ENSEMBLE DE LA MANOEUVRE.

284. Les objets nécessaires à la manœuvre étant disposés comme il est dit n° 271, et les pontonniers partagés en 4 détachemens, conformément au tableau du n° 272, le chef de la manœuvre commande :

1. *Garde à vous.*
2. PRÉPAREZ LE PONT POUR LA CONVERSION.

285. Au second commandement, chaque détachement fait les dispositions qui doivent précéder l'exécution du mouvement de conversion, en se conformant à ce qui a été prescrit dans les détails de la manœuvre.

286. Ces dispositions terminées, le chef de la manœuvre commande :

1. *Garde à vous.*
2. *Par conversion* — REPLIEZ LE PONT.

287. Au second commandement, tous les détachemens agissent à la fois. Le 1er détachement empêche que l'aile pivotante ne touche la rive, n° 275. Le 2e dirige, avec des gaffes, le mouvement de conversion du pont, n° 278. Le 3e file des cordages d'ancres autour des poupées, n° 280. Le 4e agit au palan de la cinquenelle d'amont pour filer de cette cinquenelle, n° 283. Enfin, le 3e lève les ancres, n° 281.

ARTICLE X.

CONSTRUCTION ET REPLIEMENT DES PONTS DE BATEAUX GRIBEAUVAL OU DE BATEAUX DU COMMERCE.

PONTS DE BATEAUX GRIBEAUVAL.

288. Lorsque les bateaux Gribeauval ont des crochets de pontage, les manœuvres s'exécutent avec ces bateaux comme avec les bateaux d'équipage de campagne. On met 7 poutrelles par travée; elles dépassent les bateaux d'un pied : il y a 20 madriers par travée.

Pl. XXXIV. 289. Lorsque ces bateaux n'ont point de crochets de pontage, on fixe les poutrelles extrêmes sur les bateaux avec des clamaux à pointe et à crochet, et l'on jumelle les poutrelles accouplées avec des clamaux à une face.

Fixer les poutrelles sur les bateaux avec des clamaux à pointe et à crochet.

290. Chaque bateau a 8 pitons auxquels on accroche 8 clamaux à pointe et à crochet; les pointes de ces clamaux s'enfoncent, à coups de marteau, dans les faces latérales des poutrelles extrêmes accouplées. Les 5 poutrelles intermédiaires ne sont point fixées sur les bateaux. (Fig. 1.)

Jumeler les poutrelles accouplées, avec des clamaux.

291. On jumelle chaque couple de poutrelles, avec 2 clamaux à une face, placés à 18 pouces environ des extrémités des deux poutrelles et inclinés l'un vers l'autre. Une pointe de chaque clamau est enfoncée à coups de marteau dans la face supérieure d'une poutrelle et l'autre pointe dans la face supérieure de l'autre poutrelle. (Fig. 1.)

Clamauder les poutrelles de culées sur les corps-morts.

292. Chaque poutrelle de culée est fixée sur le corps-mort par 2 clamaux à deux faces. Un de ces clamaux a une pointe enfoncée dans la face de devant du corps-mort, et l'autre pointe dans la face latérale de la poutrelle. Le second clamau, placé de l'autre côté de la poutrelle, a une pointe enfoncée dans le dessus du corps-mort, et l'autre pointe dans la face latérale de la poutrelle. (Fig. 2.)

293. Lorsqu'on replie le pont, on lève les clamaux à 2 faces avec des pinces en fer, et les clamaux à une face avec des pioches.

PONTS DE BATEAUX DU COMMERCE.

Clamauder les poutrelles sur les bateaux.

294. Dans les ponts construits avec des bateaux du commerce, les poutrelles sont fixées sur les bateaux par des clamaux à 2 faces. Les poutrelles de la 1re travée sont fixées au côté extérieur du 1er bateau, chacune par un clamau à deux faces dont une des pointes est enfoncée dans le bordage, en dehors du bateau, et l'autre dans une face latérale de la poutrelle : tous les clamaux sont en amont ou en aval des poutrelles, selon qu'on devra mettre les poutrelles de la 2e travée en aval ou en amont de celles de la 1re. Chaque poutrelle des autres travées est de même fixée au côté extérieur du bateau qui supporte son bout de devant.

295. On jumelle les poutrelles accouplées, comme il est expliqué n° 291.

Pousser les bateaux au large.

296. Lorsque les poutrelles ont un fort équarrissage, on pousse les bateaux au large avec 3 poutrelles seulement, au moyen de rouleaux mis sur le tablier du pont, sous ces poutrelles. On placera les autres poutrelles à l'aide de rouleaux mis sur les trois

premières et de cordages amarrés par un nœud allemand à l'extrémité des poutrelles à placer. On tirera sur ces cordages de dedans le dernier bateau poussé au large. (Fig. 3.)

Ponter des bateaux inégaux ou peu solides.

297. Lorsque les bateaux sont inégaux, on les range sous le pont par gradation de grandeur, afin que le tablier n'ait pas de ressauts sensibles. On placera des chevalets dans les bateaux trop bas de bordages, ou bien on mettra sur leurs plats-bords des châssis composés de traverses entaillées pour le logement des plats-bords et de supports mis sur les traverses, dans le sens de la longueur du bateau. (Fig. 4.)

298. On fait aussi usage de chevalets ou de châssis lorsque les bateaux ne sont point solides.

Ponter à grandes portées.

299. On emploira encore les chevalets ou les châssis dans le cas où les poutrelles sont courtes et les bateaux larges, pour obtenir les plus grandes portées possibles. Les poutrelles dépasseront alors d'un pied environ le chapeau du chevalet, ou le support placé au milieu de la largeur du bateau; elles seront fixées par des clamaux à 2 faces sur ce chapeau ou support.

300. On peut ponter à grandes portées en disposant les poutrelles comme il suit: les poutrelles de la 1re travée posent sur les deux plats-bords du bateau de la culée; les 1re, 3e, etc. poutrelles de la 2e travée posent sur le plat-bord extérieur du 1er bateau et sur les deux plats-bords du 2e; les 2e, 4e, etc. poutrelles posent sur les deux plats-bords du 1er bateau et sur le plat-bord intérieur du 2e; les 1re, 3e, etc. poutrelles de la 3e travée posent sur le plat-bord extérieur du 2e bateau et sur les 2 plats-bords du 3e; les 2e, 4e, etc. poutrelles de cette travée posent sur les deux plats-bords du 2e bateau et sur le plat-bord intérieur du 3e; et ainsi de suite. (Fig. 5.)

301. Si les bateaux sont d'une construction très-solide, on peut obtenir des portées encore plus grandes en ne faisant poser les poutrelles que sur un plat-bord de chacun des deux bateaux qui

les supportent; on mettra d'autres poutrelles allant d'un plat-bord d'un bateau à l'autre plat-bord du même bateau : mais il faut être bien assuré de la force des bateaux pour employer ce mode de pontage. (Fig. 6.)

Construire et replier le pont par portières ou par parties.

302. On construira et l'on repliera les ponts de bateaux du commerce par portières ou par parties, en employant les moyens indiqués pour les ponts de bateaux d'équipage de campagne.

Portière du pont.

303. Les ponts stables ont une portière qu'on ouvre fréquemment pour les besoins de la navigation. On laisse entre les poutrelles de la portière et celles des travées voisines le jeu nécessaire aux mouvemens de la portière, et l'on met des fausses-poutrelles aux jonctions. Ces fausses-poutrelles ont un équarrissage un peu moindre que celui des poutrelles; on les place entre les poutrelles, posant à chaque jonction sur un des bateaux de la portière et sur le bateau contigu. Lorsque les bateaux sont d'une construction très-solide, on ne donne aux fausses-poutrelles que la longueur nécessaire pour qu'elles posent sur un des plats-bords de chacun de ces bateaux. Quand on veut ouvrir la portière, on pousse les fausses-poutrelles sur les bateaux voisins de la portière.

304. Les bateaux voisins de la portière seront ancrés en amont et en aval; les deux cordages d'amont, ainsi que les deux d'aval, iront en divergeant à partir des bateaux auxquels ils sont amarrés. Cette disposition oblique des cordages empêchera les deux bateaux de se rapprocher lorsque la portière sera ouverte. On peut encore s'opposer à ce rapprochement en amarrant à ces bateaux deux cinquenelles tendues au moyen de palans ou de cabestans fixés sur les rives. (Fig. 7.)

Jeter et replier le pont par conversion.

305. On jetterait et l'on replierait par conversion les ponts de bateaux du commerce, sur des rivières peu rapides; en suivant les principes donnés dans les articles VIII et IX.

186 Manœuvres élémentaires. Titre III. Article XI.

306. Le nombre de pontonniers nécessaires pour exécuter les manœuvres de construction et de repliement des ponts de bateaux du commerce, dépend des dimensions variables des matériaux de ces ponts.

ARTICLE XI.

CONSTRUCTION ET REPLIEMENT DES PONTS DE RADEAUX.

Pl. XXXV. 307. Les manœuvres de construction et de repliement des ponts de radeaux sont, à peu près, les mêmes que celles des ponts de bateaux du commerce.

308. On amène un radeau comme il suit: Cinq pontonniers montés sur le radeau le dirigent avec un gouvernail et 4 gaffes; d'autres pontonniers halent sur une forte ligne : ils le conduisent ainsi derrière et contre le dernier radeau ponté. Les gaffeurs jettent le bout d'une amarre fixée à l'avant du radeau à des pontonniers placés sur le dernier radeau ponté. La nacelle qui a mouillé l'ancre va porter le bout du cordage d'ancre aux gaffeurs. Les haleurs de la ligne passent l'un après l'autre sur le radeau pour haler sur le cordage d'ancre. Le radeau est amené à côté du dernier ponté, et à sa hauteur, au moyen de l'amarre et du cordage d'ancre.

309. Les hommes qui halent sur le cordage d'ancre se porteront le plus possible sur l'arrière du radeau.

310. Ils agiront de la manière suivante, sur un courant rapide, pour mettre le radeau poussé au large à la hauteur convenable. Ils halent sur le cordage d'ancre, jusqu'à ce que le radeau soit un peu trop en amont; fixent une amarre au cordage d'ancre, en amont de la poupée du radeau; halent sur l'amarre et embrassent la poupée de deux tours du cordage d'ancre; cessent de haler sur l'amarre et la détachent; filent lentement du cordage d'ancre autour de la poupée, pour laisser descendre le radeau : ils achèvent d'amarrer par le nœud de poupée, quand le radeau est à la place qu'il doit occuper.

ARTICLE XII.

CONSTRUCTION DES PONTS DE CHEVALETS.

311. On emploira un des deux moyens suivans pour placer les Pl. XXXVI. chevalets :

312. 1er *moyen*. Des hommes entrent dans l'eau, lorsque sa profondeur le permet, et asseoient les chevalets ;

313. 2e *moyen*. On se sert de deux longues poutrelles, pour mettre les chevalets au large et les asseoir.

314. On emploira les objets suivans dans la manœuvre de construction d'un pont de 37 chevalets (*pour/une rivière de 76 toises*).

DÉSIGNATION DES OBJETS.	QUANTITÉ	EMPLACEMENT DES OBJETS AVANT LA MANŒUVRE.
Chevalets	37	Sur la 1re rive, près de l'emplacement de la 1re culée. Rassemblés par ordre de hauteur ; ou dans l'ordre de leur placement au pont, si la rivière a été sondée.
Nacelle	1	Amarrée à la rive, en aval de la 1re culée.
Poutrelles	266	Empilées à gauche de la 1re culée.
Madriers	459	Empilés à droite de la 1re culée.
Poutrelles de manœuvre	2	Près des poutrelles du tablier. (Elles ont 36 pieds de longueur sur 6 pouces d'équarrissage).
Corps-morts	2	
Commandes de guindages	154	
—— de billots	154	
Billots	154	
Piquets de corps-morts	12	
Clamaux à une face	370	
—— à 2 faces	205	
Rames à nacelle	5	
Gaffes	2	Rassemblés par espèces et formant un dépôt de menus objets, peu éloigné de l'emplacement de la 1re culée.
Ligne	1	
Bouts de ligne	2	
Rouleau	1	
Marteaux	7	
Masses en bois	4	
Pelles	«	
Pioches	«	
Dames	2	

188 Manœuvres élémentaires. Titre III. Article XII.

315. L'officier commandant la manœuvre emploira 2 officiers, 8 sous-officiers ou caporaux et 81 pontonniers, pour construire un pont de 37 chevalets. Il les partagera en 6 détachemens, conformément au tableau ci-après :

NUMÉROS DES DÉTACHEMENS.	DÉNOMINATION DES DÉTACHEMENS.	FORCE des DÉTACHEMENS.			FONCTIONS DES DÉTACHEMENS.
		officiers.	sous-officiers.	pontonniers.	
1er	des culées	1	1	6	Préparer les culées.
2^e	des chevalets	»	1	12	Apporter les chevalets. 1re section, de 6 pontonniers, apporte les 1er, 3e, 5e, etc. chevalets. 2e ——— 6 ——— 2e, 4e, 6e, etc. ———
3^e	du placement des chevalets	1	1	19	Placer les chevalets ; clamauder les poutrelles ; couvrir. 1re section, de 8 pontonniers, place les chevalets. 2e ——— 3 ——— { Clamaude les poutrelles sur les chapeaux chevalets et sur le corps-mort de la 2e culé 3e ——— 6 ——— { Clamaude les poutrelles sur le corps-mort d 1re culée et jumelle les poutrelles. 4e ——— 2 ——— couvre.
4^e	des poutrelles	»	1	10	Apporter les 5 poutrelles de chaque travée.
5^e	des madriers	»	2	24	Apporter les 12 madriers de chaque pontée.
6^e	du guindage	»	2	10	Guinder le pont, égaliser les madriers. 1re section, de 4 pontonniers, apporte les guindages. 2e ——— 4 ——— les brêle. 3e ——— 2 ——— égalise les madriers.
		2	8	81	

Construction des ponts de chevalets.

189

316. Les objets portés au tableau du n° 314 seront employés par les détachemens ci-après désignés :

1er DÉTACHEMENT
- 2 corps-morts.
- 2 madriers.
- 12 piquets de corps-morts.
- 1 nacelle, *pour aller préparer la 2e culée.*
- 5 rames à nacelle ⎫
- 2 gaffes   idem   ⎬ *équipement de la nacelle.*
- 1 ligne   ⎭
- 2 masses en bois.
- « pelles.
- « pioches.
- 2 dames.

2e DÉTACHEMENT ...... 37 chevalets.

3e DÉTACHEMENT

1re SECTION
- 2 bouts de ligne ⎫ *pour placer les chevalets*
- 2 pelles   ⎬ *par le 1er moyen.*
- 2 poutrelles de manœuvre ⎫ *pour placer les chevalets par le 2e moyen.*
- 1 rouleau   ⎭

2e SECTION
- 205 clamaux à 2 faces.
- 2 marteaux.

3e SECTION
- 370 clamaux à une face.
- 5 marteaux.

4e SECTION
- 2 bouts de ligne — *pour attacher les chapeaux des chevalets sur les poutrelles de manœuvre, lorsqu'on place les chevalets par le 2e moyen.*

4e DÉTACHEMENT ...... 190 poutrelles.

5e DÉTACHEMENT ...... 457 madriers.

6e DÉTACHEMENT

1re SECTION 76 poutrelles.

2e SECTION
- 154 commandes de guindages.
- 154 ————— de billots.
- 154 billots.

3e SECTION 2 masses en bois.

DÉTAILS DE CONSTRUCTION.

PREMIER DÉTACHEMENT.

Préparer les culées.

317. Le détachement se conforme à ce qui est expliqué n°s 10, 11, 12, 14 et 15.

DEUXIÈME DÉTACHEMENT.

Apporter les chevalets.

318. Chaque chevalet est porté couché par les 6 pontonniers d'une section : 4 pontonniers, placés du côté opposé aux pieds, portent le chapeau du chevalet sur l'épaule; les 2 autres portent ses pieds sur les bras.

319. Lorsque le chevalet doit être placé par le 1er moyen, les pontonniers de la section le posent sur l'extrémité du tablier du pont, le tournent les pieds en avant et le donnent aux pontonniers du 3e détachement qui sont dans l'eau pour le recevoir.

320. Lorsque le chevalet doit être placé par le 2e moyen, les pontonniers de la section le posent sur les deux poutrelles de manœuvre, le tournent les pieds en avant, le poussent et le font avancer sur ces poutrelles jusqu'à ce qu'il soit au-delà du dernier chevalet ponté et que ses pieds soient pendans.

321. Les deux sections du détachement alternent pour apporter les chevalets.

322. Le sous-officier, chef du détachement, prend les ordres du chef du 3e détachement, relativement à la hauteur des chevalets qu'il faut faire apporter.

TROISIÈME DÉTACHEMENT.

1re SECTION.

Placer les chevalets par le 1er moyen.

323. Les pontonniers de la section entrent dans l'eau. Ils reçoivent le chevalet, que leur donnent les pontonniers qui l'ont

apporté, et l'asseoient sur le fond de la rivière, dans l'alignement du pont, à 12 pieds de milieu à milieu du dernier chevalet ponté. Pour mettre exactement le chevalet à cette distance, deux pontonniers de la section attachent, par un nœud coulant, à chaque extrémité du chapeau du dernier chevalet ponté, un bout de ligne auquel est fait un nœud marquant l'intervalle qu'il doit y avoir entre les chapeaux des chevalets.

324. Lorsque le fond sur lequel pose le chevalet est inégal, les pontonniers creusent avec des pelles les endroits trop élevés qui se trouvent sous ses pieds. S'ils ne peuvent pas creuser le fond, ils cherchent, par tâtonnement, à placer le chevalet, de manière qu'il soit bien assis, sans s'assujettir à le mettre exactement ni à la hauteur du dernier ponté, ni à la distance prescrite.

325. Quand le chevalet est placé, les pontonniers de la section reçoivent un bout des poutrelles de la travée et le posent sur le chevalet. Ils font avancer les poutrelles sur le chapeau, jusqu'à ce qu'elles le dépassent de la quantité indiquée par le chef du détachement.

Placer les chevalets par le 2e moyen.

326. Les pontonniers de la section placent un rouleau parallèlement au corps-mort, à 10 pieds en arrière du corps-mort, sur le terrain, s'il est ferme et uni, sur 2 poutrelles mises en travers du rouleau, si le terrrain est remué ou inégal. Ils posent les deux poutrelles de manœuvre sur le rouleau, de manière que les bouts de ligne se trouvent fixés à la face intérieure du bout de devant des poutrelles, font avancer ces poutrelles jusqu'à 3 pieds environ au-delà du corps-mort, donnent aux poutrelles un écartement de 10 pieds environ aux bouts de devant et de 3 pieds environ aux bouts de derrière. Au commandement *au large* — FERME, du chef du détachement, fait aussitôt que le chapeau du chevalet est attaché sur les poutrelles de manœuvre, les pontonniers de la section, 4 à chaque poutrelle, poussent ces poutrelles en avant et pèsent en même temps sur leur bout de derrière. Au commandement de *halte*, du chef du détachement, fait au moment où le chevalet est assez au large, ils cessent de pousser et continuent de peser sur les poutrelles. Au commandement *remontez*

(ou *descendez*) *le chevalet*, fait par le même chef lorsque le chevalet n'est pas dans l'alignement qu'on veut donner au pont, ils font glisser lentement le bout de derrière des poutrelles du côté d'aval (ou d'amont). Au commandement *posez*, fait aussitôt que le chevalet est à la hauteur convenable, ils cessent de peser sur les poutrelles et les soulèvent au contraire brusquement, pour asseoir le chevalet sur le fond de la rivière. Si le chevalet se trouve posé trop en aval (ou en amont), le chef du détachement commande de nouveau *remontez* (ou *descendez*) *le chevalet :* à ce commandement, les pontonniers de la section pèsent sur les poutrelles, de manière à soulever très-peu le chevalet, et poussent le bout de derrière de ces poutrelles du côté d'aval (ou d'amont). Au commandement *posez*, ils soulèvent les poutrelles. Si un des bouts du chevalet assis est trop (ou trop peu) au large, le chef du détachement commande *ramenez* (ou *poussez au large*) *le bout d'amont ou d'aval :* à ce commandement, les pontonniers de la poutrelle du bout qui ne doit pas bouger soulèvent leur poutrelle jusqu'à ce qu'elle ne pose plus sur le rouleau ; les pontonniers de l'autre poutrelle pèsent sur la leur, de manière à soulever très-peu le bout du chevalet ; ils tirent sur leur poutrelle ou la poussent, pour ramener ou pousser au large le bout désigné du chevalet ; au commandement *posez*, ils soulèvent leur poutrelle. Quand les poutrelles de manœuvre seront détachées du chevalet, les pontonniers de la section les retireront, sur le rouleau, en arrière du corps-mort. Dès que les poutrelles de la 1re travée seront couvertes, ils feront avancer les poutrelles de manœuvre, sur le rouleau, et placeront ces poutrelles et le rouleau par rapport au chapeau du 1er chevalet comme ils les ont précédemment disposés par rapport au corps-mort. La section placera le 2e chevalet comme elle a placé le 1er. Lorsque les poutrelles de manœuvre seront détachées du 2e chevalet, la section les retirera en arrière, sur le rouleau, jusque sur la partie couverte du tablier. Elle opérera de la même manière pour placer les autres chevalets par le 2e moyen.

2e SECTION.

Clamauder les poutrelles sur les chapeaux des chevalets.

527. Les 2 pontonniers du 1er rang de la section clamaudent

les poutrelles; le pontonnier du 2ᵈ rang approvisionne ceux du 1ᵉʳ rang de clamaux.

328. Lorsque le 1ᵉʳ chevalet est placé par le 1ᵉʳ moyen, les 2 clamaudeurs passent sur les poutrelles de la 1ʳᵉ travée et les espacent sur le chapeau du chevalet, en faisant correspondre aux 5 marques du chapeau la face latérale d'aval ou la face latérale d'amont des 5 poutrelles, selon que le chef du détachement ordonne de mettre les poutrelles en amont ou en aval des marques. Ils fixent ensuite chaque poutrelle sur le chapeau, au moyen d'un clamau à 2 faces, placé du côté de la poutrelle opposé à la marque, et dont ils enfoncent une des pointes dans le dessus du chapeau et l'autre pointe dans la face latérale de la poutrelle, en deçà du chapeau. Lorsque le 2ᵉ chevalet est placé par le 1ᵉʳ moyen, les 2 clamaudeurs passent sur les poutrelles de la 2ᵉ travée et les espacent sur le chapeau du 2ᵉ chevalet, en les mettant en aval ou en amont des marques qui sont sur le chapeau, selon que les poutrelles de la 1ʳᵉ travée ont été mises en amont ou en aval des marques du chapeau du 1ᵉʳ chevalet ; ils clamaudent les poutrelles de la 2ᵉ travée sur le chapeau du 2ᵉ chevalet, comme il vient d'être dit ; et ils continuent d'agir de la même manière, pour espacer et clamauder les poutrelles des autres travées.

329. Le pontonnier du 2ᵈ rang, chargé d'approvisionner les 2 clamaudeurs, leur fournit, pour chaque travée de poutrelles, 5 clamaux à deux faces dont les pointes soient tournées dans le sens convenable.

330. Quand un chevalet est placé par le 2ᵉ moyen, les 2 clamaudeurs, passant sur les poutrelles de manœuvre, vont sur le chapeau du chevalet, reçoivent le bout de devant des poutrelles de la travée et posent ce bout sur le chapeau, détachent les poutrelles de manœuvre du chevalet. Ils espacent ensuite les poutrelles de la travée, et les clamaudent, comme il est expliqué n° 328.

Clamauder les poutrelles sur le corps-mort de la 2ᵉ culée.

331. Les 2 clamaudeurs fixent chaque poutrelle de la dernière travée sur le corps-mort, avec 2 clamaux à deux faces disposés comme il a été dit n° 292.

3ᵉ SECTION.

332. Les pontonniers des 2 premières files et celui du 1ᵉʳ rang de la 3ᵉ file clamaudent les poutrelles ; le pontonnier du 2ᵈ rang de la 3ᵉ file approvisionne les clamaudeurs.

Clamauder les poutrelles sur le corps-mort de la 1ʳᵉ culée.

333. Le sous-officier du détachement fait fixer les poutrelles de la 1ʳᵉ culée sur le corps-mort, par 2 clamaudeurs de la section, comme il est dit n° 331.

Jumeler les poutrelles.

334. Les 5 clamaudeurs de la section serrent l'une contre l'autre les poutrelles accouplées des 2 premières travées, et jumellent chaque couple avec 2 clamaux à une face qu'ils font converger et dont ils enfoncent les pointes dans les faces supérieures des poutrelles. Ils jumellent de la même manière les poutrelles des 2ᵉ et 3ᵉ travées, et ainsi de suite.

4ᵉ SECTION.

Couvrir.

335. Lorsqu'on place les chevalets par le 1ᵉʳ moyen, la section couvre successivement les poutrelles des travées, jusqu'à 2 pieds environ des chapeaux, comme il est expliqué n°ˢ 47 et 48.

336. Lorsqu'on place les chevalets par le 2ᵉ moyen, les 2 pontonniers de la section fixent un bout de ligne à chaque poutrelle de manœuvre, près de son extrémité de devant, au moyen d'un clamau à une face. Pendant qu'on fait glisser un chevalet sur les poutrelles de manœuvre, ils passent les 2 bouts de ligne par-dessus son chapeau et tendent convenablement ces cordages, pour empêcher que le chevalet ne tombe à l'eau. Quand le chevalet est poussé au-delà du dernier ponté et que ses pieds sont pendans, ils attachent son chapeau sur les poutrelles de manœuvre,

au moyen des deux bouts de ligne. Ils couvriront, comme il est dit n° 335.

337. Le sous-officier veille à ce que les 4 sections du détachement se conforment à ce qu'on vient de leur prescrire. Lorsqu'on place les chevalets pour le 2e moyen, il fait attacher les bouts de ligne aux poutrelles de manœuvre, comme il est dit n° 336, et fait faire une marque apparente sur chacune de ces poutrelles, à 12 pieds des points où les bouts de lignes sont fixés. Ces marques serviront à pousser les chevalets à 12 pieds au large, sans tâtonnement. Quand les chevalets sont bas et que les espaces compris entre les montans, le chapeau et les liens sont trop resserrés pour recevoir les bouts des poutrelles de manœuvre, il fait rapprocher ces bouts, de manière qu'ils se trouvent contre les liens, dans les angles obtus formés par les liens et le chapeau.

338. L'officier, chef du détachement, dirige l'ensemble des opérations des 4 sections. Il fait les commandemens prescrits, aussitôt que tout est préparé pour leur exécution.

QUATRIÈME DÉTACHEMENT.

Apporter les poutrelles.

339. Le détachement apporte les poutrelles, d'une manière analogue à ce qui est prescrit n° 27 et suivans.

340. Quand le chevalet a été placé par le 1er moyen, les pontonniers du 1er rang qui portent le bout de devant des poutrelles, donnent ce bout au 3e détachement, et vont saisir l'autre bout, que les pontonniers du 2^d rang abandonnent. Les pontonniers du 1er rang placent le bout de derrière des poutrelles sur le chapeau du dernier chevalet ponté.

341. Quand le chevalet a été placé par le 2e moyen, les pontonniers qui portent les 1re et 5e poutrelles les font glisser un peu obliquement sur les poutrelles de manœuvre, jusqu'à ce que leur bout de devant puisse être saisi et placé sur le chapeau du

chevalet; les pontonniers qui portaient le bout de devant des poutrelles placent le bout de derrière sur le dernier chevalet ponté. Les pontonniers de ces 2 poutrelles se retirent en arrière des autres poutrelles de la travée. Les pontonniers des 2e et 4e poutrelles font de même avancer leurs poutrelles sur les 2 déjà placées. Enfin, ceux de la 3e poutrelle font avancer la leur sur la 2e ou sur la 4e poutrelle.

CINQUIÈME DÉTACHEMENT.

Apporter les madriers.

342. Le détachement apporte les madriers comme il est dit n° 50. Les sous-officiers se conforment à ce qui est prescrit n° 51. Les poutrelles de la 1re culée seront suivies de 10 madriers; celles des travées suivantes, de 12; celles de l'avant-dernière travée, de 11; celles de la 2e culée, de 16.

SIXIÈME DÉTACHEMENT.

1re SECTION.

Apporter les guindages.

343. La section apporte les guindages, comme il est expliqué n° 52 et suivans.

2e SECTION.

Brêler les guindages.

344. La section brêle les guindages au milieu de l'intervalle entre les supports du tablier et près de ces supports, comme il est dit n° 56 et suivans.

3e SECTION.

Égaliser les madriers.

345. La section égalise les madriers, conformément aux principes donnés n° 59 et suivans.

ENSEMBLE DE LA MANOEUVRE.

346. Les pontonniers étant en bataille sur la rive, et formés par détachemens, comme il est expliqué n° 315, le chef de la manœuvre commande :

1. *Garde à vous.*
2. CONSTRUISEZ LE PONT.

347. Au second commandement, chaque chef de détachement conduit son détachement où l'appellent ses fonctions.

348. Le 1er détachement prépare la 1re culée, et va ensuite préparer la 2e, n° 317; le 2e détachement apporte les chevalets, n° 318 et suivans; la 1re section du 3e les place par le 1er moyen, n°s 323, 324 et 325, ou par le 2e moyen, n° 326. Le 4e détachement apporte les poutrelles, n° 339 et suivans; les 2e et 3e sections du 3e clamaudent les poutrelles, n° 327 et suivans. Le 5e détachement apporte les madriers, n° 342; la 4e section du 3e couvre, n° 335. Enfin, le 6e détachement guinde le pont et égalise les madriers, n° 343 et suivans.

OBSERVATIONS.

349. Le chef de la manœuvre pourra faire amener les chevalets en les traînant dans l'eau avec une ligne, lorsqu'ils devront être placés par le 1er moyen, et qu'il y aura en aval du pont une profondeur d'eau suffisante.

350. Au défaut des 2 longues poutrelles de manœuvre, qui servent à placer les chevalets par le 2e moyen, on peut employer des poutrelles ordinaires, accouplées sur une longueur de 3 pieds environ et jumelées avec des clamaux.

351. Quand on voudra placer des chevalets, par le 2e moyen, dans un courant rapide (de plus de 4 pieds de vitesse par seconde), une nacelle mouillera une ancre, se laissera descendre sur le cordage d'ancre, se placera à côté du chevalet qui est supporté par les poutrelles de manœuvre, et s'amarrera aux montans extérieurs : le chevalet, retenu par le cordage d'ancre, ne déri-

vera pas pendant qu'on le poussera au large. On ne détachera la nacelle du chevalet que lorsqu'il sera ponté. Lorsque la rivière a 6 pieds au moins de profondeur on amarre le cordage à demeure au chevalet, pour l'empêcher de chasser.

352. On peut, dans le cas d'un courant rapide, placer les chevalets avec la plus grande facilité, au moyen d'une espèce de portière formée de 2 nacelles réunies à l'avant et à l'arrière par 2 poutrelles : l'intervalle entre les nacelles doit être un peu plus grand que l'écartement des montáns d'un même bout des chevalets. On met la portière à l'ancre, à l'endroit où l'on veut asseoir un chevalet ; on fait descendre le chevalet dressé entre les nacelles. On ôte les nacelles lorsqu'il est ponté.

ARTICLE XIII.

REPLIEMENT DES PONTS DE CHEVALETS.

353. On emploira les objets suivans au repliement d'un pont de 37 chevalets.

DÉSIGNATION DES OBJETS.	QUANTITÉ.	EMPLACEMENT DES OBJETS AVANT LA MANŒUVRE.
Nacelle	1	Amarrée à la rive, en aval de la 2ᵉ culée.
Rames à nacelle	5	
Gaffes *idem*	2	
Lignes	7	
Pinces en fer	2	Rassemblés par espèces et formant un dépôt de menus objets, peu éloigné de la 2ᵈ culée.
Pioches..........	3	
Masses en bois	2	
Leviers..........	2	
Commandes	2	

354. L'officier commandant la manœuvre emploira 1 officier, 7 sous-officiers ou caporaux et 73 pontonniers, au repliement du pont. Il les partagera en 6 détachemens, conformément au tableau ci-après :

NUMÉROS DES DÉTACHEMENS.	DÉNOMINATION DES DÉTACHEMENS.	FORCE des DÉTACHEMENS.			FONCTIONS DES DÉTACHEMENS.
		officiers.	sous-officiers.	pontonniers.	
1ᵉʳ	des culées	»	1	6	Lever les corps-morts.
2ᵉ	du guindage	»	1	6	Débrêler les guindages; les emporter. 1ʳᵉ section, de 2 pontonniers, débrêle les guindages. 2ᵉ ———— 4 ———— les emporte.
3ᵉ	des madriers	»	2	24	Emporter les madriers.
4ᵉ	des clamaux	1	1	9	Découvrir, déclamauder. 1ʳᵉ section, de 2 pontonniers, découvre. 2ᵉ ———— 3 ———— arrache les clamaux à 2 faces. 3ᵉ ———— 4 ———— arrache les clamaux à une face.
5ᵉ	des poutrelles	»	1	10	Emporter les poutrelles.
6ᵉ	des chevalets	»	1	18	Emmener les chevalets. 1ʳᵉ section, de 6 pontonniers, emmène les 1ᵉʳ, 4ᵉ, 7ᵉ, etc., chevalets. 2ᵉ ———— 6 ———— 2ᵉ, 5ᵉ, 8ᵉ, etc., ———— 3ᵉ ———— 6 ———— 3ᵉ, 6ᵉ, 9ᵉ, etc., ————
		1	7	73	

355. Les objets portés au tableau du n° 353 seront employés par les détachemens ci-après désignés :

REPLIEMENT DES PONTS DE CHEVALETS. 201

1er DÉTACHEMENT
{
1 nacelle.
5 rames à nacelle }
2 gaffes *idem* } équipement de la nacelle.
1 ligne
2 masses en bois }
2 leviers } pour arracher les piquets.
2 commandes
}

4e DÉTACHEMENT { 2e SECTION — 2 pinces en fer } pour déclamauder.
3e SECTION — 3 pioches

6e DÉTACHEMENT . . . . . . 6 lignes, *dont 2 pour chaque section.*

DÉTAILS DE REPLIEMENT.

PREMIER DÉTACHEMENT.

356. Le détachement se conforme à ce qui est prescrit n° 71.

Lever les corps-morts.

357. Le détachement agit comme il est dit n°s 73 et 74.

DEUXIÈME DÉTACHEMENT.

1re SECTION.

Débrèler les guindages.

358. La section débrèle les guindages, comme il est expliqué n°s 75, 76 et 77.

2e SECTION.

Emporter les guindages.

359. La section se conforme à ce qui est dit n°s 78 et 79.

TROISIÈME DÉTACHEMENT.

Emporter les madriers.

360. Le détachement agit comme il est dit n°s 81, 82 et 83.

QUATRIÈME DÉTACHEMENT.

1re SECTION.

Découvrir.

361. La section découvre comme il est expliqué n° 84.

2e SECTION.

Arracher les clamaux à 2 faces.

362. Les pontonniers du 1er rang de la section arrachent les clamaux ; le pontonnier du 2^d rang porte les clamaux au dépôt des menus objets.

363. Les 2 pontonniers du 1er rang arrachent, avec des pinces en fer, les clamaux à 2 faces qui fixent les poutrelles sur les corps-morts et sur les chevalets, à mesure que ces corps de support sont découverts.

3e SECTION.

Arracher les clamaux à une face.

364. Les pontonniers de la 1re file et celui du 1er rang de la 2e file arrachent les clamaux ; le pontonnier du 2^d rang de la 2e file porte les clamaux au dépôt des menus objets.

365. Les 3 pontonniers chargés d'ôter les clamaux à une face qui jumellent les poutrelles, les arrachent avec des pioches, en commençant par ceux des poutrelles extrêmes et du milieu.

366. L'officier, chef du détachement, commande *ramenez le chevalet* — FERME, lorsque les lignes qui serviront à l'emmener

sont amarrées au chapeau, par une section du 6ᵉ détachement, et que le 5ᵉ est prêt à emporter les poutrelles.

CINQUIÈME DÉTACHEMENT.

Emporter les poutrelles.

367. Le détachement se conforme à ce qui est prescrit nᵒˢ 92, 93 et 94.

SIXIÈME DÉTACHEMENT.

Emmener les chevalets.

368. Chaque chevalet est emmené et conduit au dépôt des chevalets par les 6 pontonniers d'une section.

369. Ils amarrent une ligne à chaque bout du chapeau par un nœud allemand qui embrasse le chapeau en dedans des montans. Au commandement *ramenez le chevalet* — FERME, du chef du 4ᵉ détachement, 3 pontonniers de la section tirent sur chaque ligne, de dessus le tablier du pont, pour renverser le chevalet et le ramener. La section le conduit ensuite, au moyen de ces cordages, en aval du pont, jusqu'au dessous de la culée, en le traînant sur le fond de la rivière s'il y a des endroits trop peu profonds pour qu'il flotte; elle le sort de l'eau et le porte au dépôt des chevalets.

370. Les 3 sections se succèdent dans l'ordre de leurs numéros pour emmener les chevalets.

ENSEMBLE DE LA MANŒUVRE.

371. Les pontonniers étant en bataille sur la rive et formés par détachemens, comme il est expliqué nᵒ 354. Le chef de la manœuvre commande :

1. *Garde à vous.*
2. REPLIEZ LE PONT.

372. Au second commandement, chaque chef de détachement conduit son détachement où l'appellent ses fonctions.

373. Le 1ᵉʳ détachement place sa nacelle sous les poutrelles de la 1ʳᵉ culée, n° 356; le 2ᵉ débrêle et emporte les guindages, nᵒˢ 358 et 359; la 1ʳᵉ section du 4ᵉ détachement découvre entièrement les poutrelles de la 1ʳᵉ culée, n° 361, et le 3ᵉ emporte les madriers, n° 360; la 2ᵉ section du 4ᵉ détachement arrache les clamaux à 2 faces qui fixent les poutrelles sur le corps-mort, nᵒˢ 362 et 363; la 3ᵉ section du même détachement arrache les clamaux à une face qui jumellent les poutrelles des 2 premières travées, nᵒˢ 364 et 365; le 5ᵉ détachement emporte les poutrelles de la culée, n° 367; le 1ᵉʳ détachement lève le madrier de champ, le corps-mort, arrache les piquets de corps-mort, charge tous ces objets dans la nacelle et la conduit sur la 2ᵉ rive. — La 1ʳᵉ section du 4ᵉ détachement découvre entièrement les poutrelles de la 2ᵉ travée, et le 3ᵉ détachement emporte les madriers; la 2ᵉ section du 4ᵉ détachement arrache les clamaux à 2 faces qui fixent les poutrelles de la 2ᵉ travée sur le chapeau du 1ᵉʳ chevalet; la 3ᵉ section du même détachement arrache les clamaux à une face qui jumellent les poutrelles des 2ᵉ et 3ᵉ travées; le 5ᵉ détachement ramène et emporte les poutrelles de la 2ᵉ travée en même temps que la 1ʳᵉ section du 6ᵉ ramène le 1ᵉʳ chevalet. — Le repliement du pont continue de la même manière.

ARTICLE XIV.

ÉTABLISSEMENT DES PONTS VOLANS.

374. On emploira les objets suivans à l'établissement d'un pont volant, dans la supposition que chaque culée sera formée d'un bateau d'équipage ponté et que le cable sera supporté par 4 nacelles. Pl. XXXVII.

DÉSIGNATION DES OBJETS.	QUANTITÉ.	EMPLACEMENT DES OBJETS AVANT LA MANŒUVRE.
Pont volant.......	1	Amarré à la rive, en amont de l'emplacement de la 1re culée.
Bateaux, avec leurs amarres	2	Amarrés à la rive: l'un à hauteur de l'emplacement de la 1re culée, l'autre en aval du premier.
Nacelles.........	5	Amarrées à la rive: une en amont du pont volant, 4 en aval de ce pont et en amont des bateaux.
Poutrelles de culées..	14	Empilées sur la rive, à gauche de l'emplacement de la 1re culée.
Madriers.........	40	Empilés sur la rive, à droite de l'emplacement de la 1re culée.
Corps-morts.......	2	
Ancres...........	2	
Cable............	1	
Cordages d'ancres ...	5	
Lignes	6	
Commandes de poutrelles	30	
——— de guindages	12	
——— de billots .	16	
Haubans de nacelles...	8	
Brides ———..	4	
Fourches ———.	4	
Traverses ———..	4	Rassemblés par espèces et formant un dépôt de menus objets, peu éloigné de l'emplacement de la 1re culée.
Billots	12	
Piquets d'amarrage...	8	
——— de corps-morts	12	
Clous............	6	
Rames à bateau	9	
——— à nacelle	17	
Gaffes à bateau.....	6	
——— à nacelle	10	
Masses en bois.....	4	
Marteaux.........	2	
Vrilles	2	
Pelles et pioches....	«	
Dames	2	

375. L'officier commandant la manœuvre emploira 3 officiers 3 sous-officiers ou caporaux et 32 pontonniers, pour établir 1 pont volant. Il les partagera en 3 détachemens, conformémen au tableau ci-après :

NUMÉROS DES DÉTACHEMENS.	DÉNOMINATION DES DÉTACHEMENS.	FORCE des DÉTACHEMENS.			FONCTIONS DES DÉTACHEMENS
		officiers.	sous-officiers.	pontonniers.	
1er	des culées	1	1	12	Construire les culées.
2^e	des ancres	1	1	6	Mouiller l'ancre du pont volant; lever l'ancre jetée de d pont.
3^e	du pont volant	1	1	14	Mettre le pont à l'ancre; placer les nacelles sous le cabl le cable au pont; mettre le pont à hauteur de la 1re c
		3	3	32	

376. Les objets portés au tableau du n° 374 seront employé par les détachemens ci-après désignés :

1er DÉTACHEMENT . . . . . .
{
2 bateaux et leurs 4 amarres.
14 poutrelles.
40 madriers.
2 corps-morts.
4 cordages d'ancres.
30 commandes de poutrelles.
12 ———— de guindages.
12 ———— de billots.
12 billots.
8 piquets d'amarrage.
12 ———— de corps-morts.
6 clous.
5 rames à bateau.
2 gaffes *idem*
1 ligne.
4 masses en bois.
2 marteaux.
2 vrilles.
« pelles.
« pioches.
2 dames.

ÉTABLISSEMENT DES PONTS VOLANS.   207

2ᵉ DÉTACHEMENT ......
{
1 cable.
1 ancre.
1 nacelle, *pour mouiller l'ancre.*
5 rames à nacelle ⎫
2 gaffes   idem   ⎬ *équipement de la nacelle.*
1 ligne   ⎭
}

3ᵉ DÉTACHEMENT ......
{
1 pont volant.
4 nacelles, *pour placer sous le cable.*
4 fourches.
4 traverses.
8 haubans.
4 commandes de billots.
4 brides.
1 cordage d'ancre.
1 ancre.
4 rames à bateau ⎫ *pour mener le pont*
4 gaffes   idem ⎬ *volant.*
12 rames à nacelle ⎫
8 gaffes   idem   ⎬ *équipement des 4 nacelles.*
4 lignes   ⎭
}

DÉTAILS DE LA MANOEUVRE.

PREMIER DÉTACHEMENT.

Construire les culées.

377. Le détachement construit la 1ʳᵉ culée d'après les principes donnés n° 116 et suivans. Il met des commandes de guindages au lieu de colliers.

378. Il construit la 2ᵉ culée au point où le pont volant, partant de 1ʳᵉ culée, aborde à la 2ᵉ rive.

DEUXIÈME DÉTACHEMENT.

Mouiller l'ancre.

379. Le 2ᵉ détachement mouille l'ancre du pont volant, déploie le cable et porte son bout au pont.

380. Ce détachement mène sa nacelle à la suite de la dernière de celles que le 3ᵉ détachement va placer sous le cable. Il ramène au pont les pontonniers qui ont placé ces nacelles.

381. Aussitôt que le cable est passé dans le chat et tendu par le 3ᵉ détachement, le 2ᵉ lève l'ancre jetée de dessus le pont volant et la reporte sur ce pont.

TROISIÈME DÉTACHEMENT.

Mettre le pont volant à l'ancre.

382. Le détachement équipe chacune des nacelles qui supporteront le cable : ce qui consiste à placer la traverse de la fourche, dresser la fourche, tendre les haubans et amarrer un bout de la bride au nez de l'avant. Il met ces nacelles à la traîne derrière le pont volant; mène ce pont à la gaffe ou à la rame, vers le milieu de la rivière, dans la direction du cable, mouille une ancre de dessus le pont, file du cordage et arrête le pont à la hauteur à peu près de la 1ʳᵉ culée. Le détachement reçoit le bout du cable, que lui apporte le 2ᵉ détachement, hale sur ce cordage pour le tendre et l'amarre au pont. Il place les nacelles sous le cable, comme il suit :

Placer les nacelles sous le cable.

383. Trois pontonniers entrent dans chacune des 4 nacelles à placer; ces 12 pontonniers remontent les nacelles en file l'une derrière l'autre, en halant sur le cable de dessus l'avant des nacelles. Lorsque la 1ʳᵉ nacelle est remontée vers l'ancre et près de la soulever, les pontonniers de cette nacelle mettent le cable dans la fourche et le fixent à cette fourche avec une commande de billot; ils amarrent la bride au cable, en donnant à cette bride une longueur à peu près égale à la distance du nez de l'avant de la nacelle à la fourche; ils passent ensuite dans la 2ᵉ nacelle. Les 2ᵉ, 3ᵉ et 4ᵉ nacelles descendent sur le cable, jusqu'à ce que ce cordage étant mis dans la fourche de la 2ᵉ nacelle ait entre les 1ʳᵉ et 2ᵉ une courbure qui rase l'eau. La 2ᵉ nacelle

est alors fixée au cable, comme la 1re, et les pontonniers qu'elle contient passent dans la 3e nacelle. Les 3e et 4e nacelles sont placées sous le cable de la même manière, et les 12 pontonniers sont ramenés au pont volant par la nacelle du 2e détachement.

Fixer le cable au pont.

384. Un pontonnier monte sur la traverse supérieure de la potence du pont volant, reçoit le bout du cable et le passe dans le chat. Le détachement équipe le cabestan avec ce cordage.

Mettre le pont à hauteur de la 1re culée.

385. Le détachement fait passer le pont volant du côté de la 1re culée, en l'inclinant au moyen des gouvernails. Il manœuvre au cabestan pour faire remonter ou descendre le pont, jusqu'à ce qu'il aborde à cette culée. Il l'incline alors en sens contraire pour le faire aborder à la 2e rive, et l'amarre contre cette rive.

ENSEMBLE DE LA MANOEUVRE.

386. Les pontonniers étant en bataille sur la rive et formés par détachemens, comme il est expliqué n° 375, le chef de la manœuvre commande :

1. *Garde à vous.*
2. ÉTABLISSEZ LE PONT VOLANT.

387. Au second commandement, chaque chef de détachement conduit son détachement où l'appellent ses fonctions.

388. Le 1er détachement construit la 1re culée, n° 377; le 2e mouille l'ancre du cable, n° 379; le 3e conduit le pont vers le milieu de la rivière, où il le met à l'ancre; il reçoit le bout du cable, place les nacelles sous ce cordage et le fixe au pont volant, n° 382 et suivans. Le 2e détachement lève l'ancre jetée de dessus le pont volant et la rapporte sur le pont. Le 3e met le pont à hauteur de la 1re culée, et le conduit de cette culée à la 2e rive, n° 385. Enfin, le 1er détachement construit la 2e culée au point où le pont vient aborder à la 2e rive.

ARTICLE XV.

MANŒUVRE POUR FAIRE PASSER UN PONT VOLANT D'UNE RIVE A L'AUTRE.

389. Il faut 2 pontonniers pour exécuter cette manœuvre.

L'un d'eux détache l'amarre qui fixe le pont contre une des culées. Ils gouvernent le pont pendant la traversée, de manière que les côtés des bateaux soient frappés par le courant sous un angle plus grand que 45 degrés au départ, d'environ 45 degrés vers le milieu de la rivière, et moindre que 45 degrés à l'arrivée : de sorte qu'ils diminuent graduellement l'angle de passage depuis le départ jusqu'à l'arrivée. Ils ralentissent au besoin la vitesse du pont lorsqu'il approche de la culée d'arrivée, en diminuant convenablement l'angle de passage, afin que le pont aborde contre cette culée sans la heurter. Un des pontonniers quitte son gouvernail et va amarrer le pont ; l'autre pontonnier gouverne pour faire serrer l'arrière du pont contre la culée.

ARTICLE XVI.

REPLIEMENT DES PONTS VOLANS.

390. On emploira les objets suivans au repliement du pont volant établi dans l'article XIV.

DÉSIGNATION DES OBJETS.	QUANTITÉ.	EMPLACEMENT DES OBJETS AVANT LA MANŒUVRE.
Nacelle	1	Amarrée à la rive sur laquelle on repliera le pont, ou 2ᵉ rive; en aval de la culée.
Rames à bateau	5	
——— à nacelle	17	
Gaffes à bateau	2	
——— à nacelle	10	Rassemblés par espèces et formant un dépôt de menus objets, peu éloigné de la 2ᵉ culée.
Lignes	7	
Masses en bois	2	
Leviers	2	
Commandes	2	

391. L'officier commandant la manœuvre emploira 3 officiers, 3 sous-officiers ou caporaux et 30 pontonniers, au repliement du pont volant. Il les partagera en 3 détachemens, conformément au tableau ci-après :

NUMÉROS DES DÉTACHEMENS.	DÉNOMINATION DES DÉTACHEMENS.	FORCE des DÉTACHEMENS.			FONCTIONS DES DÉTACHEMENS.
		officiers.	sous-officiers.	pontonniers.	
1er	des culées	1	1	12	Replier les culées.
2^e	du pont et des nacelles	1	1	12	Détacher le cable du pont volant; ôter les nacelles qui portent le cable.
3^e	de l'ancre	1	1	6	Lever l'ancre du pont volant.
		3	3	30	

392. Les objets portés au tableau du n° 390 seront employés par les détachemens ci-après désignés :

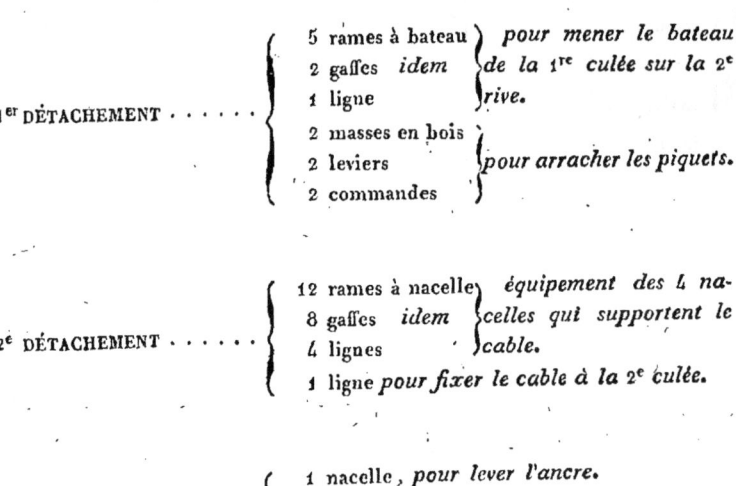

1er DÉTACHEMENT ......
{ 5 rames à bateau
  2 gaffes idem
  1 ligne } *pour mener le bateau de la 1re culée sur la 2e rive.*
{ 2 masses en bois
  2 leviers
  2 commandes } *pour arracher les piquets.*

2e DÉTACHEMENT ......
{ 12 rames à nacelle
  8 gaffes idem
  4 lignes } *équipement des 4 nacelles qui supportent le cable.*
  1 ligne *pour fixer le cable à la 2e culée.*

3e DÉTACHEMENT ......
  1 nacelle, *pour lever l'ancre.*
{ 5 rames à nacelle
  2 gaffes idem
  1 ligne } *équipement de la nacelle.*

DÉTAILS DE REPLIEMENT.

PREMIER DÉTACHEMENT.

Replier les culées.

393. Le détachement passe sur la 1re rive, par le pont volant. Il replie la 1re culée d'après les principes donnés n°s 154 et 155, et conduit le bateau chargé des poutrelles, madriers, etc., en aval du pont volant. Il replie ensuite la 2e culée.

DEUXIÈME DÉTACHEMENT.

394. Deux pontonniers du détachement font passer de la 2e à la 1re rive le pont volant chargé du 1er détachement. Ils ramènent le pont et l'amarrent à la 2e culée.

Détacher le cable du pont.

395. Le détachement fixe une ligne au cable, en avant de la potence, et amarre cette ligne bien tendue à la poupée extérieure du bateau de la 2e culée; il détache le cable du cabestan, le dégage du chat et roule le bout libre de ce cordage sur le tablier de la culée; il conduit ensuite le pont en aval de la culée et l'amarre à la rive.

Oter les nacelles de dessous le cable.

396. Les 12 pontonniers du détachement sont menés par la nacelle du 3e détachement dans la 4e nacelle placée sous le cable. Lorsque le cable est dans la direction du courant, ils détachent la bride et la commande qui unissent la nacelle au cable, et remontent cette 4e nacelle le long du cable, jusqu'à la 3e; 9 pontonniers passent dans la 3e nacelle, et les 3 pontonniers restés dans la 4e la conduisent à la 2e rive. Les 9 pontonniers embarqués dans la 3e nacelle la détachent du cable, et la remontent jusqu'à la 2e, dans laquelle passent 6 pontonniers; les 3 autres pontonniers conduisent la 3e à la rive. Les 2e et 1re nacelles sont de même ôtées de dessous le cable.

397. Le chef du détachement dirige les opérations de son détachement de dessus la rive.

TROISIÈME DÉTACHEMENT.

Lever l'ancre du pont.

398. Le détachement conduit le 2e détachement dans la 4e nacelle placée sous le cable, au moyen de sa nacelle qu'il remonte sur la ligne fixée à ce cordage. Il revient à la 2e culée; place dans sa nacelle la partie du cable roulée sur cette culée, hale sur ce cordage de dessus l'avant de la nacelle, et détache la ligne fixée au cable. Lorsque le cable est tendu suivant le fil de l'eau, le détachement remonte sa nacelle sur ce cordage et lève l'ancre qu'il conduit sur la 2e rive, en amont du pont volant.

ENSEMBLE DE LA MANOEUVRE.

399. Les pontonniers étant en bataille sur la 2e rive, formés par détachemens, comme il est expliqué n° 391, et le pont volant étant amarré contre la 2e culée, le chef de la manœuvre commande :

1. *Garde à vous.*
2. REPLIEZ LE PONT VOLANT.

400. Au second commandement, chaque chef de détachement conduit son détachement où l'appellent ses fonctions.

401. Le 1er détachement passe sur la 1re rive au moyen du pont volant que 2 pontonniers du 2e détachement mènent sur cette rive et ramènent ensuite contre la 2e culée; le 1er détachement replie la 1re culée, n° 393; le 2e fixe une ligne au cable et amarre cette ligne au bateau de la 2e culée, détache le cable du cabestan, le dégage du chat, roule le bout du cable sur la culée, et mène le pont en aval de la culée, n° 395; le 2e détachement, conduit par la nacelle du 3e détachement dans la 4e nacelle du cable,

ôte les nacelles de dessous le cable, n° 396 ; le 3ᵉ lève l'ancre, n° 398. Enfin, le 1ᵉʳ détachement replie la 2ᵉ culée.

402. Le chef de la manœuvre indique aux chefs de détachement le lieu où ils doivent déposer les objets employés au pont, d'après l'usage postérieur qui en sera fait.

~~~~~~~~~~

ARTICLE XVII.

ÉTABLISSEMENT ET REPLIEMENT DES TRAILLES ET DES BACS.

Établir une traille.

403. On dresse sur chaque rive un poteau dans le haut du- PL. XXXVIII
quel il y a une poulie : on le maintient par des haubans. On engage un bout d'un cable dans la gorge d'une des poulies d'un moufle composé de deux poulies ayant des axes différens ; on engage un bout d'une amarre dans la gorge de l'autre poulie du moufle. On fait passer le même bout du cable sur la poulie du poteau de la 1ʳᵉ rive et l'on fixe à ce bout du cable un palan arrêté à un point de résistance, en arrière du poteau. On passe l'autre bout du cable sur la 2ᵉ rive : à cet effet, on amarre près de l'extrémité de ce bout du cable, le bout de dessus d'une ligne roulée dans une nacelle, et l'on mène la nacelle à la 2ᵉ rive en filant de la ligne ; on hale de cette rive sur la ligne pour amener le bout du cable. On fait passer le cable sur la poulie du poteau de la 2ᵉ rive et on l'amarre au-delà du poteau à un point de résistance. On tend le cable au moyen du palan, jusqu'à ce que ce cordage soit entièrement élevé au-dessus de l'eau et n'ait que peu de courbure. On fixe les bouts de l'amarre passée dans le moufle aux deux côtés de l'avant de la portière.

On fait aller la portière ou traille d'une rive à l'autre en l'inclinant par rapport au courant, au moyen d'un ou de deux gouvernails. On construit enfin des culées aux points où la portière aborde aux rives.

404. On peut tendre le cable de la traille avec un cabestan, au lieu du palan.

Replier la traille.

405. La portière étant amenée contre la 1re culée, on détache la portière du cable et on la conduit en aval de la culée. On détache le cable du point de résistance auquel il est fixé sur la 1re rive, et on dégage ce cordage du moufle. On charge le poteau de cette rive sur la portière; on replie la 1re culée; on conduit la portière et les matériaux de la culée sur la 2e rive. On sort le cable de l'eau en halant sur ce cordage de dessus la 2e rive. Enfin, on renverse le 2e poteau et on replie la 2e culée.

Établir un bac.

Pl. XXXIX. 406. Le bac s'établit par les mêmes moyens que la traille. Les poteaux dressés sur les rives ont peu de hauteur : lorsque la rivière est large, une partie du cable tombe dans l'eau. Le cable est engagé dans l'entaille des montans fixés au côté que le bac présente en amont. On fait passer le bac en tirant sur le cable, de dedans le bac.

Replier le bac.

407. Le repliement du bac s'exécute par les mêmes moyens que celui de la traille.

ARTICLE XVIII.

ÉTABLISSEMENT DES ESTACADES FLOTTANTES.

ÉTABLISSEMENT D'UNE ESTACADE PAR PIÈCES.

408. On emploira les objets suivans dans la manœuvre d'établissement d'une estacade composée, par exemple, de 10 pièces (').   Pl. XL.

DÉSIGNATION DES OBJETS.	QUANTITÉ.	EMPLACEMENT DES OBJETS AVANT LA MANŒUVRE.
Pièces d'estacade	10	Amarrées à la rive à laquelle sera fixée l'extrémité d'amont de l'estacade, ou 1re rive, en aval du point où l'estacade aboutira.
Nacelles	4	2 en amont, 2 en aval de pièces.
Chaînes de jonction des pièces	9	
Ancres	10	
Cordages d'ancres ...	12	
Amarres	4	Rassemblés par espèces sur la 1re rive, et formant un dépôt de menus objets.
Pieux...........	2	
Palan...........	1	
Mouton à bras	1	
Rames à nacelle	20	
Gaffes *idem*	8	
Lignes	4	

(') 10 pièces de 7 toises forment une estacade de longueur convenable pour une rivière de 26 toises.

218 MANŒUVRES ÉLÉMENTAIRES. TITRE III. ARTICLE XVIII.

409. L'officier commandant la manœuvre emploira 2 officiers, 4 sous-officiers ou caporaux et 24 pontonniers pour établir l'estacade, sur une rivière de rapidité moyenne. Il les partagera en 2 détachemens, conformément au tableau ci-après :

NUMÉROS DES DÉTACHEMENS.	DÉNOMINATION DES DÉTACHEMENS.	FORCE des DÉTACHEMENS.			FONCTIONS DES DÉTACHEMENS.
		officiers.	sous-officiers.	pontonniers.	
1er	des pièces	1	2	16	Planter les pieux d'amarrage ; placer les pièces. 1re section, de 1 sous-officier, 8 pontonniers, plante le pieu d'amarrage de 1re rive ; place les 1re, 3e, etc., pièces ; plante le pieu de 2e rive. 2e ———— 1 ———— 8 ———— place les 2e, 4e, 6e, etc., pièc
2e	des ancres	1	2	8	Jeter les ancres. 1re section, de 1 sous-officier, 4 pontonniers, jette les 1re, 3e, 5e, etc., ancr 2e ———— 1 ———— 4 ———— 2e, 4e, 6e, etc., —
		2	4	24	

410. Les objets portés au tableau du n° 408 seront employés par les détachemens ci-après désignés :

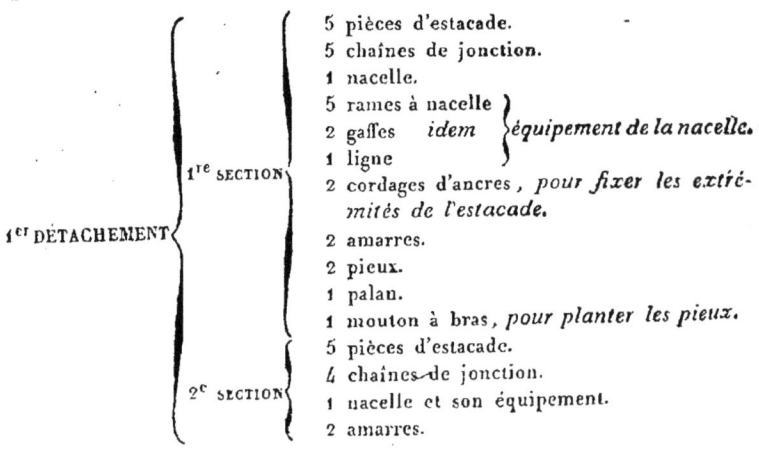

1er DÉTACHEMENT
  1re SECTION
    5 pièces d'estacade.
    5 chaînes de jonction.
    1 nacelle.
    5 rames à nacelle
    2 gaffes *idem* } *équipement de la nacelle.*
    1 ligne
    2 cordages d'ancres, *pour fixer les extrémités de l'estacade.*
    2 amarres.
    2 pieux.
    1 palan.
    1 mouton à bras, *pour planter les pieux.*
  2e SECTION
    5 pièces d'estacade.
    4 chaînes de jonction.
    1 nacelle et son équipement.
    2 amarres.

ÉTABLISSEMENT DES ESTACADES FLOTTANTES. 219

2ᵉ DÉTACHEMENT { 1ʳᵉ SECTION { 1 nacelle et son équipement.
5 ancres.
5 cordages d'ancres.
2ᵉ SECTION Les mêmes objets que la 1ʳᵉ section.

DÉTAILS DE LA MANOEUVRE.

PREMIER DÉTACHEMENT.

1ʳᵉ SECTION.

Planter les pieux; placer les pièces.

411. La section plante sur la 1ʳᵉ rive, avec le mouton à bras, le pieu auquel l'extrémité d'amont de l'estacade sera fixée. Elle unit la 2ᵉ pièce à la 1ʳᵉ, au moyen d'une chaîne de jonction, et remonte la 1ʳᵉ pièce, traînant à sa suite la 2ᵉ, jusqu'à ce que le bout d'amont de la 1ʳᵉ soit à hauteur du pieu; elle amarre ce bout de la pièce au pieu, avec un cordage d'ancre passé plusieurs fois dans l'anneau de ce bout et autour du pieu. Les pontonniers de la section s'embarquent dans une nacelle qu'ils placent entre la rive et la 1ʳᵉ pièce, à hauteur du bout d'aval de cette pièce; ils fixent l'avant-bec contre ce bout de la pièce avec une amarre qui embrasse la pièce et qui est amarrée aux chevilles pour les rames de l'avant de la nacelle; ils reçoivent le bout du cordage de la 1ʳᵉ ancre mouillée et halent sur ce cordage. Au commandement de *halte*, fait par le chef de la manœuvre, au moment où la pièce a un peu dépassé l'alignement que l'estacade doit avoir, ils cessent de haler; fixent une amarre doublée au cordage d'ancre, le plus en amont possible de la nacelle; attachent les bouts bien tendus de cette amarre aux chevilles pour les rames de la nacelle; ils amarrent le cordage d'ancre à la chaîne de jonction des 1ʳᵉ et 2ᵉ pièces et détachent ensuite les deux amarres. La section ramène la nacelle à la rive; conduit la 4ᵉ pièce derrière la 3ᵉ, et les unit avec une chaîne de jonction; fixe la nacelle au bout d'aval de la 3ᵉ pièce, comme elle l'a fait pour la 1ʳᵉ pièce; reçoit le bout de 3ᵉ cordage d'ancre et agit comme précédemment pour placer la 3ᵉ pièce dans la direction de l'estacade.

La section va chercher la 6e pièce, place la 5e, et continue ainsi à amener les pièces paires et à placer les pièces impaires. La 9e pièce étant placée, la section plante sur la 2e rive le pieu auquel l'extrémité d'aval de l'estacade sera fixée, et attache un palan à ce pieu. Elle passe, à l'aide de la 2e section, un cordage d'ancre plusieurs fois dans l'anneau du bout d'aval de la 10e pièce, et attache le palan à ce cordage. Enfin, elle manœuvre au palan pour dresser l'estacade.

2e SECTION.

412. La section amène successivement les 3e, 5e, 7e et 9e pièces et place les 2e, 4e, 6e, 8e et 10e, par les moyens indiqués dans le n° 411. Elle aide à fixer un cordage d'ancre à l'anneau du bout d'aval de la 10e pièce. Elle rectifie ensuite la position des pièces qui s'écartent trop de la direction générale de l'estacade. A cet effet, elle démarre le cordage d'ancre de chacune de ces pièces, comme il est dit ci-après, n°s 427 et 428, et les replace dans la direction qu'elles doivent avoir.

DEUXIÈME DÉTACHEMENT.

Mouiller les ancres.

413. La 1re section jette les ancres des 1re, 3e, 5e, etc., pièces de l'estacade. La 2e section jette celles des 2e, 4e, 6e, etc. Les ancres sont jetées autant en amont que le permet la longueur des cordages d'ancres. L'ancre de chaque pièce doit être mouillée plus au large que n'y sera l'extrémité de la pièce lorsqu'elle sera placée. La nacelle de la section qui jette l'ancre d'une pièce se laisse descendre sur le cordage d'ancre, donne le bout du cordage à la nacelle qui est attachée au bout de la pièce, et va se préparer à mouiller une autre ancre. Les dernières pièces de l'estacade sont amarrées sur la rive, à des ancres, ou à des piquets, ou à d'autres points de résistance. Lorsque l'estacade est tendue, la 1re section aide à démarrer les cordages d'ancres, pour rectifier la position des pièces, en se conformant à ce qui est dit ci-après n° 430.

ENSEMBLE DE LA MANOEUVRE.

414. Le chef de la manœuvre fait marquer sur les rives les deux points où l'estacade aboutira, ayant attention que l'extrémité d'aval de l'estacade soit, s'il est possible, sur la rive contre laquelle se trouve le courant le moins rapide.

415. Les pontonniers étant en bataille sur la 1re rive et formés par détachemens, comme il est expliqué n° 409, le chef de la manœuvre commande :

    1. *Garde à vous.*
    2. TENDEZ L'ESTACADE.

416. Au second commandement, chaque chef de détachement conduit son détachement où l'appellent ses fonctions.

417. La 1re section du 1er détachement plante le pieu d'amarrage de la 1re rive ; remonte les 1re et 2e pièces ; amarre le bout d'amont de la 1re pièce au pieu ; attache sa nacelle au bout d'aval de la 1re pièce. La 1re section du 2e détachement mouille la 1re ancre et donne le bout du cordage d'ancre à la nacelle de la 1re section du 1er détachement, qui hale sur ce cordage et place la 1re pièce. La 2e section du 1er détachement amène la 3e pièce et la réunit à la 2e. La 2e section du 2e détachement mouille la 2e ancre et donne le bout du cordage d'ancre à la nacelle de la 2e section du 1er détachement. Cette dernière section place la 2e pièce au moyen de ce cordage. Les deux sections de chaque détachement continuent ainsi d'alterner pour amener et placer les pièces et pour mouiller les ancres. Pendant que la 2e section du 1er détachement place la 10e pièce, la 1re section du même détachement plante le pieu d'amarrage de la 2e rive et attache un palan à ce pieu. Ces deux sections attachent un cordage à l'extrémité d'aval de la 10e pièce ; la 1re section attache le palan à ce cordage. La 2e section du 1er détachement et la 1re section du 2e rectifient la position des pièces qui s'écartent trop de la direction générale de l'estacade ; la 1re section du 1er détachement manœuvre au palan pour dresser l'estacade.

OBSERVATIONS.

418. Lorsque le courant est très-rapide le 1er détachement emploie de petits bateaux au lieu de nacelles pour placer les pièces. Chaque section de ce détachement est alors composée de 1 sous-officier et 16 pontonniers. Les pièces placées dans le fort courant sont maintenues chacune par 2 cordages d'ancres.

419. Les pieux peuvent être remplacés par d'autres points de résistance. On peut employer un cabestan au lieu du palan pour redresser l'estacade.

ESTACADE D'UNE PIÈCE JETÉE PAR CONVERSION.

420. Pour jeter par conversion une estacade qui est construite d'une seule pièce le long de la rive à laquelle aboutira, son extrémité d'aval, on met cette extrémité dans la direction de la ligne de pilots contre laquelle l'estacade s'appuiera; on amarre cette extrémité à un point de résistance pris un peu plus en amont. On fixe un bout d'un long cordage au milieu à peu près de l'estacade, et un bout d'un autre cordage vers l'extrémité d'amont. On passe les bouts libres de ces deux cordages sur la 2e rive, par le moyen donné n° 403.

421. On démarre l'estacade et l'on hâle de la 2e rive sur les 2 cordages dont les bouts ont été passés sur cette rive. Lorsque l'estacade est appuyée contre les pilots, on fixe son extrémité d'amont à un point de résistance sur la 2e rive.

ARTICLE XIX.

REPLIEMENT DES ESTACADES FLOTTANTES.

REPLIEMENT D'UNE ESTACADE ÉTABLIE PAR PIÈCES.

422. On emploira les objets suivans dans la manœuvre de repliement d'une estacade établie par pièces.

DÉSIGNATION DES OBJETS.	QUANTITÉ.	EMPLACEMENT DES OBJETS AVANT LA MANOEUVRE.
Nacelles	4	Amarrées à la rive à laquelle aboutit l'extrémité d'aval de l'estacade, ou 1re rive, en aval de l'estacade.
Rames à nacelle	20	
Gaffes *idem*	8	
Lignes	4	
Amarres	3	Sur la 1re rive.
Masses en bois	2	
Levier d'abattage	1	

423. L'officier commandant la manœuvre emploira 1 officier, 4 sous-officiers ou caporaux et 22 pontonniers au repliement de l'estacade, sur une rivière de rapidité moyenne. Il les partagera en 3 détachemens, conformément au tableau ci-après :

NUMÉROS DES DÉTACHEMENS.	DÉNOMINATION DES DÉTACHEMENS.	FORCE des DÉTACHEMENS.			FONCTIONS DES DÉTACHEMENS.
		officiers.	sous-officiers.	pontonniers.	
1er	des pieux	»	1	6	Arracher les pieux d'amarrage.
2^e	du démarrage	»	1	8	Démarrer les cordages d'ancres; séparer les pièces.
3^e	des ancres	1	2	8	Lever les ancres. 1re section, de 1 sous-officier, 4 pontonniers, lève les 1re, 3e, 5e, etc., a 2e ——— 1 ——— 4 ——— 2e, 4e, 6e, etc., —
		1	4	22	

424. Les objets portés au tableau du n° 422, seront employés par les détachemens ci-après désignés :

1er DÉTACHEMENT . . . . . . $\begin{cases} 1 \text{ nacelle, } \textit{pour transporter sur la } 2^e \textit{ rive} \\ \textit{le palan et le pieu de la } 1^{re} \textit{ rive.} \\ 5 \text{ rames à nacelle} \\ 2 \text{ gaffes \quad idem} \\ 1 \text{ ligne} \end{cases} \textit{équipement de la nacelle.}$

$\begin{cases} 2 \text{ masses en bois} \\ 1 \text{ levier d'abattage} \\ 1 \text{ amarre} \end{cases} \textit{pour arracher les pieux.}$

2e DÉTACHEMENT . . . . . . $\begin{cases} 1 \text{ nacelle et son équipement.} \\ 2 \text{ amarres.} \end{cases}$

3e DÉTACHEMENT $\begin{cases} 1^{re} \text{ SECTION} \\ 2^e \text{ SECTION} \end{cases}$ 1 nacelle et son équipement.
1 nacelle et son équipement.

DÉTAILS DE REPLIEMENT.

PREMIER DÉTACHEMENT.

Arracher les pieux.

425. Le détachement ôte le palan et le cordage fixé à l'extrémité d'aval de la 1re pièce; arrache le pieu; embarque le palan, le cordage et le pieu dans une nacelle, et transporte ces objets sur la 2e rive. Lorsque l'estacade est entièrement repliée, il ôte le cordage fixé au pieu de la 2e rive et arrache ce pieu.

426. Si le détachement ne pouvait pas arracher les pieux avec le levier d'abattage et l'amarre, en opérant comme il est dit n° 72, il aurait recours à un des autres moyens indiqués dans les *manœuvres de force*.

DEUXIÈME DÉTACHEMENT.

Démarrer les cordages d'ancres, séparer les pièces.

427. Le détachement, embarqué dans une nacelle qu'il remonte le long de l'estacade, détache successivement les cordages d'ancres des pièces et donne le bout libre de ces cordages aux nacelles du 3e détachement; lorsque tous les cordages d'ancres sont démarrés, il sépare les pièces, en opérant d'aval en amont.

428. Si le courant est rapide, le détachement exécute comme il suit le démarrage des cordages d'ancres. La nacelle qui doit démarrer le cordage d'une pièce s'attache au bout d'aval de cette pièce, comme il est expliqué n° 411; elle passe une amarre à la nacelle du 3e détachement, qui s'est placée sous le cordage d'ancre, en amont de l'estacade, et reçoit les bouts de cette amarre lorsqu'elle a été fixée par son milieu au cordage d'ancre. Les pontonniers du détachement halent sur ces bouts jusqu'à ce que la partie du cordage d'ancre comprise entre la pièce et le point où l'amarre est fixée soit lâche; ils attachent alors les bouts bien tendus de l'amarre à la nacelle et détachent le cordage

d'ancre; ils halent ensuite sur le cordage d'ancre pour détendre l'amarre et l'ôter : enfin, ils abandonnent le cordage d'ancre à la nacelle du 3ᵉ détachement.

TROISIÈME DÉTACHEMENT.

Lever les ancres.

429. La 1ʳᵉ section lève les 1ʳᵉ, 3ᵉ, 5ᵉ, etc., ancres; la 2ᵉ section lève les 2ᵉ, 4ᵉ, 6ᵉ, etc. Pour lever l'ancre d'une pièce, la nacelle d'une section vient saisir le cordage en amont de l'estacade et reçoit le bout de ce cordage aussitôt qu'il est démarré par le 2ᵉ détachement.

430. Si le courant est rapide, la nacelle placée sous le cordage d'ancre reçoit de la nacelle du 2ᵉ détachement une amarre qu'elle attache par son milieu au cordage d'ancre et dont elle donne les bouts (au 2ᵉ détachement. Lorsque le cordage d'ancre est démarré, elle détache l'amarre et la passe à la nacelle du 2ᵉ détachement.

ENSEMBLE DE LA MANOEUVRE.

431. Les pontonniers étant en bataille sur la 1ʳᵉ rive et formés par détachemens, comme il est expliqué n° 423, le chef de la manœuvre commande :

1. *Garde à vous.*
2. REPLIEZ L'ESTACADE.

432. Au second commandement, chaque chef de détachement conduit son détachement où l'appellent ses fonctions.

433. Le 1ᵉʳ détachement ôte le palan et le cordage fixé à l'extrémité d'aval de la 1ʳᵉ pièce, et arrache le pieu. Le 2ᵉ détachement démarre successivement les cordages d'ancres et donne les bouts de ces cordages aux nacelles des sections du 3ᵉ détachement qui lèvent les ancres. Lorsque tous les cordages sont démarrés, l'estacade se trouve étendue d'une seule pièce le long de la 2ᵉ rive; alors le 2ᵉ détachement sépare les pièces. Le 1ᵉʳ détachement ôte le cordage fixé au bout d'amont de la dernière pièce et au pieu, et arrache le pieu.

OBSERVATION.

434. Lorsque le courant est très-rapide, le 2ᵉ détachement emploie un petit bateau au lieu d'une nacelle, pour démarrer les cordages d'ancres. Ce détachement est alors composé de 1 sous-officier et 16 pontonniers.

REPLIEMENT D'UNE ESTACADE JETÉE D'UNE SEULE PIÈCE.

435. On démolit l'estacade sur place, et l'on ramène les arbres à la rive, à mesure qu'ils sont détachés de l'estacade.

ARTICLE XX.

MOUILLAGE DES PANIERS D'ANCRAGE ET AUTRES CORPS - PERDUS.

436. Un sous-officier fera mouiller un panier d'ancrage par 8 pontonniers. Pl. XLI.

Ils emploiront :
    2 bateaux d'équipage et leurs 4 amarres.
    5 rames à bateau.
    4 gaffes *idem.*
    1 ligne.
    1 panier, son arbre et la clavette de l'arbre.
    1 cordage d'ancre.
    2 bouts de poutrelles, de 11 pieds au moins de longueur.
    2 cales.
    4 commandes de poutrelles.
    » pierres, *pour remplir le panier.*
    » branches d'arbres, *pour fermer le panier.*
        Si le panier doit être rempli de terre glaise, il faut de plus des pelles et une dame.

437. Pour mouiller le panier, on amarre un bateau contre la rive ; on fixe un 2ᵉ bateau bord à bord contre le 1ᵉʳ, au

moyen des amarres du 2e bateau, avec lesquelles on embrasse les poupées et les anneaux d'embrelage contigus. On pose en travers sur les bateaux, vers leur centre, 2 poutrelles, éloignées l'une de l'autre d'une distance moindre que la longueur du panier, dépassant de 3 pouces du côté de la rive le plat-bord qui est près de cette rive. On brèle les poutrelles sur le bord extérieur du 2e bateau, avec 2 commandes dont on embrasse les tringles ou les crochets de pontage de ce bord. On apporte le panier garni de son arbre, et on le pose sur la rive, près des bateaux, l'arbre tourné en aval ou en amont, selon que le panier devra être mouillé en amont ou en aval du pont; on roule un cordage d'ancre sur l'avant du 2e bateau et l'on amarre le bout de dessus de ce cordage au petit bout de l'arbre. On place le panier sur les poutrelles, au milieu de la largeur du 1er bateau, l'ouverture en dessus, l'arbre incliné du gros au petit bout vers la ligne milieu du 2e bateau. On assujettit le panier dans cette position au moyen de 2 cales mises sur les poutrelles et contre le panier, du côté du 2e bateau, et de 2 commandes accrochées par leur boucle aux crochets de pontage du bord intérieur du 2e bateau, qui embrassent l'arbre de dessous en dessus, l'une en avant, l'autre en arrière du panier, et qui sont amarrées aux mêmes crochets. On remplit le panier; on ferme son ouverture avec des branches entrelacées; on conduit le panier où l'on veut le mouiller; on détache à la fois les 4 commandes : le panier roule et tombe à l'eau.

438. Les hommes qui mouillent le panier doivent se baisser au moment où on lâche les commandes, pour éviter d'être blessés par les poutrelles.

439. Pour que le panier soit bien mouillé, il faut que l'arbre soit dans la direction du courant. Le petit bout de l'arbre doit toujours être tourné vers le pont.

440. On mouille par les mêmes moyens, les caisses et autres corps-perdus.

TABLE DES MATIÈRES.

Nomenclature des objets employés dans les manœuvres élémentaires . . . . Page XI

Nœuds en usage dans les ponts XXIV

TITRE PREMIER.

Art. I. Charger et décharger le bateau d'équipage de campagne . . 1

    Ire Manœuvre. Sortir le bateau d'équipage de campagne de l'eau et le charger sur son haquet 1

    IIe Manœuvre. Décharger le bateau d'équipage de campagne de dessus son haquet et le lancer à l'eau 7

II. Charger et décharger les nacelles, les poutrelles, les madriers et les ancres de l'équipage de campagne 12

III. Charger et décharger le bateau Gribeauval 14

    Ire Manœuvre. Sortir le bateau Gribeauval de l'eau et le charger sur son haquet avec des poutrelles 14

    IIe Manœuvre. Décharger le bateau Gribeauval de dessus son haquet avec des poutrelles et le lancer à l'eau . . . 20

    IIIe Manœuvre. Charger le bateau Gribeauval sur son haquet avec des crics 25

    IVe Manœuvre. Décharger le bateau Gribeauval de dessus son haquet avec des crics 28

    Ve Manœuvre. Charger le bateau Gribeauval sur son haquet en faisant entrer le haquet dans la rivière 32

    VIe Manœuvre. Décharger le bateau Gribeauval de dessus son haquet en faisant entrer le haquet dans la rivière . . 33

TABLE.

TITRE II.

		Page
Art. I.	Exercice de la rame à bateau d'équipage de campagne	35
II.	Exercice de la gaffe à bateau	42
III.	Exercice de la rame à nacelle	44
IV.	Exercice de la gaffe à nacelle	49
V.	École du bateau à la rame	50
VI.	École du bateau à la gaffe	60
VII.	École de la nacelle à la rame	66
VIII.	École de la nacelle à la gaffe	68
IX.	École de flottille	72
X.	Passage des troupes	79
XI.	Navigation des trains de bateaux et radeaux	81

TITRE III.

Art. I.	Construction par bateaux successifs d'un pont de bateaux d'équipage de campagne	90
II.	Repliement par bateaux successifs d'un pont de bateaux d'équipage de campagne	190
III.	Construction par portières d'un pont de bateaux d'équipage de campagne	122
IV.	Repliement par portières d'un pont de bateaux d'équipage de campagne construit par portières	136
V.	Manœuvre pour ouvrir et fermer une portière d'un pont construit par portières	145
VI.	Construction par parties d'un pont de bateaux d'équipage de campagne	148
VII.	Repliement par parties d'un pont de bateaux d'équipage de campagne construit par bateaux successifs ou par parties	158
VIII.	Pont de bateaux d'équipage de campagne jeté par conversion	167
IX.	Pont de bateaux d'équipage de campagne replié par conversion	176

TABLE.

Art.	X.	Construction et repliement des ponts de bateaux Gribeauval ou de bateaux de commerce	Page 182
	XI.	Construction et repliement des ponts de radeaux . . .	186
	XII.	Construction des ponts de chevalets	187
	XIII.	Repliement des ponts de chevalets	199
	XIV.	Établissement des ponts volans	205
	XV.	Manœuvre pour faire passer un pont volant.	210
	XVI.	Repliement des ponts volans	211
	XVII.	Établissement et repliement des trailles et des bacs. . .	215
	XVIII.	Établissement des estacades flottantes	217
		Établissement d'une estacade par pièces	217
		Estacade d'une pièce jetée par conversion	222
	XIX.	Repliement des estacades flottantes	223
		Repliement d'une estacade établie par pièces	223
		Repliement d'une estacade jetée d'une seule pièce	227
	XX.	Mouillage des paniers d'ancrage et autres corps-perdus .	227

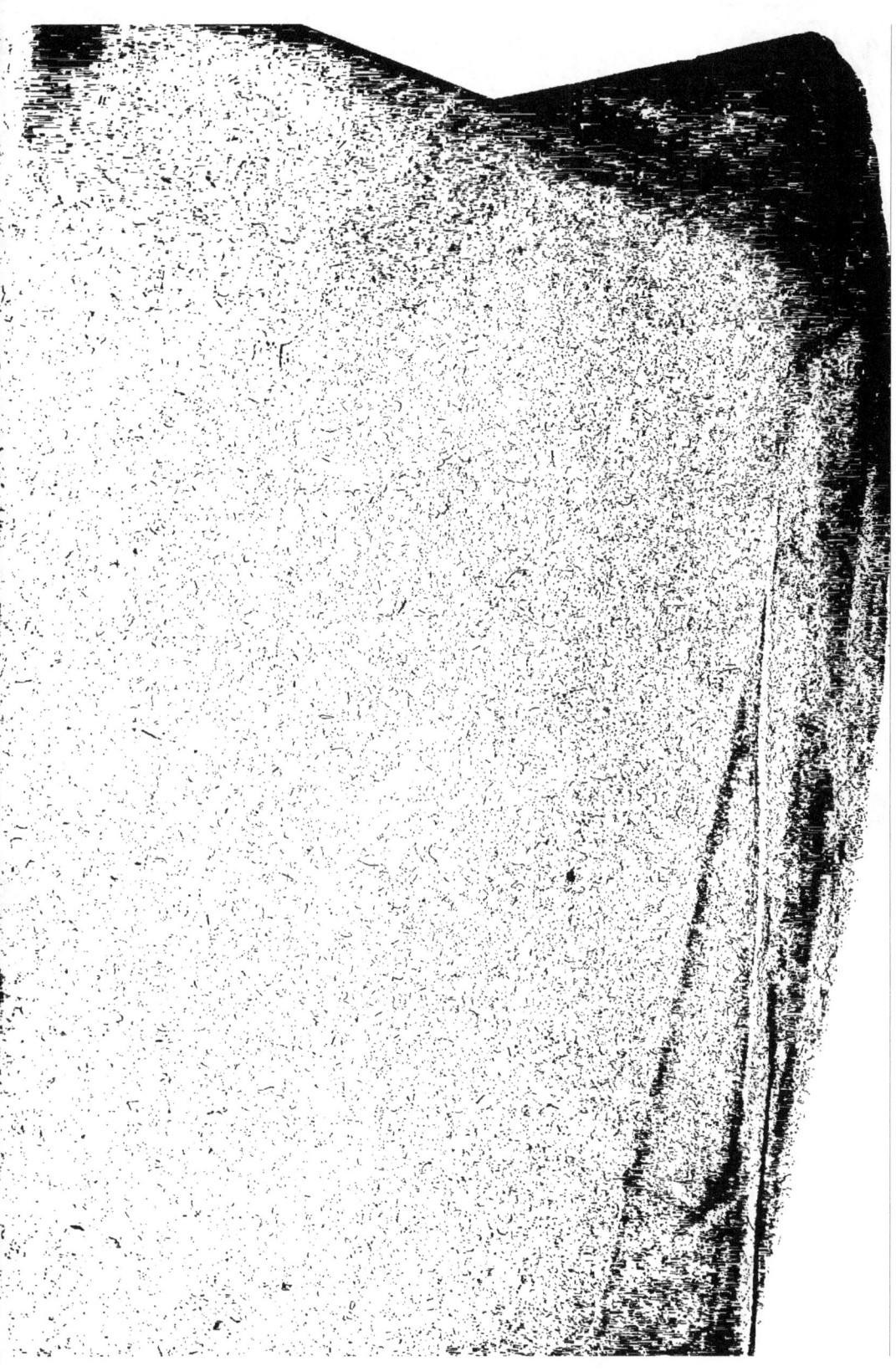

www.ingramcontent.com/pod-product-compliance
Lightning Source LLC
Chambersburg PA
CBHW060128190426
43200CB00038B/1819